就业原理

童玉芬　主编

中国劳动社会保障出版社

图书在版编目(CIP)数据

就业原理/童玉芬主编. —北京：中国劳动社会保障出版社，2011
ISBN 978-7-5045-9203-3

Ⅰ.①就… Ⅱ.①童… Ⅲ.①就业-基本知识 Ⅳ.①C913.2

中国版本图书馆 CIP 数据核字(2011)第 230147 号

中国劳动社会保障出版社出版发行
（北京市惠新东街 1 号 邮政编码：100029）
出 版 人：张梦欣
*
北京隆昌伟业印刷有限公司印刷装订 新华书店经销
787 毫米×960 毫米 16 开本 15.75 印张 277 千字
2011 年 11 月第 1 版 2011 年 11 月第 1 次印刷
定价：32.00 元

读者服务部电话：010－64929211/64921644/84643933
发行部电话：010－64961894
出版社网址：http://www.class.com.cn

序 一

中国是劳动人口大国，就业作为民生之本，意义重大。

就业问题解决得好，可以促进人民安居乐业，社会国泰民安。以2008年以来应对国际金融危机稳定就业局势为例：这一危机对世界各国就业形成巨大冲击，对我国就业也带来重大影响。面对上千万农民工失去工作、几百万大学生难以就业、几千万企业职工停工半停工的严重状况，在党中央、国务院领导下，结合保经济的一揽子计划，实施更加积极就业政策，及时出台六大举措，全国就业战线同志奋发努力，仅用9个月时间，就恢复了全国就业的稳定，用一年多时间，在世界各国率先走出就业困境，不仅赢得新的就业增长，并且为保增长、保民生、保稳定作出重要贡献。

与此形成鲜明对比的是，从国际金融危机爆发至今已有三年，美国、欧盟区国家失业率曾达到10%以上，目前还在严重失业的低谷中徘徊。最近一年中东地区的社会地震，除了政治因素以外，社会问题特别是就业问题是主要根源。这些国家在解决问题的对策中，除了治安措施外，普遍启动培训就业计划来安抚人心，稳定就业。由此可见，就业是保持社会平稳最重要的砝码。

中央提出“就业是民生之本，促进就业是安国之策”，已成为党执政的一个重要理念：就业工作关系到亿万人民群众的切身利益，就劳动者来讲，他们依靠就业取得收入和维持生存，进而实现人生价值，获得社会尊重，分享发展成果，因此就业是民生之本，是人民群众最关心最直接最现实的重大问题，是保障和改善民生的头等大事。就国家来讲，社会由亿万劳动者及其家庭组成，就业问题是否得到解决，对整个经济社会都会产生重大影响，关系到社会能否稳定，政权能否稳固，国家能否健康发展，因此促进就业是安国之策，不仅是重大的经济问题，也是重大的政治问题。

进入“十二五”时期，我国就业面临的形势与以前有所不同：一是以加快经济发展方式转变为主线。这样发展速度和规模会降下来，发展质量和内涵要求提高，并且结构性大调整不可避免。带来的挑战是：继续拉动就业不能靠投资和出口，必须培育新的增长点，同时要避免产业调整中结构性失业增加的风险，还要加快提高劳动者的素质能力。二是宏观经济的环境条件有较大改变。全球经济复苏缓慢，欧美仍未走出失业陷阱；国内货币、金融、汇率政策趋于紧缩；通胀上升的同时，生产、劳动成本均提升等。带来的挑战是：必须准备应对经济全球化对就业的冲击，必须帮助中小企业渡过难关以支撑就业，必须处理好成本上升与就业增长的关系以保证就业。三是就业工作主要对象有所不同。计划经济一代人下岗失业的问题已经解决，大学毕业生为主体的青年就业、新一代农民工为主体的转移就业、长期失业等困难群体的再就业成为重点对象。带来的挑战是：必须统筹兼顾、分类指导，针对不同群体特点，研究针对性更强的政策措施，同时对就业服务和就业援助也提出了更高的要求。四是就业总量矛盾依存与结构性矛盾加剧，带来的“就业难”“招工难”并存的复杂格局前所未有。“十二五”会有周期性失业问题，也会有春季招不上农民工，夏季大学生就业难的问题。这种总量和结构性的矛盾并存，城市与乡村的矛盾撞击，再加上新的问题和老的问题同时并发，就构成了我国就业非常复杂的局面。

当然，我们也要看到当前做好就业工作的有利条件。经济增长继续拉动就业，结构调整不断拓展空间；政府重视加强领导，法律、政策支持就业力度加大；多年积累实践经验，培训、服务工作体系建设奠定基础；危机促使全社会就业观念转变等，都为我们进一步做好就业工作创造了条件。

新中国成立以后，我们的就业工作大多处于应急救险状态：无论是在新中国成立之初一举解决旧社会遗留几百万失业者的饭碗问题，还是在“文化大革命”结束后千方百计解决上千万回城知识青年失业问题，乃至在亚洲金融危机直至世界金融危机时及时采取有力政策措施，使下岗失业人员问题得到缓解，使农民工和大学生实现稳定就业，都是在出现严重失业问题时，为保稳定采取的相应措施。所以我们应清醒地认识到，真正解决好中国就业问题，不能仅仅满足于化解危机和应急救险，还必须树立长远的根本性目标。

中央提出，到2020年全面建成小康社会时，要实现社会就业更加充分的目标。在“十二五”时期，要为实现这一目标奠定基础，具体应体现在四个方面：一是人力资源得到更加充分的开发和利用，社会有更多的就业机会，劳动者有更高的就业能力。二是就业渠道通畅，劳动者自主择业、自由流动、自主创业的环境良好，统一开放灵活的人力资源市场机制更好地发挥基础作用。三是有就业能力和就业愿望的劳动者都能享有平等的就业机会，社会失业率和平均失业周期控制在社会能承受的范围内。四是劳动者的劳动权益得到劳动合同保障，劳动条件得到较好改善，劳动关系更加和谐，劳动收入实现较大增长，社会保障覆盖所有劳动者。总之，充分就业不是没有失业，也不是只看就业数量，而是在开发就业、素质就业、平等就业、稳定就业上达到一个新的更高的水平，并由相关制度政策予以保障。

近年来就业问题作为社会热点问题得到了许多专家学者的关注，做了大量研究，许多专家学者更是从理论和实践的结合上，对就业的难点热点问题进行分析，提出见解和主张。这些研究对制定宏观就业政策和解决阶段性就业矛盾，提升就业工作整体水平都产生了积极作用。由此引发人们对就业原理研究的关注，即专门研究就业的形成和变动过程及其机制，研究影响就业的各种因素以及就业的后果，从原理上对就业这种现象及其影响机制和因素进行全面系统的研究和分析。

就业原理是劳动经济学学科的重要组成部分，是一门研究劳动的人的学问，它以劳动力资源的开发和优化配置为研究的核心对象，围绕劳动力市场和劳动关系展开分析和研究。对市场中的劳动力需求和供给、劳动的投入和生产率、工资与劳动成本，以及影响劳动力市场运行和劳动关系变化的市场性因素、制度性因素、社会性因素等进行考察和研究。一方面，由于就业原理的研究对象、研究领域以及研究内容都包含在劳动经济学的研究范畴内，因此就业原理就构成劳动经济学的一个重要研究领域和分支。另一方面，由于就业的地位作用极其重要，就业原理所面对的研究对象更加具体，研究的问题更加现实，同时就业原理对就业问题的解读不仅涉及经济学，还涉及社会学、计量经济学等其他学科领域，在研究客体、研究内容和研究方法上都有自己的独特性，因此它不能完全被劳动经济学所涵盖和取代，需要专门针对此领域进行深入的研究和分析。当然，深化这一研究也将极大丰富劳动经济学研究的深度和广度，对劳动经济学的发展将产生重要的基础支持和理论拓展价值。

《就业原理》这本书就是以就业理论为指导，阐述一般就业基础和原理的教材，该书层次分明，内容全面，介绍并借鉴了国内外的前沿就业理论和观点，不仅以就业为主线细致地考察了就业的基本理论问题，并且从实践角度对就业问题进行了全面的论述。不仅涉及就业的基础理论和影响因素，而且从就业的总量、结构和质量进行了全方位的说明，同时还涉及政府的宏观管理和企业微观管理等。本书主编童玉芬教授近年来在劳动经济学和人口学等多个领域进行了有意义的探索和研究。她以多年实际教学和科学研究的积累，组织完成了《就业原理》这部教材的写作，对就业理论研究有积极推动作用，对劳动经济学和人口学的发展也作出了新的贡献。

童玉芬教授在完成书稿之际，邀我写序。为感谢专家学者们对就业工作的关心和支持，草书如上，是为序。

中国就业促进会会长
国家人力资源和社会保障部原副部长
张小建
2011年10月9日

序　二

就业是人们赖以获得生活资料的基本途径及实现自我发展需求的重要方式，也是经济增长和社会发展的必要条件。相应地，失业也是每一个劳动者都会面临的风险，并会导致许多社会问题。在现代社会中，无论各国之间的政治和文化制度有多大的差异，无论处于经济发展的哪个阶段，就业和失业都直接影响着每一个社会劳动者及其家人的生活质量，以及整个经济的运行效率和社会的发展与稳定。因此，就业对于世界各国而言，都是重大的国计民生问题。

作为现代社会最重要的经济社会现象，就业和失业问题一直都是经济学研究的一个重要领域，也是各国政府和社会始终关注的最重要的社会议题之一。实际上，早在经济学的古典时代，就业理论就已经成为经济学理论的重要组成部分，不同的学派都给予高度的关注。就业理论发展到今天，已经建立起了一个包括方法论、基础理论、分析方法、指标体系、政策设计与绩效评估等在内的比较完整的理论体系，并成为最具政策影响力的经济学科之一。

在经济快速发展、产业结构转型和劳动力长期供给趋势正在发生重大转折的背景下，就业问题对于拥有世界上最大规模劳动力资源的中国而言，具有更为特殊的意义。特别是当前，劳动力的大规模流动和产业转移、“民工荒”“大学生就业难”“长期失业者”等现象使得中国就业与失业问题显得比许多国家更加复杂。在宏观层面上，如何认识就业的变化规律，如何理解就业与社会经济发展的关系，如何完善劳动力市场，如何实现劳动力资源的合理配置，如何制定有效的就业促进政策；在微观层面上，如何认识劳动者的劳动供给决策和行为，如何认识企业对劳动力的需求及其影响因素，如何防范失业风险，如何获得更好的劳动回报，如何实现职业的上行流动等，这些问题都需要我们在理论上和政策上给出正确的解释与合理的回答。由童玉芬教授主持编写的这部《就业原理》正是在这样的背景下出版的，因而更显现出其价值的难能可贵。这部著作从多个维度系统地阐述了就业原理和基本理论，全面地评介了该研究领域的不同流派和前沿理论，详细地介绍了具体的研究方法和分析工具，并凝结着作者本人对就业理论的深入思考及对中国就业与失业现实问题的独到见解，这在国内当属首见。因此，这部著作对于劳动经济学及相关专业学生来说是一本很好的教科书和研究指引，对于就业和失业问题的研究者、政策制定者以及其他有兴趣的读者而言，也是一部非常有参考价值的研究著作。

本人能为此书作序，甚幸。

中国人口学会副会长
南开大学经济学院教授
李建民
2011年9月19日于西溪

序　三

就业问题，不仅与一个国家的社会经济发展，与民众的生活紧密相关，同时也是一个国家能否实现社会稳定的重要基础，备受世界各国各方的深切关注。近年，印度、美国、中国、印尼、巴西、巴基斯坦、孟加拉国、尼日利亚、俄罗斯以及日本这10个人口大国中，总失业人口超过11亿人。失业问题已成为全球面临的难题，对失业的担忧甚至超过了人们对贫穷、社会不公、犯罪和暴力的忧虑，尤其是北美、欧洲等经济较为发达地区对失业的担忧程度最高。IMF在其《世界经济前景半年报告》中指出，在全球经济走出二战以来最严重的衰退之时，对抗失业仍是各国政府面临的一项关键性的政策挑战。

中国是世界上人口最多的国家，同时也是就业规模最大的国家。改革开放以来，随着我国经济的快速发展以及人口的增长，劳动力规模出现大幅度上升，全社会从业人员数从1978年的4.53亿人增加到了2008年的7.75亿人，30年增加了3.22亿人。劳动力的投入成为中国经济增长的主要来源，就业的大规模增长对中国改革开放以来的社会经济发展起到了重大的作用。值得注意的是，随着中国就业规模的扩大，失业人口规模也同时在增大。新中国成立以后直到中国20世纪70年代末开始的改革开放，中国长期采取的是城乡分割的劳动力身份制度，在劳动力的使用等各方面实行严格的计划体制，这使得中国以低效率的就业换得公开失业现象很少的效果，隐性失业则普遍存在。改革开放以后，传统的以计划体制严格管控的就业制度逐步变革为主要由劳动力市场配置劳动力资源的就业制度。在多种原因共同作用下，中国的隐性失业大量显性化，并且失业人口规模逐渐增长，城镇登记失业率到2010年达到4.1%。因为城镇登记失业率存在的明显缺陷，使得失业问题实际上要远远较之严重。当前，中国正处于经济社会“转型与发展”时期，经济改革与社会转型遇到的矛盾相当尖锐、问题异常复杂，由此带来的各类失业问题十分严峻。一方面，我国就业总量压力依然很大，劳动力供大于求的格局依然存在。而另一方面，就业的结构性矛盾进一步加剧，部分企业“招工难”与部分劳动者“就业难”问题并存。与此同时，我国经过30余年的改革开放，国民经济结构、经济增长方式正在发生历史性的变化，中国经济已成为世界经济的重要组成部分，并逐步融入世界经济的全球化进程中。我国国内那些竞争力不强的行业和企业正在并将会进一步受到冲击，随之而来的便是这些行业失业人数增大，社会整体就业压力加大。这种开放经济条件下产生的对我国劳动力市场的“非对称冲击”现象，即大量国外商品蜂拥而至和我国劳动力无法大量输出，使我国的就业问题更趋复杂、严重。目前，在经济发展战略性选择中，我国面临的是大力发展高新技术产业和提升传统产业技术水平的问题，这是我国未来经济保持优质迅速发展的基本条件。然而，经济发展转型所需的新型人才与现有的庞大劳动力供给之间形成了一对非常明显的矛盾，面对经济发展战略与劳动力供需的结构性矛盾，必须在技术密集型产业和劳动密集型产业之间寻求一个适当的发展结合点。这些都是亟须作出回答的问题。

进入新世纪以来，中国政府明确提出，就业是民生之本，促进就业是安国之策。“十二五”规划纲要进一步提出，要实施就业优先战略，坚持把促进就业放在经济社会发展的优先位置，健全劳动者自主择业、市场调节就业、政府促进就业相结合的机制，创造平等就业机会，提高就业质量，努力实现充分就业。中国政府已经将就业优先战略提升到国家宏观发展战略的高度，并开始采取了一些旨在促进就业的积极的劳动力市场政策，取得了很大成效。但就业问题依然是困扰我国社会经济发展的一个长期而重大的问题。

近年来，就业问题作为民生的主要问题受到了许多专家学者的关注，研究成果颇丰，在理论与实践两个方面产生了积极的作用。另外，根据学科发展和实际需要，把“就业原理”作为一门劳动经济学下属的专门课程来进行设置，在国内是近年来才开始出现的。作为一门大学相关专业的课程，专门的就业原理教材还是空白，因此急需在新的情况下尽快编写这样一部教材。

《就业原理》以就业为主线，细致地考察、阐述了就业的基本理论问题。本书结构合理、层次分明、内容全面、体系完整，从原理、概念、理论和计量等多个方面对就业原理做了比较全面的梳理和解读，填补了国内教材这方面的空白。

作为本书主编童玉芬教授的同事和一名长期从事劳动经济学教学、科研和学科发展工作的大学教师，我目睹了她近年来在劳动经济学的多个领域进行了有益的探索，在圆满完成繁重的教学、科研、学科专业建设等工作的同时，以高度敬业和认真严谨的治学态度，组织完成了《就业原理》的编写。我对她孜孜以求、不断探索、勇于开拓、无私奉献的精神十分敬佩，谨借作此短序之机，表达对她深深的谢意。

中国劳动学会副会长

首都经济贸易大学劳动经济学学院院长

杨河清

2011 年10月10日于京南花乡

内容简介

本书对就业原理从基础理论到内容体系进行了比较全面的论述。全书共有9章，可分为三个板块。第一个板块是基础理论部分，主要包括第一章导论，第二章就业的基本理论，第三章劳动力供需与就业以及第四章劳动力市场与就业等。这一部分涉及就业的相关概念，就业原理课程的研究对象和内容，就业原理的发展和现状，劳动力市场中的劳动力供给与需求以及与就业的联系，劳动力市场本身在就业方面的作用、功能和障碍等基本理论问题。第二个板块是就业本身的变动、规律和衡量，包括第五章就业规模、失业及其度量，第六章就业结构和第七章就业质量。该部分从就业的三个维度，全方位论述了评价和衡量就业现象的指标、就业的变动规律以及影响因素。第三个板块是就业管理，涉及第八章、第九章的内容，包括政府宏观就业管理以及具体的就业指导与培训。

本书力图体现以下几个特点：

1. 理论先进，观点新颖。本书系统地介绍了国内外的经典就业理论和前沿就业理论，并在很多方面提出了自己的创见，以保持本书的理论前沿性和时代特色。

2. 内容全面，体系完整。本书以就业为主线，全面考察了就业的基本理论问题，同时从政府管理等实践角度进行了全面的论述。对就业现象本身，则不仅重点突出就业的总量，而且关注就业的结构和质量等其他维度问题。体现了理论与实践结合，宏观与微观结合，多层次多角度研究就业原理的体系特色。

3. 理论与方法的有机结合。本书不仅介绍了大量相关的就业理论，还在多处介绍了具体的分析工具和研究方法，为读者在掌握基础理论的同时掌握相应的分析工具提供了帮助。

本书可作为劳动经济学、人力资源管理以及其他相关学科本科生、研究生的专业教科书或者教学参考书使用。

目 录

第一章

导论

本章学习目的

1. 了解就业概念及其内涵
2. 认识和了解影响就业的基本因素
3. 掌握就业原理的研究对象和主要内容
4. 学习和掌握就业原理的基本研究方法

第一节 就业概述

一、就业的定义

就业在英文中为Employment，直接翻译为雇佣，包括被雇者（employee）和雇佣者（employer）双方。按照国际劳工组织的定义，就业是指一定年龄阶段内的人们为获取报酬或为赚取利润所进行的活动。[①]

并非所有参加劳动的人都可看做是就业者，就业者是有条件的。1982年的国际劳工统计大会做出《关于经济活动人口、就业、失业及不充分就业的决议》，对就业人员做出具体界定："就业人员被界定为在参照期内从事任何一种工作以获取薪酬或利润（或实物报酬）的人员，或者在此期间生病、休假或产生争议等理由而暂时脱离工作岗位的人员；凡在家庭企业或者农场从事无薪酬工作每天至1小时以上的人员，也在就业统计之列。"[②] 因此，根据国际劳工组织的规定，凡是在规定年龄之内符合下列条件者都应是就业者：（1）正在工作的人，指在规定时间内从事有报酬或有收入劳动的人员；（2）有固定职业，但临时因生病、休假、事故、劳动争议、旷工，或因气候不良、单位设备故障等理由而暂时脱离工作岗位而停工的人员；（3）雇主或自营人员，及协助他们工作的家庭成员，其劳动时间超过正规工作时间的1/3以上者。这是一个很广泛的定义，囊括了所有类型的就业，包括临时工作、短时间工作和所有形式的非正规就业。

2003年，我国劳动和社会保障部办公厅发布的《关于落实再就业政策考核指标几个具体问题的函》（劳社厅函［2003］227号）对就业人员的界定是"就业人员是：在法定劳动年龄内（男16～60岁，女16～55岁），从事一定的社会经济活动，并取得合法劳动报酬或经营收入的人员"。我国统计局就业人员定义是指在16周岁及以上，从事一定社会劳动并取得劳动报酬或经营收入的人员。

完整的就业概念必须符合的条件有以下几个：

（1）就业者必须达到一定年龄并具有劳动能力。换言之，那些不在法定劳动年龄或者在法定劳动年龄却没有劳动能力的人从事的劳动，不能算作就业。国际劳工组织所定义的劳动年龄人口是指16周岁及以上，各国政府就业统计多以此

---

① 宋培林．现代劳动经济学．北京：厦门大学出版社，2004．235

② 郜风涛，张小建．中国就业制度．北京：中国法制出版社．2009．1

为口径。联合国人口基金委员会将 15～64 岁的人口定义为劳动适龄人口，在学术研究上此种口径被较多采用。而在法定劳动年龄之内，因为身体原因或其他原因不能参加社会劳动，也不被包含在就业者之内。

（2）就业者必须是从事某种社会劳动。如果劳动者从事的是家务劳动，或者邻里间的互帮互助，就不能算作是就业。

（3）这种劳动必须是有收入的劳动，而不是无报酬的公益劳动或义务劳动。另外，如果社会成员接受社会救济，但不从事社会劳动，也不能看做就业。

此外，就业者所从事的社会劳动必须是合法的。如果有人从事的经济活动是非法的，如走私、贩毒和卖淫等活动，虽然这些经济活动是有报酬的，但也不能算作就业。

综上所述，笔者认为，就业的定义可以表述为：就业是指一定劳动年龄范围内并具有劳动能力的人参加社会劳动并取得劳动报酬或经营收入的合法经济活动。

随着知识经济时代的来临，就业的概念也与劳动的概念一样出现泛化。广义的就业是指社会上一切生产要素所有者通过利用生产要素而取得收入的活动，包括土地所有者利用土地取得收入，劳动者通过劳动获得报酬，资本所有者通过资本取得收入，企业家通过管理才能发挥取得收入等都属于就业活动。狭义的就业就是指劳动就业，即劳动要素所有者通过支付劳动能力而取得报酬的活动。

二、就业的功能

就业具有多种功能，其中包括对劳动者个人的功能以及对整个社会的功能。

（1）对劳动者个人的功能

就业对劳动者个人的功能，首先表现在它是劳动者谋生的手段。劳动者只有通过就业才能获得收入，从而获取自身生存以及延续后代所需要的生活资料，从而保证劳动力个人及其家庭的生存以及劳动力再生产顺利进行。这是就业最基本的功能。

其次，就业对劳动者个人的功能体现在能够实现劳动者的自我价值。劳动者的聪明才智，只有在就业中才能得到充分体现，而且也只有通过就业这种聪明才智才能得到社会的认可和赞许。而劳动者只有在这种就业过程中，才能感受到自我价值实现的快乐。

最后，就业还具有促进劳动者自我发展的功能。通过就业，劳动者的经验能够得到不断积累，技能得到不断提高，从而使得人力资本得到增值。如果离开了就业岗位，劳动者的人力资本价值就会不断减少甚至丧失，同时还会对劳动者的生理和心理造成损害。

（2）就业的社会经济功能

就业最基本的经济功能就是能够增加财富功能。只有通过就业，才能使分离的各种生产要素得到结合，从而生产出各种物质产品和精神财富，为人类社会的存在和发展提供经济基础。因此，任何一个社会离开了就业，都不可能创造出社会财富，社会发展也就失去了根基。

除了就业的基本经济功能以外，就业还能起到稳定社会的功能。就业不仅仅是一个经济现象，而且与社会和政治密切相关。就业问题解决得好，可以使社会成员在平等、稳定的环境下生活和工作，如果解决不好，则可能使相当一部分人生活无法得到保障，或者处于不稳定、质量差的生活环境中，久而久之会使一些人产生沮丧、悲观甚至反社会情绪，导致社会的动乱。因此，很多国家都把解决就业问题，实现充分就业作为宏观经济政策的首选目标。总之，一个社会就业水平越高，就业效果越好，社会财富就越丰富，人民的物质文化生活水平就越高，社会就越加稳定，从而社会的繁荣和发展就越容易达到。

三、就业的类型

就业可以按照不同的标准进行分类：

（1）按照就业的表现形式，分为正规就业和非正规就业。非正规就业又可分为非正规部门就业和正规部门的非标准就业。非标准就业主要是指正规就业部门中区别于标准就业的非标准工作安排、非标准工作时间或非标准就业形式和非标准劳动关系的就业，包括弹性就业、阶段性就业、非全日制就业和劳务派遣、季节性就业以及其他临时性工作。

（2）按照就业时间，可以分为短期就业和长期就业。关于短期和长期的时间划分是相对的，一般说来，一年以下的就业为短期就业，否则可以看作为长期就业。

（3）按照就业区域，可以分为国际和国内就业，国内就业可进一步分为城镇就业和农村就业，或不同省区或地区的就业。

（4）按照就业管理形式，可以分为计划就业和市场就业。前者主要是指在国家或政府统一计划和安排下的就业，后者则是由市场对劳动力的供需状况决定的就业。

（5）按照就业序次，可以分为初次就业、再就业和多次就业。

此外，还可以按照产业、部门、所有制等进行分类。

第二节 影响就业的主要因素

在市场经济条件下，就业是通过劳动力市场对劳动力这种特殊商品进行资源配置后形成的，因此劳动力市场中的劳动力供给、需求、工资的变化以及劳动力市场本身的状态和变动就构成了影响和决定就业的直接影响因素。而那些影响对劳动力供给、需求和市场配置产生影响的因素，就构成了影响就业的间接因素。

一、直接影响因素——劳动力市场因素

现代市场经济，是一个由劳动力市场、资本市场和商品市场三大基本市场构成的市场体系。其中劳动力市场具有相当特殊的地位。劳动力作为最基本的生产要素，与自然资源、资本和其他要素一起共同生产社会所必需的商品和服务，劳动者通过劳动交易和雇佣，获得收入，成为收入的分配对象。这样，劳动力的使用效率问题和收入分割比例问题，即生产要素的配置问题与收入分配问题都体现在劳动力市场上。在市场经济条件下，就业是在劳动力市场中实现的，是劳动力市场中劳动力供给和需求相结合后形成的。因此，劳动力市场状况就会直接影响到就业的方方面面。

1. 劳动力供给因素

劳动力供给是劳动力市场的重要组成要素之一，劳动力的供给状况通过对劳动力市场的供需变动对就业发生作用。一定时期内，如果某一地区劳动力供给量越多，则意味着需要就业的潜在劳动力越多，社会需要提供的就业岗位相应就越多，否则就会产生失业；反之，某一时期提供的劳动力越少，则社会的就业压力越小，失业者也会越少，因此就越有利于就业。

2. 劳动力需求因素

劳动力需求是指一个国家或者社会中社会经济发展对劳动力的需求规模、需求结构等，实际上就是社会在一定时期所能提供的各种就业岗位状况。劳动力需求是劳动力市场的又一主要要素，它通过影响劳动力供需对比状况进而作用于就业。在劳动力供给一定的前提下，劳动力需求规模越大，则社会可以提供的就业岗位就越多，就会有更多的人可以就业，从理论上说，失业就会减少，就业就会增加；反之，一定时期社会对劳动力的需求规模越小，则能够就业的劳动者就会越少，失业就会越多。从结构上来说，劳动力需求存在职业结构和地区结构的差

别。劳动力供给在专业技能和地区上必须与之相匹配，才能实现充分就业的目的。

3. 劳动报酬——工资因素

劳动力市场中的供给和需求二者之间的凝结点就是工资率，它构成了市场经济运行中十分重要的变量。一方面，工资决定了企业对劳动力的雇佣，从而形成了对劳动力的需求，另一方面，工资决定了劳动者及其家庭成员的收入和生活水准，是影响劳动力供给的最重要因素。作为劳动力市场调节器的工资，其高低与变化，引导着劳动力供给和需求的变化，工资报酬高，则吸引潜在劳动者，使得劳动力供给增多，但是雇主则因为成本上升，而减少对劳动力的需要。低工资将会产生较大的劳动力需求和较少的劳动力供给，有利于就业的实现。

4. 劳动力市场信息和中介

劳动力市场信息是否完备，与就业状况有着直接的关系。因为现实中的劳动力市场信息总是不完备的，因此求职者很难完全和迅捷地掌握企业和雇主的职位、工资等信息，而企业或雇主也很难完全了解求职者的真实技能和素质情况。而要掌握上述信息，必须通过搜寻，而搜寻信息要花费很大的成本，其中信息越不完备，则花费的时间成本越大，处于失业状态的求职者就会越多。尤其在社会化大生产中，劳动者需求主体和供给主体都是庞大的，无论是需求者对供给者的劳动力素质和技能要求，还是供给者对需求方的工作待遇等要求都是千差万别的，很难通过劳动者供需双方自行实现完全匹配，在这种状况下是否有中介组织就成为非常重要的因素。因此，无论是劳动力市场信息状况，还是中介组织，都对就业产生很大影响。

二、间接影响因素——其他宏观因素

劳动力市场要素直接对就业及其后果发生作用，然而无论是劳动力供给、需求或是工资等，实际上都受到一系列宏观和微观因素的影响，从宏观上说，主要就是经济、社会、人口和制度等因素。

1. 经济发展对就业的影响

经济发展通常包括资本积累、技术进步及由它们带来的劳动生产率的提高和经济结构的变动过程①。一般说来，经济发展主要通过劳动力需求对就业发生作用，但从较长时间看，通过对劳动力供给的影响也将产生深刻的影响。经济发展因素包括经济增长、科学技术进步、产业结构、对外贸易和通货膨胀，这些方面

① 杨亚明，徐亚非，程厚思. 劳动力市场运行研究. 北京：商务印书馆，1999. 86

都对就业产生着深刻影响。

（1）经济增长与就业

经济增长是经济发展的基础，它是指一个经济体中的国民生产总值和人均数量的持续增加过程①。可以说，没有经济增长，就谈不上经济发展，相反，经济增长也不能取代经济发展，因为经济发展除了经济增长，还意味着经济结构的改善和经济发展质量的提高。

经济增长与就业之间存在着十分密切的关系。纵观国内外的经济发展和就业变动历程，我们看到，每当社会处于经济发展的繁荣时期，对劳动力的需求也就比较旺盛，就业就会呈现比较好的形势；反之，在经济萎缩或低迷时期，社会对产品和服务的需求就会下降，作为引致性或派生性的劳动力需求也会下降，从而就业形势变坏，失业加剧。因此，从某种程度上说，经济增长与就业增长之间存在着几乎同步的变动关系，与失业率之间存在着反相关的关系。实际上很多学者也早就发现在经济增长与失业率之间这种相关关系。

按照西方经济理论，一国或者一个地区的经济增长源泉，来自于资本投入、劳动力投入和技术进步等因素的长期作用。1936 年，英国经济学家哈罗德（Roy F. Harrod）和美国经济学家 E. D. 多马（E. D. Domar）分别建立了著名的哈罗德—多马模型，将凯恩斯的理论进行了长期化和动态化的研究。该理论模型认为，假定在资本存量和国民生产总值之间存在一种直接的经济联系，则任何新的投资增加的资本存量都会带来国民生产总值的相应增长。20 世纪 60 年代，索洛在原来经济增长模型基础上，加入了第二种生产要素——劳动力和第三个独立的经济变量——技术进步，提出经济增长主要来源于三个方面：资本投入、劳动力以及技术。他认为，经济增长与就业增长的变动在理论上是一致的，即经济的较快增长必然带来就业的较快增长。索洛模型还隐含着一个结论，长期来说国民收入的增长率等于就业的增长率。

美国著名经济学家阿瑟·奥肯（Arthur M. Okun）根据美国的统计资料，测算出当年实际的经济增长与失业率之间关系的经验规律。他发现，实际产出增长率每高于潜在产出增长率 2 个百分点，则失业率就会下降 1 个百分点。这个规律被称为奥肯定律。但是，在现实中就业率或失业率与经济增长并不总是呈现这种简单的相关关系，例如，在我国近些年的经济增长中，就出现了经济高速增长而就业没有相应提高的情况。这主要是因为，除了经济增长对就业的影响之外，还存在许多其他因素的影响，包括产业结构变动、技术结构和技术进步、投资结

① 姚裕群，傅志明主编．发展与就业．北京：中国劳动社会保障出版社，2010．8

构，以及劳动力市场本身的影响等。

（2）技术进步对就业的影响

技术进步是经济发展的重要原因，但是技术进步对就业而言，其作用则不可用简单的促进或妨碍来说明。这是因为，技术进步相对于就业而言，是一把“双刃剑”，它既可以有利于就业，也会对就业产生不利的影响。

技术与技术进步是两个不同的含义。技术，是指“人类能够按照自己意愿的方向来利用自然所储存的大量原料和能量的技能、本领、手段和知识的总和”。技术从本质上讲，是人与自然、社会之间进行物质、能量和信息转移的“媒介”，从技术存在的形式上看，是一个非实体性的东西，需要借助一定的物质形态来表现自己[①]。技术进步从字面上理解，就是指上述技术随着时间推移的进一步提高。在上述索洛模型中，如果产出的增长幅度超过了资本和劳动投入增长的幅度，就被认为是发生了技术进步。

从技术进步对劳动力和就业的吸纳来说，存在不同的作用方向，英国著名经济学家希克斯（J. Hicks）1932 年在其《工资理论》一书中，将技术进步（创新）对就业的影响方向分为中性技术进步、节省资本型创新和节省劳动型创新三种。由此可见，从单个技术来说，技术进步对就业存在着不同方向的影响。也就是说，技术既存在着对就业的促进作用，也存在着对就业的制约作用。当技术进步为节省资本型，就会对就业有利，而技术进步是劳动力节省型的，则不利于就业。中性的技术进步对就业作用不明显。

2. 对外贸易与就业

随着经济全球化的发展，国际贸易对就业的影响正在变得日益显著。国际贸易一般包括商品贸易、资本贸易、技术贸易和劳务贸易四个方面。这四类贸易形式的不同组合，构成了各个国家基本贸易结构。各个国家采取哪一种贸易结构，与本国的经济发展阶段和资源禀赋有关。下面主要从商品贸易和外资引进两个方面进行简单论述：

首先来看商品贸易与就业的关系。商品贸易的发生，主要是因为各个国家在要素禀赋上存在差异。一般而言，发达国家有比较充裕的资本和技术优势，而发展中国家往往缺少资本；相反，由于所处的人口转变阶段是出生率较高，使得劳动力供给普遍比较丰富，同时由于经济和技术落后，因此一般来说资本和技术要素也是比较短缺的。要素的丰富和短缺程度决定了产品的生产成本差异，因此使各国的商品贸易成为可能。因此，各国在贸易中要想获得更多的比较利益，实现

---

① 杨亚明，徐亚非，程厚思. 劳动力市场运行研究. 北京：商务印书馆，1999. 119

要素的合理配置和充分就业，就要生产并出口那些含有本国供给相对丰裕的要素的产品，进口那些本国相对短缺的要素的产品。

从短期来看，这种商品贸易对发展中国家来说，是有利于扩大就业的，因为在本国的商品生产会产生很多就业岗位，这对劳动力众多的发展中国家有着重大的意义。相反，对于资本占优势的发达国家而言，因为出口产品多是高技术和资本密集型的产品，因此对劳动力的吸纳有限。从长期来看，发展中国家以要素禀赋为基础的相对比较优势会随着经济的发展逐渐消失。劳动力在对外加工贸易方面的大量长期使用会逐步导致劳动力短缺和工资上涨，最终失去比较优势。而且过于依赖这种劳动密集型的对外加工贸易，将会受到国际经济形势的影响，2008年的全球金融危机使中国外向型加工出口企业受到重创，就是明显的例子。

除了商品贸易，实际上在当今社会，要素在国际间的流动已经比较普遍，并且对就业也产生了深刻的影响。发展中国家在经济发展过程中一个很大的制约，就是资金的短缺。实际上早在1966年，经济学家钱纳里（H. B. Chereny）和斯特劳特（A. M. Strout）就指出，发展中国家在储蓄和外汇两个方面存在缺口，因此利用外资是填平这两个缺口的有效手段。

利用外资对发展中国家的就业影响却是多重的。如果外资利用得当，就可以促进本国的经济发展和就业，反之，则会陷入深重的债务危机，并对就业产生负面影响。从正面影响上来说，首先，引进外资可以缓解发展中国家资金的不足，填补储蓄和外汇缺口。利用外资是为了进行生产，而生产必须通过资金和劳动力的结合，因此从这个意义上说，外资的引进总是伴随着就业机会的直接创造，从而有利于扩大就业。与此同时，外资引入，还可以通过产业链间接产生就业机会，因此总体上说来，引进外资是有利于本国就业的。其次，外资的进入可以为高知识阶层创造适合的就业机会，减少知识失业。因为外资企业一般技术要求较高，因此这可以为本国较高教育程度的劳动者找到用武之地。此外，对外资企业的税收收入，可以增加政府财政收入，促进国内总需求扩大，对就业也是有利的。

但是，如果过于依赖外资引入，而不注意外资在国内投资生产的技术结构等，则不仅会使本国外债增大，减少国内需求，而且不利于本国普通劳动者的就业。

3. 人口变动与就业

人口的变动是影响就业的重要因素之一。人口变动包括自然变动、社会经济变动和地域变动。其中自然变动是指由于出生和死亡而引起的人口规模和年龄性别结构的变化（一般在这里将人口看做封闭人口，暂不考虑迁移）。人口的社会经济变动，一般指人口群体中，人们的职业、行业、受教育程度等发生的变化，实际上这些变化往往是与劳动力的相应变化相呼应的。地域变动，主要指随着人口出生死亡和迁移而引起的人口在地区或者城乡之间比重的变化。

从人口的自然变动上来说，如果某一时期、某一地区的出生率水平很高，而死亡率较低，则自然增长（出生减去死亡）的人口就会快速增大，意味着未来劳动力供给将会逐渐变大，如果这个过程长期持续，则劳动力供给就会保持一个较长时间的总量较大且继续增加的状态，就会给就业带来很大压力；反之，如果每年出生的人口规模很小或者逐年减小，而死亡率不变或者上升，则自然增长率就会下降，总人口将会出现增长减缓甚至负增长，人口年龄结构将会出现逐步老龄化，则劳动适龄人口（联合国人口基金组织规定 15～64 岁为劳动适龄人口）将会逐渐减少，同时劳动者平均年龄也会逐渐升高。这种状况也不利于就业，可能会导致劳动力供给不足，或者劳动力的创造力与活力减弱等。

同样，总人口地域结构的变化，则会造成地区间劳动力分布的变化，最终影响不同地区劳动力的供给。例如，随着我国农村劳动力大量流动到城镇地区从事非农就业，引起城市劳动力供给压力增大，而一些农村地区则出现劳动力尤其是青壮年劳动力的短缺，以及劳动力的老化。

4. 政府宏观管理与就业

在经济现实中，劳动力作为一种特殊商品和交易对象，在市场中是相对软弱的，具有其他商品没有的特殊性。例如，劳动者不能将劳动能力从自身分离开来，不能储存，为了生存又必须不断向市场提供劳动力，因而在需求不足之际，在市场信息不对称的条件下，往往处于交易中的不利地位。此外，劳动力往往处于分散的状态，而需求方则相对集中和强大。劳动力商品这种特殊性，与市场经济的性质相结合，往往会产生诸如失业、歧视性的低工资以及恶劣的工作条件等问题，面对这些问题，政府就会以各种各样的政策和法规为手段对劳动力市场进行干预，同时劳动者也会以工会的形式组织起来，在一定程度上强化了劳动者的地位。一系列制度政策因素必然作用于劳动力资源的配置和收入的分配。

政府的职能主要是经济调节、市场监管、社会管理和公共服务，前两个主要是经济职能，后两个涉及社会职能。政府管理实际上就是政府职能的具体实现。政府的经济管理职能是政府管理中最核心和最关键的部分，主要包括宏观经济调控、政府对价格的管理、公用事业价格管理以及农产品价格管理等。从就业的角度来说，政府宏观管理的主要目标是实现充分就业，而我国宏观管理的主要目标是增加就业。同时，政府在实现增加就业目标的同时，还将公平就业作为另一个目标。为了增加就业和公平就业，政府需要采取一系列的政策和管理办法，包括实行相应的货币政策、财政政策等，以及相应的就业服务，如扶持弱势群体就业、完善服务机制、健全制度等。因此，一般说来，政府具体的就业管理包括制定各种就业政策以及就业服务和就业扶持。

第三节 就业理论的演变及其与就业原理的关系

就业原理作为一门独立的课程，是近些年才发展起来的，其体系框架、内容等都在进一步完善之中，可以说，这是一门崭新的劳动经济学分支学科。然而，人们对就业问题本身的关注和理论的形成与演变，则已经经历了漫长的过程，因为就业理论是就业原理这门课程的重要内容和基础，因此，对于就业原理的形成历史，可以追溯到就业理论的演变及其过程，因为它们反映了人们对就业原理最基本和最权威的认识。

就业理论的出现可以追溯到古典经济学时期，如果从 19 世纪初期法国经济学家让·巴蒂斯特·萨伊（Say Jean Baptiste）在其 1803 年出版的《政治经济学概论》中提出的“供给会自己给自己创造需求”来看，就业理论已有 200 多年的历史。但是就业问题作为一个重大的理论问题受到西方经济学界重视的时间较晚，一般认为是从 20 世纪 30 年代经济危机时期开始的。此后，就业问题就成为世界性的难题，一直困扰着世界上绝大多数国家。而关于就业问题的理论研究也层出不穷，时至今日，世界上已经形成了多种各具特色、自成体系的就业理论。总的来说，就业理论的演变历程大致可以分为以下五个时期：

19 世纪初，人们对就业问题并没有很关注，认为市场可以自动解决就业问题。著名的萨伊定律为古典经济学的就业理论奠定了基石。萨伊定律不承认有失业问题的存在，认为劳动力供需受市场的调节，随着工资的升降可以自动达到均衡，从而使劳动力市场出清。充分就业被说成是社会经济活动中自然倾向。庇古（Arthur Cecil Pigou）对就业问题的看法也是从萨伊定律出发的。他认为劳动力市场上的供给不可能与对劳动力的需求脱节，因为工人工资总是等于劳动的边际生产物，而在工资的效用又总是等于劳动的边际负效用的前提下，只要存在完全竞争制度下的劳动力市场，那么，工资就可以随着劳动力市场供求的变化而变化，就业量也将随之而自行调整；只要工人愿意接受现行工资水平，就都能就业。因此，古典主义就业理论实际上是反对政府进行劳动力市场的干预的，主张一切由劳动力市场自行调节。

20 世纪 30 年代的世界经济危机，导致失业率大幅上升，失业人数一度高达 3 500 万人以上，传统的西方经济学就业理论不攻自破。在此背景下，凯恩斯（John Maynard Keynes）在其 1936 年出版的《就业利息和货币通论》一书中，提出了一种与传统的西方经济学就业理论不同的就业理论。在凯恩斯的理论中，失业的根本原因在于周期性的经济萧条，他用有效需求不足解释失业原因，主张政府宏观干预，并提出了非自愿失业的概念。他认为，资本主义社会有“非自愿失业”，但失业并不是资本主义制度的必然产物，而是“有效需求”不足的结果，只要采用国家干预经济的政策，增加“有效需求”，就可以实现充分就业。凯恩斯就业理论一出现，就引起了整个西方经济界的轰动，被称为“凯恩斯革命”，凯恩斯的就业理论开始形成并成为主流。此后，西方一些主要国家的政府均接受了凯恩斯的理论，宣告以实现“充分就业”作为制定经济政策的目标。

20 世纪 70 年代，西方各国相继陷入了滞胀的困难境地，凯恩斯的就业理论受到挑战甚至破产。以托宾（James Tobin）、杜生贝（J. S. Duesenberry）等人为代表的新古典综合派在凯恩斯主义的基础上进行了修整完善，提出了“结构性失业”理论。而同时期的保守主义包括货币主义学派、理性预期学派和供给学派则站到凯恩斯学派的对立面。他们反对政府宏观干预，主张让市场自发产生调节，其中货币学派的代表弗里德曼的自然失业理论最有影响。他认为，自然失业率是“在任何时候，都存在着与实际工资率结构相适应的某种均衡失业水平”。这样，社会上就存在三种失业率，即市场失业率、自然失业率和作为政策目标的失业率。假设作为政策目标的失业率低于市场失业率和自然失业率，为了实现这一政策目标，降低市场失业率，必须增加货币供应量，降低利息率，以刺激需求。于是，市场失业率低于自然失业率，实现政策目标。弗里德曼强调政府不必干预、听任市场的自发调节。

20 世纪 80 年代，新凯恩斯主义一方面以原有凯恩斯主义关于非市场出清为基本信条，另一方面又吸收了新古典经济学的最大化原则和理性预期假设，力图为凯恩斯主义宏观理论构筑微观基础，形成了较完善的理论体系，成为目前主流的就业理论。主要包括工资黏性理论、效率工资理论、隐含合同理论、内部人—外部人理论等。

进入 20 世纪 90 年代，学者们开始在劳动力市场以外的制度和技术等方面寻找失业的原因。例如，欧洲的就业保护政策和优惠的失业保险福利政策等，同时提出了一系列新理论，包括工作寻访理论、非均衡失业理论等。

纵观就业理论的产生过程，我们看到这些理论基本上都是围绕世界上最主要的就业问题——失业及其原因展开的，正是因为对失业的原因解释不同，因此出现了不同的政策主张，但无非都是围绕着市场调节—政府干预—反对政府干预、回到市场自发调节—再强调政府干预这样反复的论证中发展演化的。就业理论的更迭并不能说明哪一个就业理论更成熟，或者绝对正确。因为就业问题从来没有令人满意地解决，而且这些就业理论本身也存在缺陷。

从当前国际上对就业问题的关注和研究内容上看，涉及范围日益广泛和繁杂。除了上述对就业（失业）总量问题本身变动特点、规律等的关注外，人们对就业研究的内容逐步从就业总量扩展到对就业结构、就业质量、流动就业等的研究，在研究重点上，人们长期以来热衷于对影响就业（失业）的因素和原因进行实证分析。实际上上述就业理论均可以归纳到此类的研究中，因为几乎所有理论都是用来解释就业现象和问题产生的原因的，只不过随着就业理论的演进，人们的解释已经从总需求、总供给等宏观要素，转向劳动力市场本身的结构、工资变动、劳动力市场信息、劳动者个人能力和知识结构等方面来，近年来进一步转向企业行为，如高于市场出清的效率工资、内部雇佣结构，以及工会等多种原因分析，而且研究日益注重实证和调查分析。此外，对就业者行为特征上的研究、就业或失业的个体差异研究以及就业能力研究也成为当前就业研究的重要内容。

虽然对就业的理论研究已有很长的发展过程并已经形成一些成熟的权威性理论和流派，据此足以对就业问题展开深入细致的分析并指导实践，然而，就业理论主要是对就业问题产生原因的解释，从一个学科的角度而言，它并不是完整意义上的就业原理的全面系统概括和陈述。它虽然从一般经济学的原理出发解释了为什么会出现失业问题并如何治理，但仅就就业理论而言，它缺乏对就业这种现象最本质、最一般的描述和高度概括，包括就业产生、就业变动、就业类型、结构、就业质量等的全面分析，因此，就业理论本身并不能取代就业原理这门课程的全部内容。现实迫切需要有一门专门的课程从原理上对就业这种现象（不仅仅是问题）更加系统地加以阐述，就业原理这门课程就是在这种要求下应运而生的。它以就业理论为指导，但阐述的是更加一般的基础和原理，也是受到普遍认可的基本就业原理。

实际上，就业原理作为一门劳动经济学下属的专门的课程来进行设置，在国内是近年来才开始出现的。因为就业研究淹没在劳动经济学相关的大量研究和教材中，还因为其在研究对象和内容上缺乏相对的独立性，在内容上也淹没在劳动经济学关于劳动力市场、劳动力供需等问题研究中，这一切使得这样一门学科至今未能有自己明确的定位和独立的研究对象。目前专门的、全面的就业原理的专著或教材还不多见，作为一门大学相关专业的课程，专门的就业原理教材还是非常缺乏的。

国内目前还没有同名教材，1991 年劳动经济学院刘庆唐教授编写的《劳动就业原理》，是国内第一本也是迄今为止唯一关于就业原理的专门教材类著作，影响深远。但因为这本教材出版时间较早，内容难以反映当前新的就业理论、就业形势和就业问题，其他类似的教材主要是“就业概论”，如彭薇、王旭东 2002 年著的《就业概论》[①] 以及马彭生等 2003 年出版的《劳动就业概论》等[②]，虽然名称接近，但是它们无论从框架结构上还是内容上都更接近于劳动经济学教材内容。因此，亟待在新的形势下尽快组织出版一部专门系统论述就业原理的教材。

第四节 就业原理的研究对象和主要内容

研究对象是对本学科所考察的特定现象（和）领域的本质进行的概括和科学表述。任何一门学科都具有自己特有的研究对象，一门学科有无明确的研究对象，直接关系到这门学科是否存在，并能否以此与其他学科区别开来，因此是首先要解决的问题。

关于就业原理的研究对象，目前国内还很少有专门论述。

笔者认为，就业原理的研究对象是就业的形成和变动过程及其机制，并以此与其他学科相区别。

就业原理之所以以就业的形成、变动过程及其机制为研究对象，是由就业原理本身的基本内容和要求决定的。与劳动经济学以劳动力市场运行和结果为研究对象[③]，或者以稀缺的人力资源的有效配置[④]为对象不同，就业原理的研究虽然也离不开劳动者这个客体，离不开劳动力市场运行这样一个基本条件，离不开劳动力市场对人力资源的有效配置，但是就业原理并不是一般地揭示劳动力市场本身的问题，也不是集中在如何有效配置劳动力资源，而是要对劳动力市场配置的重要效果——就业现象进行专门的研究，不仅要揭示就业的形成和变动的过程，还要揭示就业形成和变动的机制，研究影响就业的各种因素以及就业的效果，从原理上对就业这种现象及其影响机制和因素进行全面系统的研究和分析。

围绕就业原理的研究对象，就业原理内容应该主要包括以下一些方面：

---

① 彭薇，王旭东．就业概论．北京：经济管理出版社，2002

② 马彭生．劳动就业概论．北京：中国商业出版社，2003

③ 伊兰博格，史密斯．现代劳动经济学．北京：中国人民大学出版社，1999．2

④ 马斌．西方经济学概论．北京：中央编译出版社，1997．7

1. 从劳动力供需和劳动力市场运行上揭示就业产生的机理

就业，在市场经济条件下主要是通过劳动力市场的运行来实现的，具体说来，就是通过劳动力市场中的劳动力供给、劳动力需求和价格调节，以及一系列市场运行规则等来实现的，这是就业产生的基本条件。但是，劳动力供给、劳动力需求本身是如何变化的，它们在劳动力市场中是如何匹配的，劳动力供需变化是如何影响就业的，劳动力工资变化对就业如何发生作用，等等，这些都是需要在就业原理中得到解答的基本内容。

2. 从理论上揭示主要就业问题——失业产生的原因和机制

失业是就业过程中存在的主要问题，也可以看做是就业的反面。国际上关于失业问题的产生早已形成了非常多的理论派系，这些理论产生的时间、背景和立场有很大差别，因此关于失业本身的原理解释存在着很大争议。就业原理需要对这些理论进行系统的梳理和评价，以便供人们加以借鉴，从而对现实就业问题的理解和解决提供参考。

3. 从总量上考察就业、失业的变动规律和变动原因

就业总量主要包括就业规模、就业率以及失业率等。如何衡量就业总量的变化，就业总量变化有无规律，就业总量的变化受到哪些因素的影响，失业的产生机制、失业的类型、失业的后果等内容构成了本书最核心的组成部分。

4. 考察就业的内在结构变动及其原因

对就业的研究，仅仅停留在总量分析和变动上是不够的，因此，就业原理还需要探索就业的各种结构变化规律及其变动原因和机制。包括就业的产业结构、就业的行业结构、就业的地域结构（主要是城乡结构）等。只有充分了解和认识就业结构的变动规律，才能够更加深刻地认识就业总量的变化。

5. 考察就业质量及其影响因素

就业质量是衡量就业状况的重要表征。就业质量近年来已经得到国际社会的极大重视，尤其是对发展中国家就业质量的关注已经成为就业领域里重要的研究内容。因此就业原理中也必将包含就业质量的研究。就业质量如何衡量？就业质量的影响因素是什么？其效果是什么？就业质量对就业规模本身和劳动者本人造成什么样的影响？这一切都构成了就业原理所要研究的重要内容。

6. 分析政府宏观政策和制度对就业的影响机制和管理原理

政府的宏观管理对就业有直接的作用和影响，同时就业管理本身也有自己特有的研究内容。本书将分析政府宏观政策和制度是如何影响就业的，政府将如何进行宏观就业管理。

第五节 就业原理的研究方法

一、研究的方法论问题

就业原理是一门理论性和实践性都很强的新学科。在研究的角度上，既包括经济学的分析范式，也包括社会学、管理学等学科的分析角度。在方法上，采用了微观分析和宏观分析相结合，定量分析与定性分析相结合，理论分析与实证分析相结合的多种方法的综合。

1. 宏观分析与微观分析相结合

就业原理需要采用宏观分析和微观分析方法。宏观分析，是指从整个社会的角度分析就业现象的发展和变化及其内在原理。微观分析，是指从企业角度研究其对就业者的管理原理。就业原理主要是采用宏观分析，因为就业者是在一定社会经济活动中从事有酬劳动的社会群体，它的发展变化与整个社会经济发展变化密切相关，社会经济的发展必将引起劳动需求的变化，总人口的变化也必将引起劳动力供给的变化，同时劳动力市场状况必将引起劳动力供需匹配的变化，从而产生不同的就业效果和表现。因此，要对全社会的就业总量、规模、结构以及质量、分布等进行分析，以得出科学反映事物本质的结论。然而，全社会的就业现象及其变动是企业范围内就业现象的有机总和，从企业的角度研究对就业的基本影响，以及具体的就业管理，也具有重要作用。宏观分析与微观分析相结合，才能全面揭示就业的原理。

2. 实证分析与规范分析相结合

实证分析和规范分析是就业研究的两个基本方法，无论在宏观分析中，还是在微观分析中都要涉及这两种方法的应用。实证分析是指在经济研究现象中试图超越或排斥一切价值判断的方法，它重视的是事情本身的内在规律，回答的是“是什么”的问题。实证分析主要用来分析就业本身的变动规律以及内在机制，分析各种影响因素与就业的相互关系，解释观察到的事实，并分析和预测未来的情况，因此在就业原理中将大量用到实证分析的方法。在就业原理的研究中，涉及就业本身产生的机制原理、就业问题的原因分析等都需要用到实证的分析方法。

而规范分析方法则是以一定的价值判断为基础，提出行为准则，并研究如何才能符合这些标准的方法。因此，规范分析重视的是研究事物本身的好坏与否，解决的是“应该是什么”的问题。它所研究的是经济事物本身是否符合某种价值标准或对社会有什么意义，从而为某种目标的实现提供行动方案。因为就业涉及每个劳动者的个人权益和利益的实现，本身天然地带有效率与公平的判断问题，尤其在政府的政策和管理中，不可避免地带有价值判断的印记。因此，规范分析在就业原理中的应用也非常广泛，尤其是应用在政府的决策问题以及企业的微观行为分析之中。实际上，在具体应用中，规范分析与实证分析常常是结合使用的，规范分析可以为实证分析进行理论指导，而实证分析为规范分析提供依据和基础。

3. 静态分析与动态分析相结合

就业原理的分析，既要从静态角度进行深入考察，也要从动态角度进行把握。静态分析，就是不涉及事物变化的时间因素，假设在一个静止的时间内，观察事物之间的联系和机制。动态分析则是从事物随时间的变化过程中来把握事物的现象和本质。就业原理的研究，既涉及影响就业的各种因素之间的内在关系，但因为这些关系实际上都是在动态中体现的，因此，更需要一种动态的分析和考察，而且从一个长期的趋势中来考察。

4. 归纳与演绎相结合

归纳和演绎是人们思维过程中的两种基本推理形式。归纳是从许多个别事实中概括出一般原理、原则的推理方法，归纳法是从个别到一般的思维运动。从特殊到一般，归纳法的优点是能体现众多事物的根本规律，且能体现事物的共性；缺点是容易犯不完全归纳的毛病。演绎是从一般原理、原则引出个别结论的推理方法，是从一般到个别的思维运动。演绎法从一般到特殊，优点是由定义根本规律等出发一步步递推，逻辑严密、结论可靠，且能体现事物的特性；缺点是缩小了范围，使根本规律的作用得不到充分展现。

在规范研究当中，学者一般采用归纳法，归纳法对作者的思辨性思维要求较高，以保证整个论证过程符合逻辑规则，一般很难做到，因此，归纳法很多时候是一种或然性的推论；演绎法的研究过程可以看做是一种推理的过程，实证研究一般都要有理论基础，或逻辑的推导过程，以保证结论的正确性。因此归纳法的研究思想普遍应用于规范研究当中，而演绎法则应用于实证研究当中。

5. 定性分析与定量分析相结合

就业原理既是一门定性学科，也是一门定量学科，因为就业问题理论和内在关系以及政策分析不仅涉及定性分析，而且就就业本身而言，其衡量指标均是可以量化的，其内在关系和机制在实证过程中是需要通过各种数理模型或计量经济学模型并进行一系列参数估计和检验来完成的，就是对就业趋势的分析，也涉及各种定量预测模型的应用。此外，在政策分析中也会用到各种决策分析方法和模型。因此，就业原理的研究在定性的理论指导基础上，将大量采用定量的方法。

二、主要的定量研究方法

1. 计量经济学模型[①]

计量经济学是以一定的经济理论和统计资料为基础，运用数学、统计学方法与计算机技术，以建立经济计量模型为主要手段，定量分析研究具有随机性特性的经济变量关系。计量经济学模型包括狭义计量经济学和广义的计量经济学。

狭义的计量经济学以模型估计和模型检验为核心内容，实际上就是回归分析。回归分析是一种统计分析方法，它针对已经设定的总体回归模型，按照随机抽样理论抽取样本观测值，采用适当的模型估计方法估计模型参数，并进行严格的检验，得到样本回归函数，从而完成统计分析的全过程。统计分析给出的只是必要条件而非充分条件。经济行为中客观存在的经济关系，一定能够通过表征经济行为的数据的统计分析而得到检验。如果不能通过必要性检验，在表征经济行为的数据是准确的和采用的统计分析方法是正确的前提下，只能质疑所设定的经济关系的合理性和客观性。但是反过来，如果在统计分析中发现了新的数据之间的统计关系，并不能就此说发现了新的经济行为关系，因为统计关系不是经济关系的充分条件。毫无疑问，从这个意义上讲，计量经济学模型只能检验理论而不能发现理论。

广义的计量经济学是经济理论、统计学和数学的结合。计量经济学模型研究的完整框架是：关于经济活动的观察（即行为分析）—关于经济理论的抽象（即理论假说）—建立总体回归模型—获取样本观测数据—估计模型—检验模型—应用模型。大量有价值的应用计量经济学模型的实证经济研究成果，都是首先提出理论假说，然后进行检验。

计量经济学根据经济变量和经济数据的特点，发展了许多独特的方法和工具，如广义矩估计、单位根和协整理论、工具变量法、归并数据的处理方法等。

2. 多目标规划模型

多目标规划模型在就业原理中的采用，主要是用于政策决策等规范研究中，即在多种政策目标下通过对各种政策方案的求解，而选择一个或几个可行的方案。因此采用是比较广泛的。

多目标规划是数学规划的一个分支。研究多于一个的目标函数在给定区域上

---

① 李子奈，齐良书. 关于计量经济学模型方法的思考. 中国社会科学. 2010（2）

的最优化，又称多目标最优化。通常记为 MOP（Multi-objective Programming）。在很多实际问题中，如经济、管理、军事、科学和工程设计等领域，衡量一个方案的好坏往往难以用一个指标来判断，而需要用多个目标来比较，而这些目标有时不甚协调，甚至是矛盾的。因此许多学者致力于这方面的研究。1896 年法国经济学家 V. 帕雷托最早研究不可比较目标的优化问题，之后，J. 冯 . 诺伊曼、H. W. 库恩、A. W. 塔克尔、A. M. 日夫里翁等数学家做了深入的探讨，但是尚未有一个完全令人满意的定义。求解多目标规划的方法大体上有以下几种：一种是化多为少的方法，即把多目标化为比较容易求解的单目标或双目标，如主要目标法、线性加权法、理想点法等；另一种是分层序列法，即把目标按其重要性给出一个序列，每次都在前一目标最优解集内求下一个目标最优解，直到求出共同的最优解。对多目标的线性规划除以上方法外还可以适当修正单纯形法来求解；还有一种是层次分析法，是由美国运筹学家沙迪于 20 世纪 70 年代提出的，这是一种定性与定量相结合的多目标决策与分析方法，对于目标结构复杂且缺乏必要的数据的情况更实用。

3. 人口分析模型

人口分析模型在就业中是必不可少的研究工具。主要采用的方法有两个，一个是人口预测模型法，通过人口预测法可以得到未来不同时期分年龄性别的劳动适龄人口规模；另一个是人口学中生命表的采用。

对劳动年龄人口的预测，可以采用分要素预测法进行。分要素预测法的理论基础是人口平衡方程式，即 $P_t=P_0+(B-D)+(I-E)$。其中 P_t 为预测期人口数，P_0 为基期人口数，B 为出生人口数，D 为死亡人口数，I 为迁入人口数，E 为迁出人口数。在预测中，出生人数涉及育龄妇女分年龄生育率水平以及生育模式的变化，而死亡率涉及分年龄性别人口的死亡水平和死亡模式变化，城乡之间的净迁移主要由每年的净迁移率（或迁移量）以及迁移的年龄结构模式共同决定。

实际计算过程涉及年龄移算，要比上述平衡方程复杂得多。以女性人口为例计算的估算公式如下：

（1）女性年龄死亡人数估算公式

$$D^f(x,t)=l^f(x,t)\times q_x$$

（2）出生女婴人数估算公式

$$B^f(0,t+1)=1/2[l^f(x,t)+l^f(x,t+1)]\times f_x\times S\times L_0/l_0$$

（3）各年度年龄女性人口推算公式

$$l^f(x+1,t+1)=l^f(x,t)\times p_x^f$$

（4）各年度人口总数估算公式

$$l(t+1)=B^{f}(0,t+1)+\sum l^{f}(x+1,t+1)+B_{m}(0,t+1)+\sum l_{m}(x+1,t+1)$$

（5）各年度劳动年龄人口规模估算公式

$$l_{15-64}=\sum_{x=15}^{64}(L_{m}+L_{f})$$

注：l（x，t）为 t 时期 x 岁组的人口数，l^{f}（x，t）为 t 时期 x 岁组女性人口数；f_{x}为 x 岁组到 $x+1$ 岁组人口的存活概率，q_{x}为 $1-p_{x}$为死亡概率；S 为出生人数中女婴所占比例；B（0，t）为 t 时期出生人数；D（0，t）为 t 时期 x 岁组死亡人数。

在给出未来总和生育率、预期寿命以及净迁移规模的前提下，通过给定的生育模式、死亡模式和净迁移模式的变化，进而转化成育龄妇女的生育数、分年龄性别的死亡数以及分年龄性别的净迁移量，最后逐年推出各年龄性别的人口数，并从中汇总出不同年龄段的人口（如老年人口、劳动适龄人口等）以及总人口。

生命表从原理上说是追踪一批人，逐年记录该人群从出生到死亡的各年龄死亡率和寿命，并进一步构成表格式模型，称为生命表。实际上在计算中是采用假设一批人的方法，用某一个时期分年龄死亡率代替一批人在各年龄的死亡率。这样计算出来的也称为时期生命表。生命表在就业研究中具有极其特殊的作用和重要性。它可以通过对进出经济活动状态的劳动年龄人口、进入就业和离开就业、进入失业和离开失业等多种状态进行一种队列分析，构建多状态生命表，从而计算劳动力人口在上述各种状态的停留时间、强度，并能对未来状况进行预测，因此是一种重要的定量工具。

【本章小结】

本章作为全书的导论，在系统介绍就业的基本概念、范畴、属性以及就业类型、功能等基础上，分析了影响就业的社会、经济、技术进步、对外贸易、政府管理等多种因素及其影响机制，同时对就业理论的形成和演变以及与就业原理的关系进行了论述。本章还重点给出了就业原理这门课程的研究对象和研究的主要内容，最后对就业的研究方法进行了简单介绍。

【复习题】

1. 就业的完整概念是什么？必须具备哪几个必要条件？
2. 影响就业的主要因素有哪些？它们是如何影响就业的？
3. 就业原理的研究对象是什么？就业原理都包括哪些内容？
4. 就业原理的研究方法有哪些？

第二章

就业的基本理论

本章学习目的

1. 掌握马克思就业理论的主要内容
2. 掌握西方不同流派就业理论的主要观点
3. 掌握前沿就业理论的主要内容

就业问题由来已久，它是在人类社会发展到一定阶段出现的劳动问题。就业理论产生于解决就业问题的实践中，是人们对劳动就业这种社会经济现象权威性和系统性的理论阐述。随着经济的发展，产生了各式各样、不同观点的就业理论。这些理论既呈现出不同的时代特征，又与各国的经济背景、社会制度和意识形态密切相关，对认识、研究就业问题具有极其重要的启示和指导意义。

第一节 马克思主义就业理论

马克思（Karl Heinrich Marx）在剖析资本主义生产方式客观规律的同时，对就业问题也进行了深入分析。马克思的就业理论是在研究了西方雇佣劳动制度和失业问题的过程中逐步创立起来的，是在劳动价值论的基础上，通过分析劳动力成为商品以及资本有机构成的发展趋势，进而形成了以相对过剩人口理论为核心的独特的就业理论。马克思在研究资本主义就业问题的同时，还勾画了未来社会主义社会的就业模式——社会主义普遍就业的思想。

一、劳动力商品理论

马克思在《资本论》第一卷中论述货币如何转化为资本时，集中阐述了劳动力商品理论。劳动力商品是指劳动者的劳动能力成为商品。它必须具备两个条件：一是劳动力所有者是“自由人”，能自由支配自己的劳动力；二是除了自己的劳动力外，必须一无所有，不得不靠出卖劳动力来维持生活。劳动力是商品，它和其他商品一样具有使用价值和价值，其价值是由生产和再生产劳动力商品的社会必要劳动时间决定的，工资是劳动力商品的价格。

马克思认为，在任何社会，劳动力都是社会生产的基本要素，但只有到了资本主义社会，劳动力才作为商品被买卖。劳动力商品具有特殊性，劳动力在使用过程中能够创造出价值，并且能够创造出比它自身价值更大的价值，即剩余价值，这一价值被资本家无偿占有了。

在劳动力商品理论的基础上，马克思揭示了就业与失业的内涵。马克思指出：“劳动力不卖出去，对工人就毫无用处，不仅如此，工人就会感到一种残酷的自然必然性：他的劳动能力的生产曾经需要一定量的生存资料，它的再生产又不断需要一定量的生存资料。”① 其他商品卖不出去，可以暂时从流通领域中退出，作为商品库存，它的价值仍然存在。但劳动力卖不出去，工人即处于失业状态，它的价值等于零。由此可见，就业即为劳动力作为商品出卖，进入生产过程，实现其价值；失业即为劳动力作为商品停留在流通领域，未实现其价值，其使用价值未在生产过程中发挥作用，就业与失业的存在直接与劳动力商品的交换关系相联系。

二、资本主义相对过剩人口理论

马克思认为，在社会化大生产中，要使社会再生产顺利进行，就必须把社会劳动按照一定的比例分配到社会生产的各个部门中去。分配形式有两种：一种是计划配置形式，另一种是市场配置形式。在资本主义社会，经济运行是受市场机制支配的，劳动力资源也是通过市场机制来配置。

马克思认为，资本主义制度下，按照市场配置劳动力的结果必然会造成失业的出现。失业的根源是资本主义基本矛盾，即生产社会化与生产资料的私人占有之间的矛盾。随着资本主义经济的发展，竞争压力增大，迫使资本家不断提高生产率，结果使资本有机构成不断提高，资本中不变资本比例越来越大，而可变资本比例越来越少，就会出现资本对劳动的需求不能满足劳动求职的需求，从而出现失业。这种失业完全是相对于资本对剩余价值的追求而产生的，因此叫做相对过剩人口。相对过剩人口的产生是“资本主义生产方式所特有的人口规律”，其表现形式为：

第一，流动的过剩人口，即暂时找不到工作的临时失业人口。

第二，潜在的过剩人口，指农村的过剩人口，由于农村许多劳动力都占有一定的土地，因此叫做潜在的过剩人口。

第三，停滞的过剩人口，指没有固定职业，依靠干些杂活勉强维持生活的劳动者，劳动时间最长，而工资最低。

马克思指出，相对过剩人口不仅形成产业后备军，还是资本主义生产方式存在和发展的必要条件。资本主义社会出现的失业现象，是资本家疯狂追求剩余价值的后果，是资本主义社会不可避免的现象。

三、社会主义普遍就业理论

马克思认为，社会经济越发达，社会化大生产的程度越高，生产过程中一定

---

① 马克思. 资本论（第一卷）. 北京：人民出版社，1975

量的已经物化在生产资料中的劳动必须有一定量的活劳动与之相适应，并保持一定的比例。这一比例在不同的产业，甚至同一产业的不同部门都不尽相同。而且随着技术革命的不断深入，社会内部分工发生变化，不断使劳动力从一个部门（或行业）转向另一个部门（或行业），使得这一比例处于一个动态的系统中，这就要求劳动者与生产资料在数量及质量上、空间和时间上高度一致。资本主义国家无政府状态的竞争是无法适应这种社会化大生产的，只有建立社会主义国家，实现劳动力资源的有计划配置，根据社会需求和技术进步的变化调整自己的生产规模及结构，才能消除资本主义对人力、物力的巨大浪费，提高生产力。

按照马克思的设想，无产阶级夺取政权后，生产资料和社会产品属于全体劳动成员所有，劳动力作为商品不再存在，价值规律不再发生作用，但是按比例分配社会劳动仍然存在，社会可以通过计划来实现社会劳动的按比例分配。由于劳动资源是计划配置的，失业被彻底消除，因此在马克思看来，社会主义没有失业现象。

另外，马克思还论述了社会主义劳动者全面发展的理论。马克思认为，在社会主义条件下，随着公有制的建立，劳动者成为生产资料的主人，在“自由人联合体”中，他们用公共的生产资料进行生产，并且自觉地把许多个人劳动力当做一个社会劳动力来使用。公有制使社会中的每一个个体都成为国家的主人，劳动不再是谋取生存资料的强制劳动，而是为自己、为社会自由、平等的劳动，劳动最终将成为生活的第一需要。

第二节 西方就业理论

19 世纪以来，随着资本主义的发展，经济危机频繁出现，失业现象日趋严重，就业成为经济生活中的突出问题，社会上形成了各种关于就业问题的学说，其中已经成熟、得到较大程度认可并有广泛影响的学说即称为就业理论。西方就业理论是伴随着资本主义市场经济衍生出来的，现在已经成为西方经济理论的重要组成部分，同时也成为西方国家制定就业政策的重要依据。

一、传统的就业理论

传统的就业理论主要是凯恩斯经济学产生以前的就业理论，主要包括就业自动均衡论、均衡工资就业论和有效需求充足就业论等，下文简单介绍一下前两种就业理论。

1. 就业自动均衡论

在凯恩斯理论产生之前，古典经济学家普遍认为，劳动力市场的自发调节可以实现充分就业。

萨伊定律是西方传统就业理论的基石。法国经济学家萨伊（Say Jean Baptiste）在1830年出版的《政治经济学概论》中，提出“供给会给自己创造需求”的萨伊定律。他认为，一种商品总是用另一种商品来购买，一种商品的出售就是对另一种商品的购买。他断言，一种商品一经产出，从那时起它就给价值和与它相等的其他产品开辟了销路。由此，他提出一个根本命题，“生产给产品创造需求”。也就是说，供给会自行创造需求。

在供给自行创造需求的前提下，就可推论出：（1）在通常情况下，依靠价格机制的自发调节，商品市场和生产要素市场会自发趋于供求均衡，劳动力会自发实现充分就业。（2）供求关系对均衡的偏离是暂时的，进而暂时的失业也是无关紧要的，因为它可以自动恢复到均衡状态。（3）政府不应该干预经济，即使政府要干预经济，也仅限于“鼓励生产”而已。

由于“萨伊定律”把以货币为媒介的商品交换等同于物物交换的错误，资本主义周期性的经济危机，特别是20世纪30年代的西方国家大萧条，使传统的就业自动均衡理论遭到破产。

2. 均衡工资就业论

以马歇尔（Alfred Marshall）和庇古（Arthur Cecil Pigou）等为代表的新古典经济学则相比萨伊等古典经济学有了很大的发展。他们承认劳动力市场的不完全性，承认由于劳动力市场刚性或工资弹性不足的存在，会导致劳动力市场供求失衡；也承认因为季节性、技术性原因所引起的失业的存在。但他们仍然相信，只要在完全竞争的条件下，失业只是局部的、暂时的，是也只能是“自愿失业”或者“摩擦性失业”。

均衡工资就业论的核心是工资由劳动力的供给和需求决定，劳动力的使用量即就业量由均衡工资决定。

首先，新古典经济学认为，对劳动力的需求和真实工资呈反方向变动。按照边际生产理论，在生产能力和生产技术一定的条件下，厂商的产量取决于雇佣的工人数量。但随着厂商雇佣工人人数的增加，工人生产的边际物质产品数量是递减的。在完全竞争情况下，厂商实现最大利润，就要调整其雇佣的工人人数，使其为最后雇佣的工人而付出的工资（成本）等于其生产的边际产品的货币价值。这时，便达到了雇佣工人数量的均衡状态。这种情况下的工资是均衡工资。

如果市场上出现了货币工资率下降，即工资成本降低时，原有的均衡会遭到破坏。按照上述理论，厂商在最大利润目标的驱使下，将会增加对工人的雇佣数量，但此时这批工人的边际物质产品又减少了，甚至当增加雇佣较低工资水平的工人成本等于它们降低的边际物质产品的价值时，新的均衡又会产生。而当一般物价水平上涨而工资率不变时，也会产生类似的调整。因为当一般物价水平上升时，真实工资同样下降。可见，新古典经济学的看法是，真实工资越高，对劳动力的需求或就业水平越低；真实工资越低，对劳动力需求或就业水平越高。

将上述理论扩展，整个社会的就业量，就是就业扩大到最后雇佣的工人的边际产品恰好等于真实工资时的就业量。在这种情况下，整个社会的就业达到均衡状态，其就业是均衡就业量，其工资是均衡工资。

其次，新古典经济学认为，劳动力总供给量和真实工资是正的函数关系。即真实工资增加，劳动供应量也增加。

根据上面对劳动力需求与供给的分析，进而比照一般商品的供求关系，可以通过劳动力供给曲线和劳动力需求曲线，建立起均衡工资条件下的均衡就业模型，如图 2—1 所示。

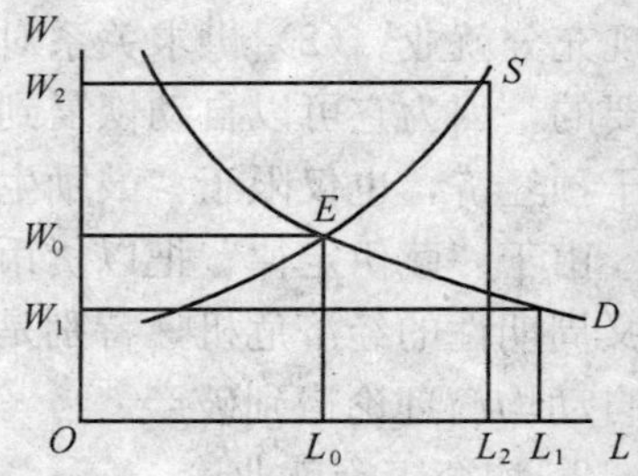

图 2—1　均衡就业量模型

图 2—1 中 D 是劳动力需求曲线，S 是劳动力供给曲线。假定最初真实工资为 W_1，这时劳动力的需求大于供给，厂商竞相寻求新工人，导致工资上升。若市场上真实工资为 W_2，这时劳动力供给大于需求，市场上会有一部分多余的劳动力，他们竞相寻求新职业，从而导致工资水平下降。只有当市场上工资率为 W_0时，劳动力的供给量恰好等于需求量，供求曲线相交于 E 点，劳动力供求达到平衡。W_0便是均衡工资，L_0就是均衡的就业量。

新古典经济学认为，由劳动力供求曲线交点 E 决定的均衡就业量，也就是充分的就业量。但这并不是说，所有工人在这种均衡状态下都有工作的机会，这时仍然存在摩擦性失业和自愿失业。自愿失业是指有工作能力的人可能因为不愿接受现行的工资水平，或不愿降低已有的工资水平而导致的失业。摩擦性失业是指劳动者正常流动过程中所产生的失业，例如，老年人退休，年轻人进入劳动岗位的新老交替过程，也即劳动者自愿失业后再寻找新工作过程中的等待等而产生的失业。

同时，新古典经济学反对政府干预，认为如果政府通过法律和行政手段，将最低工资定为 W_2，那么劳动力的供给量就会大于需求量，由于劳动力的需求是由厂商决定的，因而也就产生了失业。但这种失业的根源在于政府干预。

二、凯恩斯的充分就业理论

1929—1933 年的经济大危机，给人们带来了巨大的灾难，失业人数一度高达 3 500 万人，传统的西方就业理论不攻自破。在此背景下，凯恩斯（J. M. Keynes）在其 1936 年出版的《就业、利息和货币通论》中，提出了一种与传统的西方经济学不同的就业理论。

凯恩斯接受了传统经济学中摩擦性失业和自愿失业的范畴，并提出了第三个失业范畴：非自愿失业。非自愿失业是指在现行的工资水平下愿意工作却找不到工作的现象，即非因本人意愿而导致的失业，这种失业也被叫做“凯恩斯失业”或者“周期性失业”。当社会达到充分就业时，非自愿就业消失，但自愿失业和摩擦性失业依然存在。凯恩斯认为，在各种形式的失业中，非自愿失业是最重要的失业，只有消除非自愿失业，才能实现充分就业。

凯恩斯的就业理论是以充分就业为目的，以有效需求原理为基础展开分析的。

1. 凯恩斯的充分就业

充分就业是凯恩斯就业理论的一个基本概念。传统就业理论暗含这样的假定，只要依靠市场机制，将失业局限在经济运行难以避免的自愿失业和摩擦性失业之内，就是实现了充分就业。凯恩斯认为，在资本主义社会中除了自愿失业和摩擦性失业外，还存在非自愿失业。在他看来，只要想办法消除了非自愿失业，就是实现了充分就业。前两种失业是正常现象，与充分就业并行不悖。这两种失业是暂时的，并不影响充分就业的大局。

2. 有效需求与就业

按照凯恩斯的解释，有效需求，就是“总需求函数与总供给函数相交之点之值”。即商品的总供给与总需求达到均衡状态时的总需求。凯恩斯认为，总就业取决于总需求，总需求增加，总就业增加；反之，总需求减少，总就业也减少。因为当总需求大于总供给时，雇主将扩大生产，使就业人数增加。相反，当总需求小于总供给时（有效需求不足），雇主将缩小生产规模并解雇工人，使就业人数减少。因此，失业是有效需求不足造成的。

有效需求包括两个方面，即消费需求和投资需求，前者取决于边际消费倾向，或者取决于资本的边际效率和货币利息率。有效需求不足是由三条心理规律造成的，即由于边际消费倾向递减规律，使消费需求不足；由于资本边际效率递减和货币灵活偏好规律，使投资需求不足。正是由于消费需求不足，才形成了就业量减少、失业增加的问题。为此，凯恩斯主张，政府应该通过增加消费，引导投资，采取干预，以克服经济衰退，实现充分就业的目标。他提出的政府干预经济生活的具体措施有：第一，实行扩张性的财政政策，用举债的方式扩大政府开支。包括政府承担公共事业投资，承担社会福利责任，对私人进行订货和贷款等。通过国家直接投资或消费，来弥补私人消费和投资的不足，以提高国民收入和就业水平。第二，实行扩张性的货币政策，通过中央银行调节货币供应量，影响利率的变动来间接影响需求，刺激就业。第三，实行政府干预对外贸易的政策，扩大出口，限制进口，保持外贸顺差，以利于国内经济繁荣和增加就业。第四，实行高额累进税收政策，进行收入再分配，以提高消费倾向，通过消费的增加提高全社会的就业水平。

3. 乘数原理与增加就业

在西方国家，衡量国民经济活动的核心指标是国内生产总值（GDP），它是指经济社会在一定时期内运用生产要素所生产的全部最终产品（物品和劳动）的市场价值。GDP 是各个生产环节或过程中增加的价值，但反映在最终产品的市场价值中。由于全社会购买最终产品的支出也就等于总产出，即 GDP，因此，GDP 可以通过核算整个社会在一定时期内购买最终产品的总支出来求得。这些总支出包括全体居民或个人用于购买消费品的消费支出、企业用于更换资本资产（包括厂房、住宅、机械设备及存货等，也被作为最终产品，因为在生产过程中没有被完全消耗）等的支出（即投资）、政府对物品和劳务的购买，以及净出口。因此，按照凯恩斯的宏观经济理论，消费、投资、政府购买和净出口成为 GDP 增加的四个决定因素。其中，投资是最重要的经济发展启动要素。

按照凯恩斯的理论，投资的增加，将会引起 GDP 的增加，而且 GDP 的增加将数倍于投资的增加，即存在乘数效应，因此投资就成为经济发展的启动机和加速器。

为什么投资的增加会产生加倍的 GDP 增长？原因是一旦固定资产投资投入经济中后，将直接变成 GDP 的一部分，而这部分增加的 GDP 将会通过收入分配，变成生产要素所有者的收入，如工资、利息、租金及企业的利润等，这部分收入一旦到了个人手中，将会有一部分被用来消费，又一次变成 GDP 增量加入到总的 GDP 中，产生投资的第二轮影响，如此周而复始，直到增加的部分被用完为止。由此可见，每一次投资，并不是简单地直接加入到 GDP 中引起 GDP 的一次性增长，而是通过投资、GDP 和消费的关系，引起一系列的若干轮 GDP 增长，从而产生投资的乘数效应。

英国学者卡恩在所著的《国内投资与失业的关系》一书中首次把乘数概念应用于经济分析中，凯恩斯在《就业、利息和货币通论》一书中，利用卡恩的就业乘数原理，说明了投资在增加收入，从而在增加就业方面的重要作用。他认为，当投资需求增加时，首先就需要投资物的生产，从而就可以增加投资物生产部门的收入，而这笔收入一增加，消费需求也随之增加，从而消费品的生产也增加，这样又可以引起新的收入增加和就业增加，因此，增加一笔投资引起的收入的增加，不仅包括增加这笔投资直接增加的收入，而且包括因间接引起的消费需求增加而增加的收入，这样得到的总收入增量和投资增量之比，就叫做投资乘数。如果用 K 代表投资乘数，ΔI 代表投资增量，ΔY 代表总收入增量，ΔC 表示消费增量，则 $K\Delta I=\Delta Y$，或者 $K=\Delta Y/\Delta I$。因总收入增量 ΔY= 投资增量 ΔI+ 消费增量 ΔC，故 $K=\Delta Y/\Delta I=\Delta Y/(\Delta Y-\Delta C)=1/(1-\Delta C/\Delta Y)$，其中 $\Delta C/\Delta Y$ 就是边际消费倾向。显然，投资乘数与边际消费倾向呈正方向变化，即边际消费倾向越大，投资乘数越大。

凯恩斯认为，投资乘数也基本适应于就业乘数 $\hat{K}$。假设由一定量投资引起的投资品工业中的就业增加量为 $\Delta N2$，由该项投资间接引起的消费品工业就业增加量为 $\Delta N1$，则由该项投资引起的就业总增加量为 $\Delta N1+\Delta N2$。如果以 ΔN 表示就业总增加量，则就业乘数 $\hat{K}=\Delta N/\Delta N2$，或者 $\Delta N=\hat{K}\Delta N2$。这个公式表示，当总投资量增加时，它所引起的就业增加量将 $\hat{K}$ 倍于投资品工业中的就业增加量。

凯恩斯认为乘数理论非常重要。他指出，在总就业量与直接用于投资的就业量之间建立一定的比例，是他的就业理论中“不可或缺的一步”。有了这一步，只要提高人们的边际消费倾向，则投资的小量变动可以引起就业量的大量变动，故只需投资量增加少许，便可达到充分就业。

4. 货币工资与就业

传统经济理论认为，货币工资降低有利于就业，因为厂商会雇佣更多的劳动力就业。但凯恩斯认为，采取有弹性的货币工资政策并不能保证充分就业。第一，工资降低虽然会对一些企业有利，但是工资率的全面降低又会形成消费需求缩减，企业生产减缩，从而减少就业量。因此，货币工资降低并不能促进就业。从长期看，较大的生产量及较多的就业量只有在总需求增加时才能维持。第二，工资存在下降刚性。当雇主设法压低工资时，常会遭到工人的强烈反对而中止。他认为，扩大就业不能靠降低工资，应该实行有伸缩的货币政策，因为这样做在货币工资不变的情况下，通过增加货币数量和使产品价格上涨，既可以降低工人实际工资，也增加了雇主利润，并缓和了劳资矛盾。

凯恩斯一反传统的资本主义自由放任的经济政策，主张国家干预经济政策，掀起了一场“凯恩斯革命”。20 世纪 30 年代以后，多数资本主义国家都采用了凯恩斯的就业理论，通过财政及货币政策干预经济，扩大社会有效需求。它虽然不能从根本上解决危机和失业问题，却避免了像 30 年代那样大规模危机的再一次出现。凯恩斯的就业理论成为战后资本主义国家推行“福利国家”的理论根源之一，影响十分深远。

三、新古典综合派的结构性失业理论

新古典综合派也成为后凯恩斯主流经济学。它是一种把凯恩斯的宏观经济理论与新古典的微观经济理论加以综合而区别于“新剑桥”理论体系的学派。主要代表人物有英国的 J. 希克斯（John Richard Hicks）、J. 米德（James Edward Meade）等，美国的 A. 汉森（Alvin Hansen）、P. 萨缪尔森（Paul Anthony Samuelson）、F. 莫迪里安尼（Franco Modigliani）、J. 托宾（James Tobin）以及 A. 奥肯（Arthur M. Okun）等。

按照凯恩斯的经济理论，有效需求不足引起经济萧条和失业，过度需求产生通货膨胀，所以通货膨胀与失业不可能并发。但是整个 20 世纪 70 年代，西方国家出现的失业与通货膨胀并存的滞胀性经济危机，以及随之出现的并发症，使凯恩斯的上述理论以及后来在菲利普斯曲线基础上提出的失业率与通货膨胀反相关的观点受到严重挑战。因此，新古典综合派运用微观经济学理论，试图对滞胀做出解释。他们主要提出了三种解释：

第一，由于微观经济部门的供给出现了异常变动。这主要是华尔特·海勒提出的看法。他认为，20 世纪 70 年代世界性的石油危机、农产品原料短缺等导致价格猛涨，提高了生产成本，推进了通货膨胀。同时，因为成本上升，产品价格提高，使产品出现了滞销，最终导致生产紧缩，失业增加，这就出现了加速通货膨胀下的严重失业问题。价格上涨的原因有两个：一是需求过于旺盛，引起供不应求，导致产品价格升高（凯恩斯只注意到这种通货膨胀，而在他那个时期他认为是需求不足，因此不会引起通货膨胀），二是需求保持不变，但供给成了问题，例如，原材料大幅度上涨，不仅直接导致产品价格上升，而且导致投资不足，经济萎缩，并引起供不应求，加剧价格上涨的通货膨胀，也就是成本推动型的通货膨胀。而在第二种原因中，又会引起生产萎缩，导致失业增加，即出现所谓的滞胀现象。

第二，由于政府增加福利支出的微观效应。这主要是萨缪尔森的观点。他认为，政府福利支出不同于公共工程支出，扩大公共工程支出，能扩大需求，增加就业，而扩大福利支出虽然能增加需求，但是由于它弥补了低收入家庭的收入，使失业者不急于寻找工作，这既使得物价不能下降，又不能减少失业，从而出现滞胀局面。

第三，是由于微观的市场结构特征。提出这一看法的主要是詹姆斯·托宾和詹姆斯·杜生贝。该观点认为，在当代社会中存在两大垄断力量：大公司和工会。大公司控制着商品价格，即物价，工会控制着劳动力价格，即工资。这两种控制的结果造成价格刚性（物价易涨不易落，工资易升不易降）和通货膨胀。劳工市场的常态是失衡，这种失衡表现为失业与空位并存的结构性失业。由于价格刚性，有空位，工资就上升，有失业，工资并不下降。于是出现了失业与通货膨胀并发症。

另外，以托宾、杜生贝等为代表的新古典综合学派的经济学家从劳动力市场的不完全性这一特点出发，提出了结构性失业理论，力图从市场结构变化的角度对失业现象进行解释。结构性失业是指社会上的劳动力市场多为行业性、地区性的局部市场，并没有形成一个统一的整体，各劳动力市场之间是有差异和难以代替的，因经济结构的变化，劳动力的供给和需求在职业、技能、产业、地区分布等方面的不协调而引起的失业。第一种情况是某些有劳动能力的人因产业结构的演变而失去工作，一时又不能适应新的产业部门的技术要求而找不到工作。随着科技的进步和新旧行业的更替，一些被传统行业淘汰出来的人因技能上的差异不能被新行业雇佣而成为失业人员；而另一些新兴行业需要人员，但很少有人能胜任。第二种情况是地区经济发展不平衡，落后地区的剩余劳动力因地理位置的限制，不能迅速流动到发达地区，因而有一部分劳动者失业。第三种情况是因为就业市场上信息不对称，有部分人找不到工作岗位而导致的失业。上述三种情况都会导致失业与工作空位并存。由于工资具有刚性，所以尽管存在失业，工资不仅没有下降反而持续上升。这种失业与工作空位并存便转化为失业与货币工资上涨并存，进而产生滞胀并存。

据此，新古典综合学派认为，要解决失业问题单靠宏观的财政和货币政策是不够的，必须运用劳动力市场和人力政策来实现充分就业。他们针对结构性失业问题，提出解决失业的主要措施。第一，对劳动力进行再培训，使劳动者适应新岗位的技术要求。第二，为就业服务的中介机构，为失业者提供就业信息，解决因信息不充分而产生的失业问题。第三，加快劳动力在地区间的流动，政府制定相关政策来解决劳动力在地区间流动的困难。

四、新自由主义的就业理论

20 世纪 70 年代，西方各国普遍出现了高失业率与高通货膨胀率并存的“滞胀”局面，凯恩斯的就业理论对此束手无策，货币学派等新自由主义理论重新兴起，他们对凯恩斯主义的国家干预理论进行了猛烈抨击，在新古典经济理论基础上提出了自己的失业理论。

1. 货币主义的自然失业理论

弗里德曼（Milton Friedman）是货币学派的奠基人和主要代表人物，其“自然失业率”理论是对新古典综合学派“结构性失业”理论的继承和发展。他认为，“自然失业率”是指在没有货币因素干扰的情况下，劳动力市场和商品市场自发供求力量发挥作用时应有的处于均衡状态的失业率。这种失业不仅在经济衰退时期会大量存在，即使在经济繁荣时期也难以消除，它是处于充分就业状态下的失业率。自然失业的工人包括：①自愿失业，工人认为就业后的实际工资低于劳动力的边际效用而不愿就业；②摩擦性失业，是指劳动者正常流动过程中所产生的失业；③“寻业的失业”，即工人愿意工作，一时难以找到工作而产生的失业；④结构性失业，即由于产业结构的变动或技术发生变化而不能适应新产业或新技术的要求而导致的失业。以上几种失业在资本主义经济周期的不同阶段都会存在，不能完全消除，它是资本主义经济运行中的一种常态，故称“自然失业率”。货币主义者不承认存在凯恩斯所说的“非自愿失业”，只承认有结构性失业和自愿失业，失业都是“摩擦性”的。

为什么会产生自然失业率，而且有时自然失业率还会呈现出上升的趋势？该理论认为，一是由于资本有机构成的提高，尤其是技术构成的提高，机器排挤工人的现象作为一种客观趋势仍然发生作用，减少了对劳动力的需求；二是制度和政策因素引起失业，由于发达国家都实行了失业救济制度和最低工资制度，使得部分工人宁可领取失业救济金也不愿从事工资低、条件差的职业，且最低工资制度也使许多企业不愿意雇工，而愿意用机器取代工人；三是产业结构的变化导致的失业，由于产业结构的变化，使这些产业衰退而萎缩，必然使部分工人失业；四是劳动力市场组织的状况，如劳动力供求信息是否完全和及时，就业与再就业培训、就业指导和介绍是否完善，都会影响自然失业率的变化。

弗里德曼认为，自然失业率主要取决于劳动力市场的结构，因此它与通货膨胀没有关系。通货膨胀缓和不了失业现象，菲利普斯曲线的通货膨胀与失业交替存在关系在长期内是不存在的。弗里德曼认为，由于自然失业率的存在，在长期中，菲利普斯曲线已经变成一条垂直线，即失业率不再随着通货膨胀率而变化。当政府进一步运用经济政策，指望实现凯恩斯主义的充分就业，通货膨胀自然会上升，与此同时，失业率也会上升，形成高通货膨胀率与高失业率并存的局面。

货币主义者认为，货币政策在短期内对减少失业是有作用的，而在长期内则可能失效。他们反对政府对最低工资率的规定和工会对工资率的干预，强调自由放任，主张发挥市场自发调节作用以解决失业问题。货币主义者认为，政府应该制定单一货币规则，即货币供给量每年按固定比例增长，以此来提高可接受的通货膨胀率，从而减少失业率。另外，政府可以通过使用劳动力供给管理政策，改善劳动力市场，减少自然失业率。其具体对策是：

第一，建立和完善就业培训、咨询和指导机构，为失业人员提供及时而准确的就业信息。

第二，进一步完善失业救济制度，对收入低于一定标准的家庭按其实际收入水平给予补贴，以鼓励人们去工作，而不是坐享失业补助。

第三，鼓励劳动力在不同地区和行业的流动。

【阅读资料】

菲利普斯曲线

菲利普斯（Alban William Phillips，1914—1975）是新西兰经济学家，他于20世纪50年代在伦敦经济学院任教时，通过分析英国1862年到1957年将近100年的失业率和货币工资率数据，发现两者之间存在相互交替的关系，即货币工资率上升时，失业率就较低；反之，失业率较高时，货币工资的上升率就比较缓慢。或者反过来说，当失业率较低时，货币工资的增长比较快，因为失业率低意味着劳动力比较短缺，雇主争相雇佣工人时，容易造成工资率的较快上升。反之，失业率较高时，意味着劳动力出现剩余，劳动者争相寻求工作，因此货币工资不容易提高。后人根据他的发现，提出了一个理论，即通货膨胀率与失业率成反比，并因此期望用提高通货膨胀来抑制高失业率，或者用适当的失业率来抑制通货膨胀。但是，后来以弗里德曼为首的货币学派经过研究发现，短期内存在菲利普斯曲线描述的现象，长期看，通货膨胀率和失业率之间不存在任何关系。近期某些研究认为，通货膨胀与失业率可能存在互相促进和加剧的关系。

2. 理性预期学派的就业理论

20世纪70年代以来，美国一些经济学家，如卢卡斯（Robert Lucas）、萨金特（Thomas J. Sargent）、巴罗（Robert J. Barro）等人，以理性预期假说为基础，运用计量经济学的研究方法，向美国新古典综合派的宏观经济模型从理论到政策主张提出全面挑战。他们彻底否定凯恩斯主义宏观调控经济的财政政策和货币政策，主张回到传统的自由放任，无为而治，因此，该学派又被称为新古典宏观经济学派。

理性预期学派理论建立的基本前提有两个：一是市场出清。二是理性预期。他们认为，无论在产品市场还是在劳动力市场上，产品价格和货币工资将适应供求状况而迅速调整，导致在很短时间内有一个货币工资率，与这一货币工资率相应的追求效用最大化的工人愿意提供的劳动，恰好等于旨在追求利润最大化的厂商愿意购买的劳动力。所以，在价格机制的灵活调节下，劳动力市场可以完全出清，随时可以使劳动力供求达到均衡，因此不会出现劳动力过剩，也不会出现凯恩斯所说的非自愿失业。

理性预期学派继承了弗里德曼的自然失业率假说，并在弗里德曼的学说中加入了理性预期假说。在理性预期学派的理论中，就业或失业的抉择是工作和闲暇在现实和未来之间的选择过程，其依赖于人们预期的最近和将来的工资。若现实的工资较低被预期为暂时的，人们可能接受按此工资提供的职位，这时失业率就会下降，否则失业率会上升。理性预期学派认为，人们可以合理预期实际就业水平，因而否认工资对失业的调节作用；认为劳动力市场是由就业人数或实际提供的劳动量变化来调节的，因为人们是根据自己的预期提供劳动的。

因此，理性预期学派反对政府干预，认为执行货币政策对产量和就业水平不会产生影响。他们推导出菲利普斯曲线将由原来的从左向右倾斜的曲线变成一条从自然失业率点上开始的垂直线，也就是说，货币增加与否，通货膨胀增加或减少，对失业率没有任何影响。

3. 供给学派的就业理论

供给学派是美国 20 世纪 70 年代中期渐渐兴起的一个经济学流派，其主要代表人物有拉弗（Arthur Betz Laffer）、温尼斯基（Jude Wanniski）、吉尔德（George Gilder）、费尔德斯坦（Martin S. Feldstein）等。他们认为，在市场供给与需求中，供给是主要方面，强调自由放任，让市场自发调节经济。以拉弗为代表的供给学派，从供给不足角度对凯恩斯的“充分就业”理论给予全面攻击，提出了供给不足时失业产生的原因，增加供给、减少开支是扩大就业积极而有效的措施。他们认为，在供给严重不足的情况下，继续运用凯恩斯刺激有效需求的扩张政策，非但不能解决失业问题，还会加剧通货膨胀。供给学派的主要就业观点是：

第一，通过降低边际税率而实行减税。减税可以激励人们更加努力工作，或者促进就业。因为减税可以刺激消费和投资，从而提高收入和就业水平。一般认为，经济繁荣时期，减税促使价格上涨，发生通货膨胀，但供给学派认为，过高的税率提高了工作的相对价格，闲暇反而成为人们的选择，如果降低税率，会促使人们加班加点工作。

第二，政府庞大的社会福利开支，不仅使穷人难以摆脱贫困，反而会增加失业。供给学派认为，在失业者中，有相当多的人士因为失业成本过低而形成的自愿失业，政府福利开支过大，失业者失业成本很小，工人就不会积极去谋求工作。

第三，工会运用谈判能力会提高会员实际工资的做法，最低工资法等有关劳动立法的实施，工人保健和安全条款的推行，都增加了雇主使用劳动力的成本，具有阻碍提高产量和就业量，增加失业量的副作用。

供给学派的政策主张主要有：强调企业家自由，反对国家干预，主张市场调节；主张财政平衡，减少政府开支，降低福利开支，对失业救济金征税，实施限制性的货币政策；政府普及教育，鼓励私营企业对工人进行技术和专业培训等。

五、新凯恩斯主义的就业理论

新凯恩斯主义一般指美国在 20 世纪 80 年代以来最新发展起来的凯恩斯主义。70 年代末 80 年代初，过去占主导地位的新古典综合学派受到冷落和严重挑战，原因有三个：一是理论和政策主张不能解决经济滞胀问题；二是该学派较少论述劳动生产率问题，其政策主张无法解释劳动生产率增长问题；三是资本积累的迟缓使新古典综合学派鼓励消费限制储蓄的理论受到怀疑。在这种情况下，为了捍卫凯恩斯主义的主导地位，一种新的凯恩斯主义应运而生了。其主要代表人物有哈佛大学的格雷戈里·曼丘（N. Greogory Mankiw）、麻省理工大学的奥利维尔·布兰查德（Olivier Blanchard）、斯坦福大学的约瑟夫·斯蒂格利茨（Joseph Stiglitz）等。

新凯恩斯主义从工资黏性来解释失业问题。工资黏性，是指工资不能随着需求的变动而迅速调整，工资上升容易下降难的性质。工资黏性理论又分为内部人—外部人理论、隐含合同论、效率工资论、交错调整工资论等。

1. 交错调整工资论

交错调整工资是指劳资双方通过雇佣合同调整工资，经济中所有合同在时间上是交错签订的，因此调整工资的决策一般是交替做出的，合同有助于保持总工资的稳定性，但导致工资刚性。合同维持工资的稳定性的作用越大，总工资水平就越稳定，但是就业和产出的波动就越大，反之亦然。因此，当国家力图稳定实际工资水平时，必然产生通货膨胀，同时超额需求产生剧烈波动，生产下降，失业增加。

2. 隐含合同论

隐含合同是指风险中性的厂商和厌恶风险的工人之间存在某种稳定收入的非

正式协议。隐含合同论者认为企业经营是有风险的，但劳资双方对风险的态度是不同的。劳资双方在确定工资时可以达成默契，使实际工资不随经济波动而相对稳定下来。这样隐含合同的存在使工资具有黏性，由于黏性工资，市场失去调整劳动力需求的灵敏性，当厂商根据经济变化调整雇员时，就出现了失业。

3. 内部人—外部人理论

内部人—外部人理论，最早是由林德贝克（Assar Lindbeck）和斯诺尔（Dennis Snower）提出的。内部人是指目前已经在职的雇员或同属于某一个利益集团的人；外部人是指不受企业或行业工会保护的失业工人或在职的临时工。对于雇主来说，解除与内部人的合同需要支付寻找成本、面谈考核和选择成本，而且使外部人和内部人一样获得在"干中学"积累的技术与知识，同样需要支付大量成本。如果考虑到由内部人组成的工会的存在，则情况会更加严重。因此内部人与外部人相比有两大优势：一是就业优势，厂商在工会和解雇成本的压力下总是优先雇佣内部人，率先解雇外部人；二是工资优势，在谈判工资中，内部人的工资高于外部人。由于这些优势，造成雇佣外部人后，内部人不再努力工作，效率下降，内部人与外部人不能很好合作出现的内耗等，这些都引起生产率下降，给厂商造成损失。同时，由于内部人和外部人的存在，当劳动需求减少时，内部人不愿意削减工资，如果雇主以失业工人代替在业工人，会引起内部人的强烈不满，他们将联合起来抵制外部人的存在，这就迫使雇主不雇佣外部人，引起外部人失业；当劳动力需求增加后，内部人工资增加，外部人仍然不会大量就业，从而出现非自愿失业，这样就出现了高工薪和高失业并存的情况。

4. 效率工资论

效率工资论在微观经济学基础上说明了效率工资会引起失业的出现和持续。该理论认为，厂商付给工人较高的工资有利于减少雇员怠工，降低转换成本，提高雇员素质，刺激雇员的生产积极性。当所有的厂商都通过提高工资的办法激励工人努力工作时，平均工资就会上升，雇主不愿雇佣更多的工人，就业率就会下降。另外，厂商为阻止工人跳槽而采用高工资，是工资高于市场出清时的工资，这样就不能使劳动力市场出清，将出现非自愿失业。

六、发展经济学派的就业理论

凯恩斯主义就业理论是建立在发达国家的经济基础上的，功能良好的产品市场、要素市场及货币市场是其潜在基础和前提假设，但这些假设在发展中国家是不存在的。

首先，发展中国家的企业不可能对需求增加做出灵敏反应。在大多数发展中国家，产出和就业扩张的主要瓶颈不是需求不足，而是供给方面的约束。资本、原材料、外汇、技术和管理人才的缺乏，产品、要素和货币市场极不完善，运输和通信相当落后，以及富人的消费结构是进口品占主导，这一切限制因素再加上其他结构和体制上的约束，使总需求的扩张不可能迅速而明显地增加产出和就业。事实上，在供给严重不足的条件下，即在总供给曲线毫无弹性时，通过赤字财政支出增加总需求，只会导致价格居高不下和长期的通货膨胀。许多拉丁美洲国家在20世纪50年代和60年代乃至80年代都有这方面的共同体会。

其次，即使政府扩大支出能增加就业，发展中国家的城市公开失业也不会减少，反而有可能增加。因为公开失业主要在城市发生，城市部门就业机会的扩大将会很快引诱农村的剩余劳动力流入城市，从而导致劳动需求创造了更多的劳动供给。所以，扩大总需求的措施不可能解决发展中国家的失业问题。

发展经济学认为，劳动力利用不足、人力资源大量闲置是发展中国家经济发展的严重障碍，因而构建了发展经济学的就业理论。发展经济学的就业理论主要包括劳动力闲置标准、劳动者失业原因、就业与经济发展的关系、剩余劳动力迁移规律和就业政策，这些理论的产生为发展中国家制定各种战略提供了大体的框架思路。其主要代表人物是刘易斯（W. Arthur Lewis）、费景汉（Dr. John Fei）、拉尼斯（Ranis Gustav）、托达罗（Todaro M. P）、钱纳里（Hollis B. Chenery）、赛尔昆（Moises Syrquin）等。

1. 刘易斯的二元经济结构转换论

美国经济学家刘易斯在其《劳动力无限供给条件下的经济发展》一文中提出了二元经济结构下的劳动力转移模式。[①] 刘易斯把发展中国家的社会生产分成两部分：一个是以现代方法生产的劳动生产率较高的城市工业部门，另一个是以传统方式生产的劳动生产率较低的农业部门。工业部门劳动边际生产率较高，农业部门劳动边际生产率较低，甚至为零或负数。工业部门的工资水平下限取决于农业部门的收入，当工业部门的工资水平高于农业部门时，农村的富余劳动力就会源源不断地流向城市工业部门。由于发展中国家大都是农业国家，劳动力资源丰富，因此，工业部门扩大生产规模也可以按照现行不变的工资水平获得所需劳动力，即把劳动力供给看成是无限的。随着农村富余劳动力的转移，农业劳动力的边际产出由于劳动力的减少而提高，最终农业劳动力的收入和工业劳动力的收入达到相等。也就是说，伴随着劳动力的转移，二元经济结构将消除，这就是著名

---

① Lewis, W. A. Economic Development with Unlimited Supply of Labour. The Manchester School, May 1954.

的刘易斯模型。

按照刘易斯的观点，解决就业问题的主要途径是扩大工业部门的资本积累和生产规模，加速劳动力转移，使农业部门的劳动力流入发达工业部门，最终的结果是有利于推动农业现代化和工业发展。由于劳动力的转移率依赖于工业部门利润的增长率，如果工业部门的投资过少，对劳动力的需求就会减少，使工业部门就业停滞，所以必须加强工业部门的投资。

刘易斯模型存在一定的缺陷，实际上许多发展中国家片面强调工业化的结果，不但没解决就业问题，反而使城市人口膨胀，公开失业增加。

第一，刘易斯模型关于发展中国家城市部门不存在失业的假设是不现实的。经过几十年的发展实践证明，发展中国家经济虽然增长不慢，但城市失业问题反而越来越严重了。这主要因为农村经济停滞不前，使日益增长的农村劳动力变成剩余劳动力，这些剩余劳动力纷纷流入城市，但由于城市现代部门创造新的就业机会的能力有限，于是加剧了失业。

第二，刘易斯模型暗含的假定是现代工业部门的劳动与资本的比例始终是不变的，通过扩大资本积累即可扩大就业，这种观点忽视了资本集约程度问题。实际情况是，由于资本密集型技术的采用，发展中国家工业部门虽然扩大了，但增加的就业机会很少。

第三，刘易斯把不变的工资水平作为分析的基础。他认为，由于农村存在大量剩余劳动力，只要城市净工资水平上升，就会有更多农村劳动力流入城市寻找工作，工资水平就会由于劳动力供过于求而下降到原来位置上，这也是刘易斯假定城市不存在失业的理论依据。实际上，一方面城市存在大量失业，且有不断上升的趋势；另一方面工资水平并未下降反而上升了。

第四，刘易斯模型片面强调工业部门的扩张，忽视了农业的发展。尽管大量农村剩余劳动力流入城市，但他们大部分并未在现代工业部门就业，而是处于失业或者被城市传统部门吸收，从事小摊贩、勤杂工等临时的、零星的工作；而在农村，由于农业发展缓慢，农业部门也没有快速缩小。

2. 拉尼斯—费景汉模型

美国经济学家拉尼斯与费景汉在《美国经济评论》上合作发表了一篇题为《经济发展理论》的论文。[①] 他们在刘易斯模型的基础上，提出了一个新的人口流动模型，修正了刘易斯模型的缺陷，进一步发展了刘易斯的理论。

---

① Fei, C. H. and Ranis, G. A Theory of Economic Development. American Economic Review. September, 1961.

在拉尼斯—费景汉的二元经济模型中，经济发展分为三个阶段。在第一阶段中，农业劳动力供给弹性无穷大，农业劳动力边际生产率为零，因此，能保证向流入工业部门的人们提供较高的工资。当边际生产率开始上升时，剩余劳动力转移完成，经济发展进入第二阶段。在第二阶段中，农业劳动力的边际产品大于零，但小于工资水平，经济中存在隐蔽性的失业。在此阶段，随着劳动力的转移，劳动力供给无限弹性的状况结束。在第三阶段中，农业劳动力的边际产品等于工业部门的工资水平，此时，农业生产也已资本化，工业部门要想通过农业劳动力的转移来进行扩大再生产，就必须在劳动力市场上与农业部门展开竞争。竞争的前提条件是必须使工业部门的工资水平大于或等于农业部门的边际生产率水平，结果工业部门的工资水平将会加速上升。

与刘易斯模型相比，拉尼斯与费景汉重视农业的发展。他们认为，工业化过程中，必须保持农业生产率的同步提高，以此来增加农业剩余和释放农业劳动力，工业和农业两个部门平衡增长对避免经济增长趋于停滞非常重要。

3. 托达罗的劳动流动模型

在刘易斯等人的二元经济模型中，只要非农产业能支付一个高于农业的实际工资，并能补偿劳动力流动所需成本，农村剩余劳动力就会源源不断流向城市。但发展中国家的实际情况是，不仅农村存在就业不足，城市也有大量失业人口。那么，农村剩余劳动力为什么还向城市流动呢？美国经济学家托达罗在其发表的《欠发达国家中劳动力流动和城市失业的模型》一文中提出了新的劳动力流动模型，回答了为什么农村移民不顾城市失业的存在继续进行迁移。①

托达罗的模型说明了发展中国家经济增长与就业之间的矛盾，认为决定人口迁移的条件是比较利益与成本的理性考虑，即城乡的收入差距和获得城市就业机会的可能性，以及获得的收益是否能够弥补迁移成本等。按照托达罗的模型，人口流动基本上是一种经济现象，只要选择迁移的条件具备，大批移民会涌入城市。尽管城市中失业现象已十分严重，准备流向城市的人们还是可以做出合理的决策。

托达罗认为，由于拓展城市少量的就业机会，可能引来大量的农村剩余劳动力供给，导致更多的人失业，因此，开创城市就业机会无助于解决城市就业问题。解决就业问题，应当重视农业和农村的发展，鼓励农村的综合开发，增加农村的就业机会，缩小城乡就业之间的不平衡，从而缓解农村人口向城市的流动。

---

① Todaro M. P. A Model of Labor Migration and Urban Unemployment in Less Developed Countries. American Economic Review. March，1969.

第三节 其他就业理论

进入21世纪，全球的就业形势依然严峻，就业理论的研究视角开始向发展中国家、劳动力市场以外的制度和技术等方面转变。下面介绍几种目前就业方面的前沿理论：

一、工作寻访理论

工作寻访理论是1970年由费尔普斯（Edmund S. Phelps）等经济学家提出的一种理论，工作寻访理论可以用来较好地解释摩擦性失业存在的原因。该理论假设：

第一，劳动力市场信息是不完全的，同时每个企业给劳动者的报酬不同，劳动者为了获得报酬满意的工作，必须在劳动力市场寻访。

第二，这种为寻找工作而导致的失业时间越长，劳动者就越能找到满意的工作，获得的工资报酬就越高。但是，随着他在劳动力市场寻找职业时间的延长，未来寻找到的工作岗位报酬的提高幅度递减，即职业寻访时间的边际收益递减。

第三，劳动者为获取有关报酬和工作岗位的信息需要花费成本。这些成本包括直接成本和间接成本：为了获取有关信息所作的支付，如交通费、通信费用、材料打印费以及应聘、会面所花费的时间和精力等属于直接成本；失业时期劳动收入的损失属于间接成本。随着寻访时间的延长，职业寻访成本也随着增加，并且增加的幅度越来越大，即职业寻访时间的边际成本递增。

根据成本—收益分析法，当职业寻访收益大于寻访成本时，进行职业寻访就是有利的。最优的企业寻访数目，为职业寻访的边际收益等于边际成本时的数目，当边际收益大于边际成本时，劳动者就会继续寻访，直到两者相等时才停止寻访。

保留工资理论是在工作寻访理论的基础上建立的。工作寻访理论认为，寻访者期待着工资水平随着他寻访时间的延长而不断上升，但事实上，更多的情况是他寻访职业一开始就对工资水平有一个起码的心理价位，即他至少必须找到一个工资不能低于某个基数的工作。因此，当他在市场上寻找工作时，如果雇主开出的工资条件超过他预定的价位，他就接受这个工作，否则他就拒绝。这个心理价位的工资水平就被称为保留工资，在保留工资水平，就业者接受工作所得到的满意程度与其处于失业状况而得到的满足程度是等价的。工作寻访理论假定企业之间的工资存在差别，求职者遵循保留工资规则。当雇主提供的工资低于保留工资时，他宁愿失业，继续寻找工作；当雇主提供的工资高于保留工资时，他愿意接受这个工作，退出失业队伍，成为就业者。

寻访市场上的另一方——企业，其实也在进行着寻访活动，也就是企业招聘。随着生产技术的提高，企业规模的扩大，企业会不断产生新的岗位空缺，于是企业开始了招聘活动。企业要考虑如何制定工资报价，既可以降低雇佣成本，又可以将岗位空缺损失降至最低。在寻访市场上，求职者的寻访和企业的寻访是个相互影响的过程。一方面，求职者的保留工资取决于寻访成本和工资报价的概率分布；另一方面，企业的工资报价也取决于岗位空缺和保留工资的概率分布。当企业或求职者不存在改变其工资报价或保留工资的意向时，便可以实现工资报价和保留工资的均衡分布，即纳什均衡。

二、失业回滞理论

20 世纪 80 年代，欧洲各国为扭转萧条的经济形势，已经较大程度地放宽了对劳动力市场的限制，工会力量下降、失业救济减少、取消最低工资限制等，都使得劳动力市场灵活性显著提高，然而失业率却仍然急剧上升。失业回滞理论正是在这种尴尬情形下被提出和扩展的。回滞本来是一个物理学的概念，1972 年美国经济学家费尔普斯最早将此概念应用到宏观经济中的失业现象，建立了失业回滞模型，而后哈格里夫斯（Shaun Hargreaves Heap）、萨默斯（Lawrence Summers）、莱亚德（Richard Layard）等人对此均有所贡献。

传统理论认为，自然失业率是在给定的劳动力市场和信息不完善的情况下供求处于平衡时的失业率。实际失业率则是由周期性或其他因素引起的失业率，经过一段时间的市场调节可以自动回复为自然失业率。但是，失业回滞理论对这一观点提出了质疑，认为自然失业率与实际失业率有着内在的相关机制。现在的失业率不仅取决于当前各种因素，而且取决于过去一段时间内失业率的变化。失业率的变化带有某种惯性，具有不可逆性，“回滞”即是指自然失业率受到实际失业率变化的影响。

费尔普斯的失业回滞理论认为，有两点原因使自然失业率与实际失业率相联系：

第一，工会制度。工会会抵制企业降低工资多雇佣劳动者，除非经济增长较快，劳动力短缺，非工会会员才能就业。一旦就业，企业就会保持这个就业水平，以减轻工资上涨的压力，工会会员与非会员的工资差异缩小。因此，当实际失业率下降后，自然失业率也随之下降，反之亦然。

第二，“干中学”机制。当实际失业率低的时候，工人可通过“干中学”来提高劳动生产率，使结构性失业和摩擦性失业减少，从而使自然失业率降低。当实际失业率高的时候，失业者处于长期失业状态，失去“干中学”的机会，劳动技能退化，企业不愿雇佣。因此，高的实际失业率会导致高的自然失业率。

最新的失业回滞理论研究表明，失业回滞现象还可以从以下几个方面分析：

第一，人力资本折旧。其理论认为长期失业者的人力资本是要折旧的，由于企业无法了解求职者的实际技能，所以不愿雇佣有长期失业经历的劳动者，使得高的实际失业率会导致高的自然失业率。这一说法与“干中学”理论说法一致。

第二，内部人—外部人模型。雇主解雇内部人或招聘外部人都是要花费成本的，内部人会借助已就业的优势，通过工会抬高工资，使企业不雇佣外部人。内部人控制越强，外部人就业越困难，高的实际失业率会导致高的自然失业率。

第三，投资的下降。实际失业率高的时候，利润率也较低，企业投资下降进一步引发失业。这时即使工资水平下降也难以使失业率降低，使失业回滞现象产生。

失业回滞理论发展了现有的就业理论，这一理论显示自然失业率与周期性失业之间的界限不十分明确，并合理地解释了自然失业率上升的现象。

三、非均衡失业理论

非均衡的含义是：在价格不能起到自行调整作用的前提下，如果经济中存在着供给与需求的不相等，而且这种不相等不能恢复到相等的状态，那么各种经济力量将会根据自己的具体情况而调整到彼此相适应的位置上，并在这个位置上达到均衡。[①] 非均衡实际上也是一种均衡，是存在于现实生活中的均衡。它不是零失业率和零通货膨胀率条件下的均衡，而是存在着失业或短缺的均衡。凯恩斯所提出的非自愿失业的存在就表示劳工市场就业水平小于充分就业，是一种非均衡。凯恩斯被看成是非均衡理论的较早表述者，对凯恩斯学说的重新解释同非均衡理论的发展有着直接的关系。

1. 非均衡就业理论的代表人物及观点

非均衡就业理论在 20 世纪 60 年代内的发展较快，其主要代表人物有帕廷金 (Don Patinkin)、克洛沃（R. W. Clower)、莱荣霍夫德（A. Lei Jonhufvd）等。

(1) 帕廷金的局部均衡理论

① 厉以宁．从均衡到非均衡：西方就业理论的发展．北京：北京大学出版社，1990

帕廷金是一位从均衡理论向非均衡理论的过渡性人物。1956 年他在其代表作《货币、利息与价格》一书中，采用一般均衡分析方法来分析各个市场之间的关系及其相互制约作用。他认为，在劳动力市场上，当劳动力的需求量等于劳动力的供给量时，劳动力市场处于均衡状态。劳动力的供求量取决于实际工资率，实际工资率又取决于价格水平。假定经济中存在均衡价格，那么正如商品市场和货币市场可以取得均衡一样，劳动力市场也是可以取得均衡的。然而，劳动力市场存在非自愿失业现象，这一现象之所以存在，并非由于实际工资率太高，而是由于商品市场的总需求不足，所以不可能按照实际工资率，也就是按照价格水平的调整，来消除非自愿失业，使劳动力市场实现均衡。这样，帕廷金是把劳动力市场当做一种非均衡市场来对待。帕廷金还不是一般非均衡论者，他只能被称为一个局部非均衡论者。

(2) 克洛沃的非均衡就业观点

克洛沃是凯恩斯理论重新解释者中最有影响的人物之一，也是最早全面反对一般均衡理论的经济学家。他在《凯恩斯派反革命：理论上的再评价》《货币理论的微观基础的再考虑》两篇重要论文中就非均衡理论问题提出了如下看法：

第一，克洛沃认为，名义需求和有效需求必须区分开来。名义需求是指交易者能够按现行价格购买商品所形成的需求；有效需求是指交易者在受到支付能力限制的条件下所形成的需求。换言之，名义需求只受价格及其变动的限制，而有效需求则受到收入及其变动的限制，通过这二者把一般均衡与凯恩斯均衡区分开来。一般的均衡只适用于名义需求，凯恩斯的分析则以有效需求为基础。克劳威尔论述道：如果像一般均衡那样只注重名义需求，那就必然得出经济体系内存在稳定性的结论。然而，在实际生活中，只有在处于充分就业时，名义需求才同有效需求一致，其他时候都是不能等同的。凯恩斯正是根据有效需求分析而得出经济体系内存在不稳定性的结论。把名义需求与有效需求的区分应用于劳动力市场，可以得知，对实际的就业量起作用的并不是受工资率及其变动限制的名义劳动需求，而是受产量和收入及其变动限制的有效劳动需求。产量和收入及其变动不是在劳动力市场上决定的，而是由商品市场、劳动力市场以及其他市场共同决定的。

第二，克洛沃由此认为，社会上之所以出现非自愿失业，原因不在于劳动力市场本身，而在于商品市场、劳动力市场与其他市场共同作用的情况。假定各个市场之间可以协调，那么即使有暂时的失业，问题也不会变得很严重。反之，假定劳动力市场同其他市场之间缺乏一种有利于协调的机制，比如说，存在信息传递的缺陷，那么非自愿失业就不易避免了。

(3) 莱荣霍夫德的非均衡就业观点

莱荣霍夫德是克洛沃的学生，他在《论凯恩斯派经济学和凯恩斯的经济学》和《凯恩斯和古典学派：两次演讲》两本著作中，在其老师研究的基础上对凯恩斯就业学说作了重新解释。他关于就业问题的观点主要有：

第一，莱荣霍夫德认为，货币经济中的就业不同于物物交换经济中的就业。在物物交换经济中，雇主不是向工人支付货币，而是向他们支付商品。这样，一方面有劳动的供给，另一方面立即产生了对商品的需求。如果出现了超额的劳动供给，那么同时也就出现了超额的商品需求，于是社会不存在失业问题。然而在货币经济中，情况便大不相同了，劳动的超额供给与商品的超额需求之间没有直接的联系。假定劳动者准备提供劳动，他们又有对商品的需求，那么按理说，他们的劳动供给与他们的商品需求之间可以衔接，但实际上，二者是脱节的。要使二者联结在一起，还需要有中间环节，即失业者提供劳动，雇主需要这种劳动，并付给工资，失业者成为新就业者，新就业者用工资来购买商品，雇主增雇工人来生产更多商品，以满足新就业者的需求，只要中间环节中有一处未能衔接，失业者就不会减少。

第二，莱荣霍夫德十分强调价格刚性的作用，他认为价格刚性的存在使失业状况难以改善。他指出，在一个交易者不可能得到完全的信息，而收集信息的成本又是如此之大的经济中，价格不可能随着供求的变化而随时调整，其结果就是交易总在非均衡的位置上进行。如果经济中存在着失业现象，那么价格刚性的存在就会把错误的信息传递给企业和工人双方，失业就会持续下去。当然，这并不是说价格或货币工资率不会变动，但只要这种变动是困难的、迟缓的，并且不能反映市场实际供求，都难以改善现存的失业状况。

当前，在非均衡理论上较有影响的代表人物有贝纳西（Benassy J. P.）、德雷兹（Jean Dreze）、马林沃（Edmond Malinvaud）等人，他们的研究主要是在非均衡宏观经济模型的建立和发展方面。

2. 非均衡就业理论的创新性及局限性

非均衡理论不限于就业理论，但就业理论在非均衡理论中占有重要地位。在西方就业理论的发展过程中，非均衡就业理论的形成是一个重要的阶段。这一理论之所以引起经济学界的重视，是因为非均衡就业理论填补了西方就业理论中的空白。

第一，非均衡就业理论为宏观就业理论提供了一种微观经济学的基础，促进宏、微观经济学之间的结合。以就业理论来说，古典和新古典的就业理论主要是从宏观经济学的角度来分析的，凯恩斯就业理论也是一种宏观的就业理论。随着就业问题总量分析的不足之处日益被人们所察觉，一些西方经济学家才着手进行劳动力市场的结构分析，但即使如此，西方就业理论仍然缺乏微观经济学基础。而非均衡就业理论的形成则被认为解决了这个问题，它以交易人的经济行为作为分析的起点，把就业理论同消费者行为及厂商行为直接联系在一起。

第二，非均衡就业理论把古典和新古典的就业理论同凯恩斯的就业理论综合到一起。它首先区分了均衡和非均衡，然后分析了每一种非均衡条件下的劳动力市场的状况及其与商品市场之间的关系。得出了一个结论：在现实世界中存在的是非均衡的劳动力市场，一般均衡条件下的劳动力市场只不过是一种特例。

第三，非均衡就业理论把就业领域的市场调节和政府调节的作用结合在一起进行考察，从而把西方就业理论提到了一个较高的层次。

当然，非均衡就业理论也存在很大的局限性。尽管西方经济学家考察了不同的非均衡状态下的失业问题，但他们并没有阐明资本主义社会中造成失业的基本原因。而他们提出的就业政策基本上也同凯恩斯主义者一样，几乎没有新颖之处。非均衡就业理论的另一个不足之处，就是它回避了制度或体制方面的因素对就业水平的影响。

【本章小结】

本章介绍了就业理论的主要内容。首先介绍了马克思就业理论，包括劳动力商品理论、相对过剩人口理论和社会主义普遍就业理论，马克思认为就业的本质是劳动力作为商品出卖，出现失业是因为资本主义相对人口过剩，只有社会主义能实现普遍就业，消除失业。其次介绍了西方就业理论，主要包括古典主义就业理论、凯恩斯就业理论、新古典主义就业理论、保守主义就业理论、新凯恩斯主义就业理论和发展经济学派的就业理论。西方就业理论是伴随资本主义发展而来的，理论较为成熟，是各国制定就业政策的重要依据。最后介绍了目前前沿的就业理论，包括工作寻访理论、失业回滞理论和非均衡失业理论。

【复习题】

1. 古典主义就业理论和凯恩斯主义就业理论有什么区别？

2. 凯恩斯主义就业理论的主要内容及政策建议是什么？

3. 新自由主义就业理论的主要内容是什么？

4. 新凯恩斯主义就业理论有哪几种？与凯恩斯主义就业理论有什么联系与区别？

5. 工作寻访理论的主要原理是什么？

第三章

劳动力供需与就业

本章学习目的

1. 了解劳动力供给的基本机制

2. 了解劳动力需求的基本原理

3. 了解劳动力供需在规模、结构与质量、地区分布上的对比关系及其与就业的关系劳动力供给和需求是就业形成和发生变化最重要的基础。一个社会能够提供的劳动力必须在数量、分布、结构和质量等多方面与劳动力的需求相适应，才能最大限度地实现就业。因此，对劳动力供给和需求以及它们对就业的影响的研究，就构成了本章的主要内容。

第一节 劳动力供给及其对就业的影响

一、劳动力供给的含义

关于劳动力的供给，学者们给出了不同的定义，包括劳动能力的供给（体力和智力等）、劳动时间的供给以及劳动力数量等。

张彦等对劳动力供给的定义为：劳动力供给是指在某一时间、某一劳动力市场中，一定人口群体中的人们愿意接受某一工资（劳动力价格）并且能够提供的劳动数量。① 这里不仅有供给愿望，还有供给能力，是比较严格的定义，实际上是劳动力的有效供给。这个定义主要是从劳动供给的欲望和能力的角度出发的。

胡学勤等从劳动者供给行为角度给出的定义为：劳动力供给是在既定的劳动力规模下，劳动者乐意提供的脑力、体力之和以及与此有关的行为与活动。②

宋培林将劳动力供给定义为：劳动力供给，是指在一定的市场工资率条件下，劳动力供给的决策主体愿意并且能够提供的劳动时间。③

张琪将劳动力供给定义为一种能力，即劳动力供给是指一个国家或地区在一段时间内，劳动者在一定条件下所愿意提供的劳动能力的总和。④

还有一些学者干脆就将劳动力的供给定义为劳动力的数量，例如顾建平就提出，一定时期劳动力供给量即劳动力人口，是就业人口与失业人口之和。⑤

我们看到，上述学者的定义实际上大同小异。概括说来，劳动力的供给基本可由三部分组成：首先是劳动力数量，是指现有劳动力人口中正在从业或积极寻求工作的人数。其次是劳动时间，是指劳动力实际工作的时间长短，如劳动力总体中劳动者每日、每周、每月、每年参与工作的时间长短。最后是劳动力的效

---

① 张彦，陈晓强编著．劳动与就业．北京：社会科学文献出版社，2002．88

② 胡学勤，李肖夫．劳动经济学．北京：中国经济出版社，2001．55

③ 宋培林．现代劳动经济学．上海：复旦大学出版社，2004．27

④ 张琪．劳动经济学．北京：中国统计出版社，2001．24

⑤ 顾建平．中国的失业与就业变动研究．北京：中国农业出版社，2003．114

率，或叫劳动效率，是考虑到劳动者技能的高低、劳动者家庭、心理等因素，造成的劳动者在工作量上的差异。

因此，一般认为，严格意义上的劳动力供给，应该是上述三个要素的综合或乘积，即劳动力供给＝劳动力数量×劳动时间×劳动效率。

在劳动经济学中，一般劳动力供给是比较抽象意义上的，在上述三个要素的含义内进行劳动力供给的界定与分析。实际上，这里的劳动力供给，是指已经投入到生产中的，作为生产要素进行产品生产的劳动能力。

在实证的研究或者具体到国家地区的分析中，因为人口群体中的劳动力素质（劳动效率）以及投入的时间长短很难衡量，因此往往假定劳动力劳动的时间是一样的，而且劳动力的质量是同样的。这样，对劳动力供给的研究，实际上简化成了具有一定劳动能力和技能的劳动力数量。

本书从就业和统计的角度，给出的劳动力定义是：在一定时间、一定区域内，所有符合劳动就业能力要求、愿意提供且能够提供劳动能力的劳动人口数量的总和。

可见，本研究的定义包含这样几个方面的内涵：

1. 一定时间和地点：包含一定的就业市场与工资率的前提。

2. 符合劳动能力条件要求：例如年龄、身体健康状况和专业知识与技能等基本条件。

3. 有就业愿望并能提供这种劳动能力的人口群体。

在计算中，劳动力供给主要是有效劳动力供给，即参与经济活动的劳动力资源，具体说来，是指一定时间、地点范围内实际具有的劳动能力的总和。在统计中，一般指一定地区范围内的具备一定经济活动能力的，并能参与实际经济活动的劳动力资源数量。

即：劳动力供给＝劳动力资源量×劳动经济参与率

二、劳动力供给的影响因素

从经济学角度来看，劳动力的供给决策主要是指：①是否进入劳动力市场。②提供多长的劳动时间。而劳动力供给的决策主要是劳动者家庭和个人决定的。因此，劳动力供给机制或决策，主要是指劳动者如何做出上述两个方面的劳动力供给决定的。

劳动力的供给决策受到各方面因素的影响，这些因素很难一一罗列，将这些因素作为自变量，劳动力供给作为因变量，则可以写出如下函数式：

$$S = f(Xi)(i = 1,2,3,\cdots,n)$$

在这些因素中，影响劳动力供给决策最重要的因素包括如下几种：

1. 工资率的高低

工资是劳动力的市场价格，一个人是否决定进入劳动力市场寻求就业，或者准备提供多少劳动时间，这与市场上能够提供的工资有着直接的关系。

2. 非劳动收入的多少

在当今社会，劳动虽然是人们谋生的重要手段，但并不是唯一的手段，除了通过劳动获得必要的报酬外，一些非劳动收入，如股票债券、不动产、发明专利等都能给人们带来收入，构成个人财富的重要组成部分。因此，这些非劳动收入的多少也就成了人们是否参加劳动等决策的重要影响因素。

3. 居民家庭生产率的变化

居民家庭生产率是指居民从事家庭“生产”活动的效率，即居民在单位时间内从家庭生产活动中取得的效用。居民家庭生产率越高，从事家庭生产活动时间的价值就越高，愿意向市场提供劳动的数量就越少，因此在市场工资率一定的条件下，参与劳动的可能性就越低。

4. 社会保障制度

社会保障制度对劳动力参与率产生直接的影响。普及型社会保障制度会降低劳动力参与率，就业关联式社会保障制度会刺激劳动力参与率的提高。长期以来，我国实行就业、工资、福利三位一体的社会保障制度。在这种制度下，意味着劳动者只能通过就业才能享受保险、福利等诸多待遇，其结果必然会刺激劳动力供给的增长。

5. 宏观经济状况

经济周期波动、繁荣与衰退的交替等对劳动者参与市场经济活动决策产生影响。例如，当经济处于衰退时期，失业者长期找不到工作，就可能丧失寻找工作的意愿，从而退出劳动力市场，使劳动力供给降低。

6. 其他因素

社会文化、风俗习惯等对劳动力供给决策产生影响。例如，新中国成立后，我国政府一直鼓励城市人口特别是妇女人口积极就业，从而造成这样的观念：只有就业，而且全工时就业，才算是充分实现人生价值。这对我国劳动力参与率是有影响的。

此外，个人对待闲暇和工作的偏好等也会影响劳动力的供给。

三、劳动力供给曲线

在影响劳动力供给的各种因素中，市场的工资率是最重要的因素。如果假定

其他条件不变，市场工资率作为影响劳动力供给的唯一因素，用 W 表示，则可以把劳动力供给函数写成：$S=f(W)$

由二者关系形成的曲线称为劳动力供给曲线。

1. 市场劳动力供给曲线

市场的劳动力供给遵循一般市场的供给规律，即在其他因素不变的情况下，工资率越高，劳动力供给越多；反之，工资率越低，劳动力供给就越少。两者呈现反相关的函数关系，反映在图上，即为一条向右上方延伸的直线[①]，如图 3—1 所示。

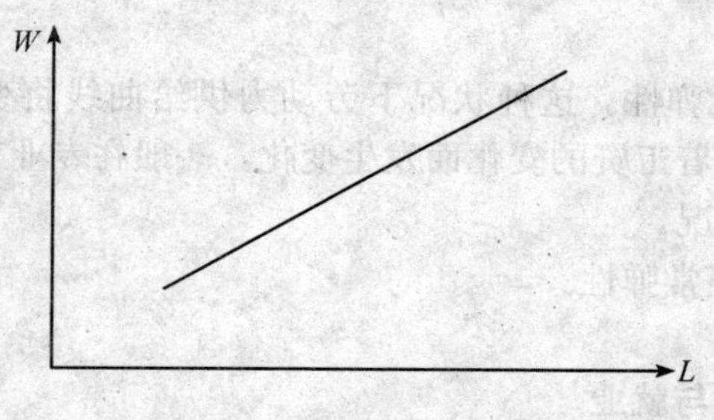

图 3—1　市场劳动力供给曲线

2. 个人劳动力供给曲线

劳动力作为一种特殊的商品，在工资率水平较低的时候，个人对劳动力的供给一般比较强烈，随着工资率的提高而提高，然而当工资水平达到一定高度时，劳动者为了追求更好的生活品质，因此往往减少了劳动力的供给，增加了闲暇时间，这样，个人的劳动力供给曲线与市场劳动力供给曲线并不完全一致，而是表现为一条向后弯曲的曲线，如图 3—2 所示。

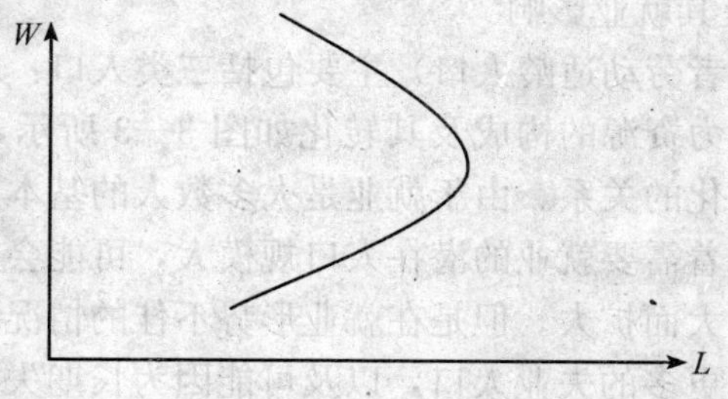

图 3—2　个人劳动力供给曲线

① 为了简便，假定劳动力供给曲线是直线，即二者是线性关系。

四、劳动力供给弹性

弹性是反映自变量的相对变化对因变量变化影响程度的指标。劳动力供给的弹性，主要是指工资率变动对劳动力供给变动的影响程度。用下式表示：

$$劳动力供给弹性 = 劳动力供给变动的百分比 / 工资变动百分比$$
$$= (\triangle L/L)/(\triangle W/W)$$

劳动力供给弹性可以分为以下几种：

1. 劳动力供给无限弹性。表示劳动力供给对工资的变化极其敏感。只要稍微有一点的工资变化，劳动力供给就会有很大的变动，劳动力供给曲线表现为一条水平线。

2. 劳动力供给无弹性。这种状况下劳动力供给曲线将变成垂直线，表示劳动力供给基本不会随着工资的变化而发生变化，一般在专业化程度比较高的情况下才可能发生此类情况。

3. 劳动力供给正常弹性。

五、劳动力供给与就业

从就业的宏观角度来说，劳动力的供给主要指潜在劳动力供给和有效供给量。前者是指一定规模、结构和质量的劳动力资源，后者是指能够真正进入劳动力市场的现实劳动力供给，即经济活动人口。而就业和失业正好构成经济活动人口的总和。它们之间的关系是：

经济活动人口(劳动力有效供给)＝就业人口＋失业人口
＝劳动力资源(劳动适龄人口)×劳动参与率

下面从这两个方面进一步加以分析。

1. 劳动力资源及其就业影响

劳动力资源（或者劳动适龄人口）主要包括三类人口：就业者、失业者和非经济活动人口。劳动力资源的构成及其转化如图 3—3 所示，劳动力资源的三类人口之间存在相互转化的关系。由于就业是大多数人的基本要求，因此丰富的劳动力资源，首先意味着需要就业的潜在人口规模大，可能会导致就业规模随着劳动适龄人口规模的扩大而扩大。但是在就业形势不佳的情况下，丰富的劳动力资源可能意味着增加了更多的失业人口，以及可能因为长期失业而退出劳动力队伍的沮丧的青年人。总之，劳动力资源规模大，对就业造成的压力就大。当然，是否实际造成就业问题，还要看其与劳动力需求的对比关系。这一点将在后面论述。

(1) 劳动力资源的规模

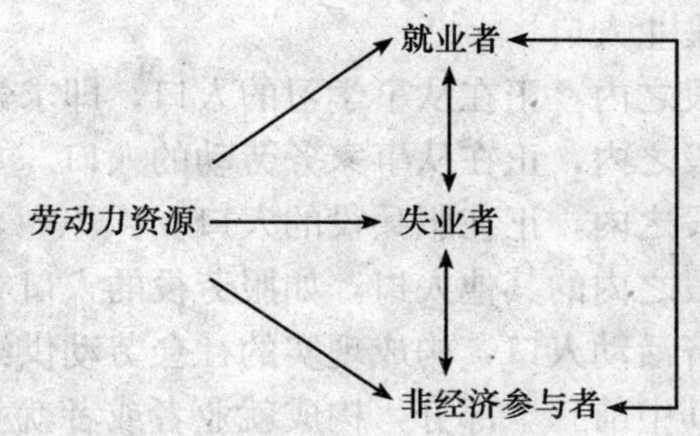

图 3—3 劳动力资源的构成及其转化

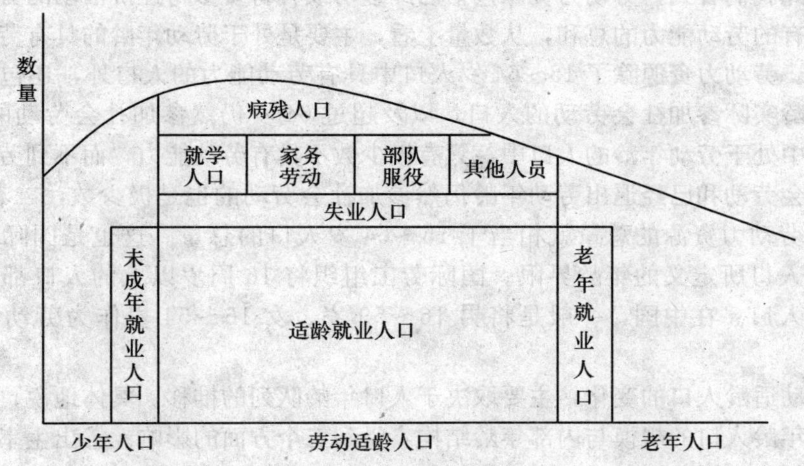

图 3—4 劳动力资源的组成

劳动力资源，实际上就是指潜在的劳动供给量。从数量上看，它是一个国家或者地区内劳动年龄人口总量，减去其中丧失劳动能力的人口，再加上劳动年龄人口外具有劳动能力的人口。具体地说，劳动力资源的数量结构包括以下八个部分：

• 处于劳动年龄段以内，正在从事社会劳动的人口，它占据人力资源的大部分，可称为适龄就业人口。

• 尚未达到劳动年龄，但已经从事社会劳动的人口，即未成年劳动者或者未成年就业者。

• 已经超过劳动年龄，还在继续从事社会劳动的人口，即老年劳动者或者老年就业人口。

• 处于劳动年龄段之内，具有劳动能力且要求参加社会劳动的人口，可称为求业人口，实际上是失业人口。

• 处于劳动年龄段之内，正在从事学习的人口，即求学人口。

• 处于劳动年龄段之内，正在从事家务劳动的人口。

• 处在劳动年龄段之内，正在服兵役的人口。

• 处于劳动年龄段之内的其他人口，如服劳役的人口等。

前四个部分是经济活动人口，构成现实的社会劳动供给，这是直接的、已经开发的劳动力资源。其中前三个部分，构成就业者或者就业人口的总体。后四个部分未构成社会劳动，他们是间接的，尚未开发的处于潜在状态的劳动力资源。

由此我们看到，劳动力资源包括已经参与或者将要参与经济活动的劳动力人口所具有的劳动能力的总和，从数量上看，主要是处于劳动年龄的具有劳动能力的人口。劳动力资源除了15～64岁人口中具有劳动能力的人口外，还包括不足劳动年龄实际参加社会劳动的人口，以及超过64岁仍然参加社会劳动的人口。但现实中处于劳动年龄的人口中，只有极少数不具有劳动能力，而不到劳动年龄参加社会劳动和已经退出劳动年龄仍然参加社会劳动的也是极少数，二者相抵，基本上劳动力资源的总量就相当于15～64岁人口的总量。这也是国际上对劳动适龄人口所定义的年龄界限。国际劳工组织将16周岁以上的人口都称为劳动年龄人口。在中国，一般是将男16～59岁、女16～54岁作为劳动年龄人口。

劳动适龄人口的变化，主要取决于人口年龄队列的推移。具体地说，一定时期劳动年龄人口的规模与内部年龄结构，受到三个方面的影响。①出生率。出生率的高低决定了若干年后（至少15年）劳动年龄人口的规模，出生率越高，意味着未来的劳动力资源越丰富，但对当前的劳动适龄人口规模没有影响。②死亡率以及死亡率的年龄模式。死亡现象会出现在各个年龄层，因此劳动年龄人口规模除了与总死亡水平有关，还主要与死亡的年龄模式有关。相比15岁以下少年儿童和65岁以上老年人而言，劳动年龄人口的死亡率是最低的，同时也是相对最稳定的。少儿死亡水平将直接影响若干年后进入劳动年龄人口的规模大小，少儿组死亡率越低，意味着劳动力资源将越丰富，反之亦然。③人口迁入、迁出率以及迁移的年龄模式。总体来说，净迁移率（迁入率减去迁出率）越高，劳动适龄人口越多，劳动力将越丰富；同时，迁移者中劳动年龄人口比重越大，劳动力资源也越丰富。但是，正如上面所述，因为某一时期的劳动适龄人口规模变化受到多年前出生水平和死亡水平的影响，因此，排除劳动力地区转移下的劳动年龄人口规模变动是很缓慢的，相对于经济发展对就业需求的快速变化而言，出生率和死亡率调整对劳动力供给的影响相对滞后，人口变动的影响主要应该从长期趋势和战略角度来分析和对待。但是，如果劳动力的地区迁移比较频繁，则劳动力迁移对劳动力供给的影响还是比较显著和快速的。

【案例】

中国的劳动适龄人口及其变化

中国是一个人口大国，也是劳动力资源非常丰富的国家。根据国家统计局公布的数据，2010 年全国的劳动适龄人口规模达到 96 778 万人，比 2000 年的 85 685 万人多出 11 093 万人，劳动适龄人口规模目前依然呈现增长的趋势。但是从 2002 年以来，劳动适龄人口的增长量呈下降趋势，2003 年每年增加量达到 1 325 万人，到 2010 年每年新增劳动适龄人口只有 821 万人。说明中国劳动力资源规模增长正在逐步变缓并趋于停滞。

表 3—1　2000—2010 年中国劳动力规模和新增劳动力规模变化（万人）

年份	0～14 岁	15～64 岁	65 岁及以上	新增劳动人口
2000	31 688	85 685	8 731	—
2001	31 304	86 776	9 023	1 091
2002	30 588	88 153	9 298	1 378
2003	29 930	89 479	9 538	1 325
2004	29 344	90 936	9 737	1 260
2005	28 769	91 947	9 940	1 208
2006	28 122	93 169	10 157	1 249
2007	27 759	94 152	10 369	956
2008	27 460	95 072	10 547	920
2009	27 169	95 957	10 756	885
2010	26 921	96 778	70 998	821

资料来源：国家统计局网站：www. stasts. gov. cn。

（2）劳动力资源的质量

当今社会，构成劳动力资源的劳动者素质越来越成为影响劳动就业的要素之一。从其对经济发展的作用来说，甚至超过了劳动力规模的作用。而这些劳动者的素质，就构成了劳动力资源的质量禀赋。

从劳动者个人的素质上说，一般包含以下一些方面，如图 3—5 所示。

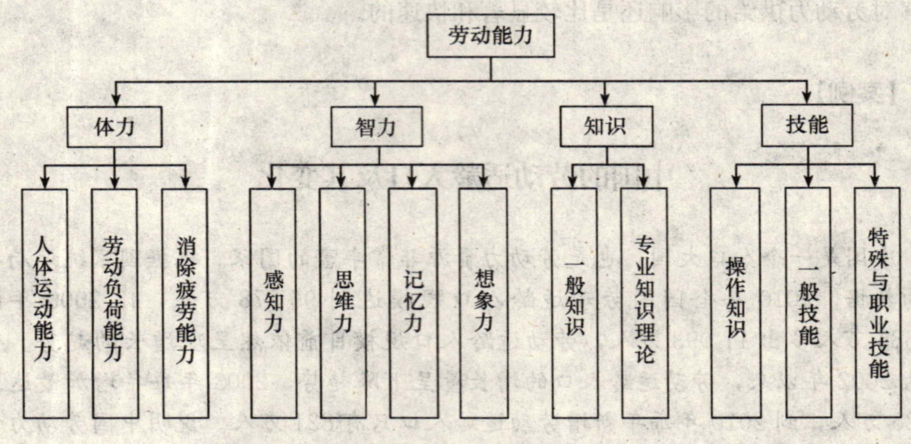

图 3—5　劳动能力的内容

体力：一般包括力量、耐久力、速度、灵敏性、柔韧度等。劳动者的体力除了上述人体运动能力，还包括对外界的适应能力、劳动负荷能力和消除疲劳的能力。劳动力的体力是基础。

智力：认识客观事物，运用知识解决实际问题的能力，也即聪明程度。包括感知力、思维力、记忆力和想象力。智力集中体现在人认识事物且做出反应的正确性、机敏性、深刻性、广阔性上，以及认知的全面性、决策合理性和输出的有效性方面。

知识储备：指人们头脑中所记忆的经验和理论，或者说头脑中储存的信息。知识分为一般经验和理论，当知识带有逻辑性、体系性、科学性时，就从一般经验上升为理论。劳动者的知识分为三个层次：普通知识、专业知识和操作知识。

技能：指人们从事活动的某种动作能力，是人经过长期实践活动所形成的顺序化的、自动化的、完善化的动作系列。通俗地说，技能就是技术或技巧，分为一般技能和特殊技能。

从劳动力资源的总体上来说，衡量劳动力资源的质量，可以从不同方面来进行，如劳动年龄人口的平均受教育年限、每万名劳动者中的大学生所占比重、每万名职工中的工程技术人员所占比重等。

(3) 劳动力资源的结构

劳动力资源本身是有结构的，而且按照不同方面可以有多种结构。这些结构可以从年龄和性别上划分，也可以以定居的区域划分，还可以从他们拥有的受教育程度（这一点等同于质量的衡量）和技能上进行划分。

性别结构：是指按照性别对劳动年龄人口进行的结构划分，可以按照劳动适龄人口的男女两性人数比重表示，也可以按照每100名女性对应的男性数予以表示，后者又称为性别比。劳动适龄人口的性别结构，可以反映一定时期特定地区劳动力供给的男女性别情况。如果性别比失衡，可能会对就业产生一定的影响，例如，农村男性劳动力大量转移后，导致女性多于男性，对于农业发展就会产生不利影响。

年龄结构：是指各劳动年龄人口在总劳动年龄人口中的比重，可以反映一个潜在劳动人口群体中，劳动者可能的老化程度或者年轻化程度，对就业也有一定的影响。

城乡或其他地区结构：用城乡或者不同地区劳动适龄人口的比重表示，可以反映不同区域当前或者未来劳动力资源的供给情况。

受教育或者技能结构：拥有不同教育程度或者劳动技能的潜在劳动者的比例结构就反映了该种劳动力资源的结构。这在上述所有结构中，应当是对就业和失业影响最为显著的一种结构。当然，到底对就业的影响怎样，还要看它与劳动力需求结构是否匹配。

2. 劳动参与率变化及影响因素

劳动参与率一词，是由英文"labor force participation rate"翻译而来的。它一般被用来反映某一个国家或地区的劳动力参与社会经济生活的程度、劳动力市场的活动水平和劳动力资源的利用程度。劳动参与率一般用经济活动人口（就业者和失业者）占全部劳动力资源量的比重来表示，即：

劳动参与率＝经济活动人口数/劳动力资源量

如前所述，关于劳动力资源，过去按照国际劳工组织的定义，指16周岁及以上年龄人口，因此有用16周岁以上人口作为分母的。因为如前所述的劳动力资源量统计有一定困难，一般在简单计算中，分母多采用联合国人口基金会制定的劳动适龄人口年龄指标，即15～64岁人口，作为劳动力资源量。

因此，劳动参与率＝经济活动人口/(15～64)岁劳动适龄人口数

＝(就业人口＋失业人口)/(15～64)岁劳动适龄人口数

劳动参与率是衡量劳动力供给最重要也是最敏感的一个因素。在劳动力资源不变的前提下，劳动力的实际供给主要取决于劳动参与率。一般来说，劳动参与率越大，有效劳动力供给越大，否则，就会越小。

劳动参与率是一个十分重要的经济因素，隐藏着极其丰富的社会经济内容。首先，劳动参与率的变动无论是方向上还是规模上都很难与劳动年龄人口的增减

相一致，甚至两者的变动大相径庭。两个人口规模相似的国家，由于劳动参与率不同，劳动力的供给会出现很大差异。其次，决定劳动参与率的因素是很复杂的，与一个国家或地区的经济发展水平、教育发达程度、社会保障程度，甚至个人的财富和个性等都有很大的关系。因此很难对劳动参与率是高好还是低好做出简单的评价，也很难对劳动参与率的变化趋势做出准确的判断。

然而，劳动参与率的变化也不是完全没有规律的。实际上早在 1978 年，经济学家 G. 斯坦丁就通过研究发现，处于不同发展阶段的各国劳动参与率，随着人均国民收入的提高而呈现出 U 形变化[①]。通常，劳动参与率在经济发展的早期阶段较高，这可能反映出在这些国家中存在着巨大的、劳动密集型的农业部门，低工资又迫使所有家庭成员都要参加经济活动以获得收入。随着人均国民收入水平的提高，劳动参与率将会出现下降，形成一个中等发展水平的平台。原因可能是这些国家随着经济的发展，青少年接受教育日益普及而且受教育层次逐渐提高，同时工资和收入的增加提高了对家庭的负担能力。在经历了一个较长时间的低水平劳动参与率后，其水平又开始上升，在达到一个较高水平后又开始轻微下降。这一状态可能反映了在发展的中期和高等阶段，由于较高收入导致放弃就业的机会成本也较大，同时生育率下降使妇女的劳动参与率也得到提高之故。此外，劳动参与率在不同的年龄人群和性别人群中的变化具有一定规律性。以年龄结构来说，劳动参与率随着年龄的升高，一般会呈现出由低到高然后再下降的过程，即呈现出倒 U 形的曲线。以男性劳动力为例，几乎所有国家 25～54 岁的男性劳动参与率都达到 90%，而 15～24 岁青年劳动力和 55 岁以上男性劳动参与率都在 60%以下。从性别来说，女性劳动参与率呈现出与男性同样的趋势，但是水平总体上低于男性，而且各个国家妇女劳动参与率年龄模型和水平呈现出比男性大得多的差异性。例如，西亚和北非的穆斯林国家妇女劳动参与率在不同的年龄段都很低，其黄金年龄段也只有 27%，一般低于男性劳动参与率。

第二节 劳动力需求及其决定机制

劳动力需求在劳动力市场中决定着就业岗位的多少、分布、类型等，即一定时期内一定地区能够潜在吸纳的劳动者状况，其主体是厂商或企业，在就业的决

① 顾建平. 中国的失业与就业变动研究. 北京：中国农业出版社，2003. 23

定机制中有重要的作用。

一、劳动力需求的概念和类型

1. 劳动力需求的概念

按照现代劳动经济学的观点，劳动力需求是指企业在某一个特定时期内，在某种工资率下愿意并且能够雇佣的劳动量。由此可见，劳动力需求是企业雇佣意愿与支付能力的统一。

劳动力需求产生的直接基础是人们对产品和服务的需求，因此，从理论上讲，劳动力需求是一种派生需求，也称为引致性需求。当社会上存在对某种产品或者服务的需求时，企业就会从事该产品或服务的生产并销售，以取得利润。在这个生产过程中，就产生了对劳动和资本等的需求，因此，劳动力需求是由社会消费引起的、所派生出来的需求。社会具有真实的、具体的、有效的消费要求，存在特定的购买力，才会有社会生产，有了生产单位进行生产组织活动，才有劳动要素的需求，即对不同职业、公众的劳动要素或人力资源进行雇佣。劳动力需求的派生性决定了在其他条件不变的情况下，劳动力需求水平会随着产品需求的变动而变动。

2. 劳动力需求的层次和分类

首先，从需求层次上看，劳动力需求主要包括企业需求、行业需求和市场需求三个层次①。

(1) 企业劳动力需求

企业劳动力需求是需求分析的微观单位和基础。企业对劳动力的需求源自市场上消费者对产品的需求。因为市场存在着对不同产品的需求，企业为了利润就要组织生产来满足消费者对产品的需求。在这个过程中，企业将劳动者和其他物质资本组合在一起进行生产，就产生了对劳动者的需求。

尽管劳动力需求是一种派生需求，但企业对劳动力的雇佣并不是简单地随着产品需求变动而调整。例如，产品市场需求增加，企业并不是简单地决定增加雇佣劳动力数量，而通常是在对增加劳动力雇佣量所引起的总成本和总收入之间进行比较再决策。如果增加劳动力雇佣量所带来的总收入比增加的总成本更多，企业就会增加劳动力的雇佣量，反之，如果总成本超过了总收入的增加，企业就不会增加雇员的数量。

(2) 行业劳动力需求

---

① 张琪．劳动经济学．北京：中国统计出版社，2001．52

由于人们的消费千差万别，因此就出现了各种不同的经济活动部门或行业，需要付出不同种类的劳动，并进行劳动分工。劳动分工是社会进步的体现，也是社会财富增加的来源。由社会产品种类不同所引起的分工，进而形成不同的产业、部门、行业对劳动要素的需求，最终形成劳动力需求的行业性。

（3）市场劳动力需求

市场劳动力需求是所有行业劳动力需求的总和，反映的是某一劳动力市场全部企业或者行业的需求态势。

劳动力需求还可以按照企业形式或劳动者个人性质进行各种不同的分类。

（1）不同行业的劳动力需求

即由产品种类和经济活动部门的不同形成的劳动需求、行业需求。

（2）劳动力需求的职业分类

由劳动者所从事的工作的具体内容不同引起的分工，由此形成不同职业对劳动要素的需求，形成劳动需求的职业性。

职业一词有多种用法，从国民经济活动所需要的劳动种类来看，根据不同性质、不同内容、不同形式、不同操作的专门性劳动岗位，职业分类正是以从业者本人所从事"工作的同一性"进行划分的。

（3）不同地区的劳动力需求

不同地区由于企业满足市场需求中采用的生产方式、技术等不同，因此对劳动力的需求也会不同，不仅是需求规模上的，而且主要反映在对劳动力需求的素质和技能等的不同，如技术要求高的劳动力需求、低技能低素质的劳动力需求等，这些需求需要相应的劳动力供给来满足（技术要求和素质要求上的差异，造成了相应的劳动力供给的差异）。劳动力需求地区类型还可进一步分为城市和乡村劳动力需求，不同国家、地区的劳动力需求等。

（4）按照性别等个人特征划分的劳动力需求

根据企业生产产品和生产方式的形式，企业对劳动力在性别方面会存在不同的需求。例如，建筑行业、冶炼厂、矿产开采等需要男性劳动力，而纺织行业、教育部门尤其幼儿教育、医疗等部门对女性的需求相对较高或性别要求不突出。

二、劳动力需求曲线及需求弹性

1. 劳动力需求曲线

作为劳动力市场中的重要变量之一，劳动力需求的变动受到多种因素的影响，包括企业的规模、劳动者的工资、生产的技术条件、社会总需求等。如果将影响劳动力需求的各种因素作为自变量 Xi，将劳动力需求作为因变量 D，则可以用以下函数形式表示它们之间的关系：

$$D = f(Xi)(i = 1,2,3,4,\cdots)$$

实际上，因为影响劳动力需求的因素众多，我们既无法一一罗列清楚，也很难全部弄清楚它们之间以及它们同因变量之间的复杂关系，因此只能从影响劳动力需求最主要的方面来考察其联系。

在上述各类因素中，工资率对劳动力需求的影响最显著、最突出。随着产品市场需求增加，企业并不是简单地决定增加雇佣劳动力数量，而通常是在对增加劳动力雇佣量所引起的总成本和总收入之间进行比较的情况进行决策。如果增加劳动力雇佣量所带来的总收入比增加的总成本更多，企业就会增加劳动力的雇佣量；反之，如果总成本超过了总收入的增加，企业就不会增加雇员的数量。由此可见，企业对劳动力的需求决策，与工资率高低直接相关。在其他条件一定的情况下，劳动力需求与工资率之间存在这样的关系，即工资率提高，劳动力需求减少；工资率降低，劳动力需求增加。

因此，假定其他物质要素不变，企业对于劳动力需求的数量就是由购买者以要素的成本——工资变动所决定的。假定其他条件不变，只考虑劳动力需求和工资率 W 之间的关系，则二者的函数式可以写成：

$$D = f(W)$$

以工资率 W 为纵轴，以劳动力需求量 L 为横轴，则劳动力需求量随工资率变化的曲线如图 3—6 所示。

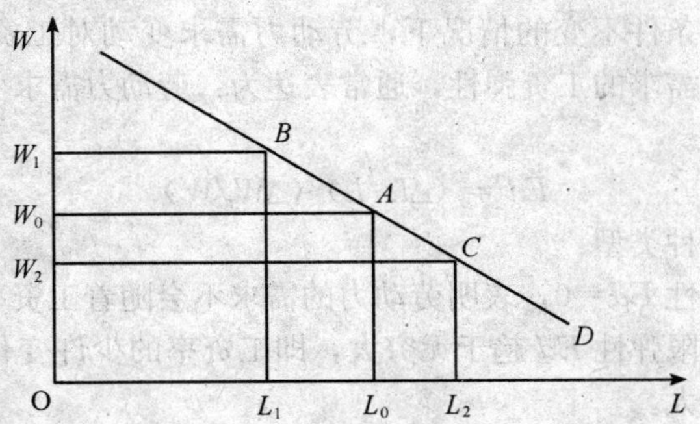

图 3—6 劳动力需求量的变动

在图 3—6 中，横轴为劳动力需求量 L，纵轴为工资率 W，D 为劳动力需求曲线。劳动力需求量随着工资率上升而下降，两者呈反相关关系。当工资率为 W_0时，劳动力的需求量为 L_0；当工资率提高到 W_1时，劳动力需求量下降到 L_1；当工资率下降到 W_2时，劳动力需求量增加到 L_2。

然而，事实上其他条件不变的可能性很小，科学技术在不断进步，资本货币规模也在扩大。因此，假定决定需求量的要素价格——工资率不变的情况下，由于其他要素发生变化将会引起劳动力需求曲线发生平移变化，这种变化不同于前面的劳动力需求变化，可以将其称为劳动力需求变动，如图 3—7 所示。

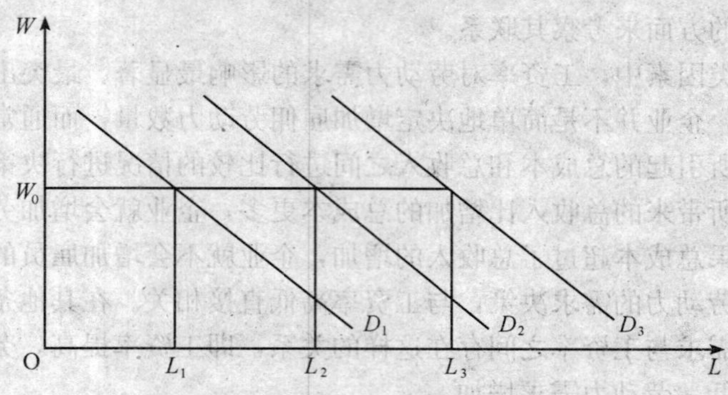

图 3—7　劳动力需求的变动

图 3—7 中表示的是当工资率为 W_0 时，由于其他要素变化而引起的需求曲线的位移。假定工资率 W_0 不变，由 D_1 决定的劳动力需求为 L_1，由 D_2 决定的劳动力需求为 L_2，由 D_3 决定的劳动力需求为 L_3。可以看到，当需求曲线向右上方移动时，在同样的工资率下劳动力需求增加，反之则减少。

2. 劳动力需求工资弹性

我们把在其他条件不变的情况下，劳动力需求变动对工资率变动的反映程度，定义为劳动力需求的工资弹性，通常表达为：劳动力需求变动百分比与工资变动百分比的比值。

$$Ed = (\Delta L/L)/(\Delta W/W)$$

工资弹性有五种类型：

（1）需求无弹性 $Ed=0$，表明劳动力的需求不会随着工资率的变化而变化。

（2）需求有无限弹性 Ed 趋于无穷大，即工资率的少许变化就会引起对劳动力需求的很大的增大。

（3）单位需求弹性 $Ed=1$，即工资率与劳动力需求以同比例发生变化。

（4）需求富有弹性 $Ed>1$，工资率的变化对劳动力需求影响比较敏感。

（5）需求缺乏弹性 $Ed<1$，工资率的变化对劳动力需求变化影响不敏感。

三、宏观劳动力需求及影响因素

从全社会的角度看，劳动力总需求不是简单地由社会上所有企业的劳动力需求加总而成。边际生产率理论虽然是微观劳动需求的科学反映，但它不能说明社会劳动力总需求。

从宏观角度看，一个社会的经济发展水平决定了居民的总体消费水平，这从根本上决定了所引致的对劳动力需求总量。此外，不同的经济发展水平也与劳动力需求的差别有关：经济落后国家主要需要非熟练的、教育和训练水平较低的劳动者，工业化、科技化和信息化发展程度高的国家，主要需要受教育年限长的具有较高文化的劳动者，并需要大批经过正规专业训练、具有较强技术创新能力的科技人才与经营管理人才。

影响宏观劳动力需求的因素主要包括以下几个方面：

1. 社会生产的规模

社会生产规模的大小决定了一定时期一定地区能够吸收多少劳动力，即劳动力的需求量。显然，社会生产规模越大，能够吸收和容纳的劳动力就越多，反之则越少。决定社会生产规模大小的最重要因素是固定资产投资规模，而固定资产投资规模又受到国民收入、国民收入分配中的积累和消费比例关系以及基本建设投资结构等方面的影响。一般而言，国民收入水平越高，积累越高，基本建设投资结构越合理，固定资产投资规模就越大，吸纳的劳动力就越多，社会劳动力需求量就越大。

2. 经济结构及变动

（1）产业结构

首先，经济发展水平与社会劳动总需求的联系，尤其体现在就业的产业结构上。一般来说，经济发展水平越高，第三产业比重越大，第一产业比重越小。第三产业结构变化对劳动力需求的影响十分巨大。

不同的产业对劳动力需求的影响由不同产业生产技术构成所致。在投资固定的情况下，劳动密集型产业投资对劳动力吸收系数较大，而资本密集型产业对劳动力吸收系数较小。

（2）所有制结构

不同所有制对劳动力的需求不同，在本质上也是由于生产的技术构成所决定的。一般来说，国有大型企业吸收一个劳动力的资金要比集体企业高，民营企业可以使用费用较低的劳动力替代部分资金，形成较大量的劳动力需求。

3. 科学技术水平与劳动力需求

科学技术对社会劳动力需求有双重作用。一方面，科学技术进步引起劳动生产率和资本有机构成提高，不仅使得安置新增就业人口所需的资金增加，而且原有的固定资产也需要较多的资金更新改造。因此，等量的固定资产所能提供的就业岗位就呈现出减少的趋势。这样，就产生了劳动力的排斥作用。另一方面，科学技术促进物质生产部门分工的发展，劳动生产率大幅提高，这样，在工资增速低于劳动生产率增速的情况下，同量劳动可以生产出更多的剩余产品，从而为扩大再生产提供更多的资金。这就为劳动力需求的扩大奠定了雄厚的物质基础，而且科学技术导致更多的新兴部门产生，所以社会领域越广泛，劳动力需求也越多。最后，科学技术进步促进生产力发展，社会消费水平越高，使消费结构发生变化，一方面形成新的行业新的职业，另一方面促进第三产业的发展，从而促使劳动力需求增加。因此从长远看，技术进步有利于扩大劳动力需求。

第三节 劳动力供需状况及其对就业的影响

一、劳动力供需状况对就业的影响机制

就业是劳动力与生产资料的有效结合。生产资料的规模和结构以及利用技术、效率等决定了劳动力的需求，而劳动力人口规模、结构以及劳动参与情况则决定了劳动力供给是否和在多大程度上与劳动力需求结合与匹配，两者的关系如图 3—8 所示。

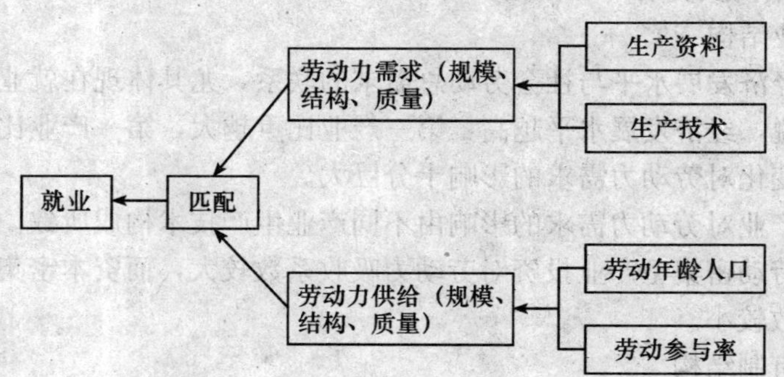

图 3—8 劳动力供给和需求对就业的影响机制

在市场经济条件下，就业是劳动力市场对劳动力供给与需求进行匹配的结果，因此劳动力的供给和需求的对比状况就构成了就业的基础和前提。劳动力供需从数量规模、结构和质量以及空间分布几个维度，对劳动力市场及其劳动者就业产生着深刻的影响。

二、劳动力供需状况对就业的影响

1. 劳动力数量的供需对比状况与就业

从劳动力的数量上看，其供需对比状况可分为供过于求、供不应求和供求平衡三类。

（1）供过于求

供过于求即劳动力供给数量超过社会对它的需求，结果表现为一个社会的就业不足，存在相当数量的失业人员或择业人员，造成社会上人力资源的闲置和浪费。造成劳动力供过于求的原因有两类：一类是社会对产品或服务的需求不足，这种状况下劳动力供给正常，而需求可能受到经济衰退等影响出现就业岗位下降；另一类是供给过大，例如，人口增长速度过快，年龄结构轻导致就业岗位赶不上劳动年龄人口增长的需求。

劳动力总量过剩主要表现为就业不足或者失业状态。一些从就业岗位上被开除、辞退或从学校毕业后未找到职业的青年，他们是显性的公开失业者；另外一部分人则处于开工不足、半日工作等状态，成为半失业人员，这被经济学家称为不充分就业；此外，社会劳动需求不充分，但仍将劳动力硬性吸收进工作单位就业，或者原先正常就业的劳动者在劳动力需求数量下降时未退出结合状态，这形成人力资源在岗位上工作任务少、效率低的“潜在失业”或者“在职失业”；最后，农民、小生产者、小零售商等在经济水平落后、经济状况不景气、就业严重困难的情况下，难以进入市场与他人竞争，只能固守在自己现有的岗位上，从事收入极少的劳动，这是“隐蔽性失业”。

（2）供不应求

供不应求即劳动力的供给数量小于社会对劳动力的需求，结果是劳动力缺乏。这种状况也由两种原因引起：一种是劳动力供给过于缓慢，例如人口老龄化导致的劳动力绝对短缺，或者因为教育或者年轻人的沮丧退出劳动力队伍等，这些都会引起一定时期劳动力供给的减少和不足。或者在历史上出现过的大的战争或自然灾害后，恢复生产的初期往往会出现劳动力严重不足。另一种是就业岗位的数量超过了劳动力的供给，例如，新中国成立后国家在西部地区建立了大量的工厂企业，而那里人员稀少，因此劳动力出现不足。

（3）供求平衡

供求平衡类型包括劳动力的供给在数量、结构、质量方面都能满足社会发展的需求。其标志是要求就业的绝大部分人都能够就业，不存在大量失业人口，同时不存在长期大量缺乏人力资源的部门与行业。

2. 劳动力供需结构与就业

如前所述，在不同的部门、行业和地区中存在着不同的劳动力需求，与此同时，劳动力本身因受教育背景、具备技能、生活区域的不同，形成了不同的供给结构。劳动力供需在结构上的对比状况也对劳动力市场匹配和人力资源配置效率产生着非常深刻的影响，如果由于经济结构、体制、增长方式等的变动，而使劳动力在包括技能、经验、工种、知识、年龄、性别、主观意愿、地区等方面的供给结构与需求结构不相一致，结果往往表现为结构性失业，其重要表现是失业和岗位空缺并存。

劳动力供需结构完全匹配的状况是不多见的，而大多数情况下表现为错位或者不匹配，表现为社会需要某些行业和职业的劳动力，然而提供的劳动力不能满足需要。从结构上看，结构对比的失衡主要包括企业在对劳动者工种、岗位技能等的需求与劳动力所拥有的知识和技能不相匹配。此外，劳动者年龄性别上的供需结构不匹配也是不可忽视的内容。

劳动力供需结构上的不匹配，主要由以下两个方面的原因引起：

（1）经济变动是引起劳动力需求结构变化的主要原因

经济变动引起的劳动力需求结构变动，包括经济结构调整引起的需求结构变动、经济增长引起的需求结构变动以及技术结构调整引起的需求结构变动。

产业结构升级或调整引起的劳动力需求结构变化。在产业结构转变和调整中，由于经济结构的调整导致社会对劳动力的需求结构包括工种、技能、技术、知识、经验等发生了变化，因此对劳动力的需求结构就相应发生了变化。如我国产业结构调整促使第一产业、传统产业对劳动者的需求减少，第三产业、新兴产业对劳动者的需求增多。但不同产业对劳动者在工种、技能、知识、经验上的要求显然是不同的。此外，产业结构升级也会促使用人单位提高对劳动者素质的要求，不适应要求的低素质劳动者原来即使有岗位也会陷入失业状态。与此同时，许多企业却欠缺技术工人，尤其是高级工。一些高新技术企业则欠缺相关的人才，从而导致空位的存在。

技术进步引起的需求结构变化。技术进步使劳动者的需求结构发生明显的变化。随着人类社会的发展，科学技术在不断进步。人类社会经历着一次又一次的科技革命，每一次科技革命都给人类带来崭新的变化。正如英国《焦点》月刊提出的那样，“在今后的15～20年中，将出现一股巨大的科技浪潮，它将像工业革命给我们的祖先造成的影响那样对我们的工作方式产生深远的影响。就像农业工人在工业革命时期曾经从事制造业一样，那些先前曾经在制造业工作的人员现在正投身到新的服务经济和科技信息世界中”。“未来经济将由理念、信息和技术组成，到2015年，据估计有多达95%的工作将要求就业者掌握信息技术。”而那些不适应科技革命，无法跟上技术进步，胜任不了新工作岗位的劳动者必然会被抛入结构性失业队伍。

知识经济引起的劳动力需求结构变化。由于知识经济的到来，社会要求劳动者掌握更多的知识，加快知识更新的速度。21 世纪，人类会迈入知识经济时代，知识经济在本质上是“以智力资源的占有、配置，以科学技术为主的知识生产、分配和消费（使用）为最重要因素的经济”。在知识经济时代，作为第一生产要素的知识的增长速度非常快，由此导致的新旧知识的更替速度也非常快。据统计，现代社会劳动者知识的半衰期已缩短至 5～7 年。从知识的生产和老化状况看，近 50 年来，人类获得的知识等于过去 2 000 年的总和，今天的知识到 2050 年仅为届时总量的 1％，99％的知识是今后才创造的。这就意味着劳动者必须不断“充电”，获取新知识，才能跟上时代步伐，否则，自身素质满足不了工作岗位的需求，就会被抛入结构性失业的队伍。同时，知识经济改变着传统的工业经济，使职业结构发生巨大变化。在 20 世纪五六十年代的 15 年中，工业发达国家有 8 000 多个技术工种消失了，同时出现了 6 000 多个新的技术工种。

（2）劳动力的供给结构满足不了需求结构的变化

教育发展滞后。由于教育体制落后、教育结构不合理导致劳动者素质不能及时得到提高或劳动者学非所用使劳动力供给结构满足不了需求结构的要求，从而引起失业。例如，我国目前的教育投资主体比较单一，对社会办学、民间投资办学发动不够，这使我国的办学模式、教育形式都不能实现多样化，使得一些跟生产实践密切相关的如继续教育、职业教育等形式得不到应有的发展，导致劳动者的素质不能与用人单位对劳动者素质的要求同步提高。同时，高等教育专业设置不合理，培养的人才与社会用人单位的实际需求脱节，导致一些大学生“毕业即意味着失业”。总之，教育发展跟不上经济发展的需要，一方面，导致因劳动者文化素质不能随着经济发展需要及时得到提高而失业；另一方面，导致专业难以对口的高学历人才也被迫流入失业人群。

此外，劳动力在年龄和性别等方面的供需结构也会发生不匹配的情况，例如，在我国城镇，很多企业或部门在招工时愿意招收年龄较轻的、文化水平较高的劳动者，但城镇失业的多是年龄稍大、文化水平较低的“4050”人员，这就出现了年龄上的供需不匹配。另外，在我国城市化大潮中，农村很多青壮年都到城市打工就业，而农村农业生产需要男性青壮年劳动力，由于农村大多数留守人员是老人和妇女，因此导致一些地区土地撂荒，影响农业的发展。

3. 劳动力供需的地区分布不匹配对就业的影响

不同地区经济发展水平有差异，这种差异的存在，一方面导致人才为追求高收入，由经济落后地区向经济发达地区流动，从而导致落后地区人才的短缺；另一方面导致不同地区劳动力素质的差异。一般来说，教育水平取决于经济水平，经济落后地区的劳动力素质相对偏低，而在市场经济条件下，低素质的劳动力更容易被淘汰，从而最终导致这些地区失业率的上升。在我国，东部地区和中西部地区的经济发展水平差距呈逐步扩大趋势，造成高素质劳动力向东部地区流动，中西部地区人才短缺同时失业率又偏高。

【本章小结】

劳动力供给和需求是就业产生的基础，也是直接决定就业的两大要素。本章首先对劳动力供给从概念上进行了剖析，给出了明确的劳动力供给的概念，并对微观个人的劳动力供给行为以及随工资率变化的关系进行了论述，同时在宏观上对市场劳动力供给的两个方面：劳动力资源（劳动适龄人口）和劳动参与率进行了比较系统的分析。本章在对劳动力供给进行分析后，又对劳动力需求从概念、分类等进行了论述，并分析了劳动力需求的主要决定因素——工资率与劳动力需求的关系，介绍了劳动力需求的弹性等重要内容。最后，本章重点从劳动力供与需在数量规模、结构和地区分布上的对比及其对就业的影响进行了论述。

【复习题】

1. 劳动力供给的概念是什么？影响劳动力供给的因素有哪些？
2. 劳动力供给与工资率之间是什么样的关系？
3. 什么是劳动力供给弹性？存在哪几类弹性？
4. 劳动力资源和劳动适龄人口是什么关系？如何从统计上界定劳动适龄人口？
5. 什么是经济活动人口？包括哪些部分？
6. 劳动参与率的含义是什么？哪些因素会影响劳动参与率的变化？
7. 劳动力供需对比对就业的影响机制是怎样的？
8. 劳动力数量对比、质量对比、结构对比对就业的影响分别是怎样的？

第四章

劳动力市场与就业

本章学习目的

1. 掌握劳动力市场与就业的关系
2. 掌握劳动力市场的就业功能
3. 掌握劳动力市场存在的就业障碍
4. 掌握劳动力市场促进就业的条件

劳动力市场是重要的生产要素市场，它是在价值规律和竞争规律的作用下，通过劳动力供求双方自愿进行劳动力使用权的转让和购买活动，以实现劳动力资源的合理配置。完善的劳动力市场不仅有利于劳动力资源的优化配置，而且有利于实现和促进就业，从而提高整个经济运行的效率和活力。本章主要讨论劳动力市场的含义与特征、劳动力市场与就业的关系、劳动力市场存在的就业障碍，以及有利于实现和促进就业的劳动力市场需要具备的基本条件。

第一节 劳动力市场的含义与特征

一、劳动力市场的含义

劳动力市场是通过劳动力供求双方自愿进行劳动力使用权转让和购买活动的总和[①]。劳动力市场可细分为狭义的劳动力市场和广义的劳动力市场。狭义的劳动力市场是指在某一专业领域内，劳动力的供给方与需求方自愿进行的劳动力使用权转让与购买的一系列活动；广义的劳动力市场是指许多狭义的劳动力市场综合而成的劳动力市场体系。纵观发达国家劳动力市场的发展史，综合的劳动力市场体系的建立并非一蹴而就，而是从单个劳动力市场的发育开始，逐步渗透扩展，最后由无数单个劳动力市场综合而成。

劳动力市场作为重要的生产要素市场，是外在形式和内在机制的统一，是有形市场和无形市场的统一。有形的劳动力市场是指它的外在表现形式，因为它为实现劳动力交换提供各种服务机构和交换场所；无形的劳动力市场是指它的内在运行机制，因为它代表一种经济关系，其实质是实现劳动力资源市场化配置的一种机制，即借助市场机制促使劳动力合理流动和优化组合。

在劳动力市场上，需求方（即买方）主要是各类用人单位，供给方（即卖方）是达到法定年龄，并具备一定劳动能力的潜在劳动者。由于买卖双方为数众多，任何一方的决策都会影响另一方，所以劳动力市场并不是劳动力买卖双方简单的组合和对接，而是一个动态、相互交融和相互作用的概念。劳动力市场涉及劳动者从求职、就业、培训、职业转换直至退休的全过程，涉及用人单位招聘员工、支付报酬、提供劳动安全保障、卫生条件、福利待遇、辞退员工、补充新员工等诸多环节，涉及劳动关系的确立、调整和终止，以及劳动力市场的中介服

① 李强，林勇. 劳动力市场学. 北京：中国劳动社会保障出版社，2006. 1

务、信息引导和法制管理等。

理解劳动力市场的含义，还应注意以下几点：

第一，劳动力市场同其他商品市场一样，是商品买卖的场所。劳动力市场为劳动力商品的交换提供了场所和空间。

第二，价格是劳动力市场的基本要素，价格的变动同样受竞争规律的影响。市场机制是以价格为中心的运行机制，价格影响着供给和需求。劳动力市场进行交换也是由价格决定买卖双方的行为。

第三，劳动力市场的运行机制受多种非市场因素的影响。劳动力市场除了受市场因素影响之外，还受到诸如组织以及社会等诸多非市场因素的影响。

劳动力市场供给和需求双方相互作用的最终结果，是双方都在追求各自利益最大化的动机下自由选择后，以一定的价格达成契约，从而实现将劳动力资源配置到相应的工作岗位。这种劳动力资源的配置，不仅满足了个人需要，而且满足了社会需要。从微观面的个体而言，劳动者找到理想的职业和单位，企业找到合适的员工；从全社会的宏观面来讲，这种大量个体选择的过程，实际上就是实现劳动力资源在各种用途之间的匹配过程，最重要的国民资源——劳动力资源得以配置到不同的职业、企业、行业和地区。

二、劳动力市场的构成

从市场角度看，劳动力市场是由劳动力、用人单位、工资、劳动力市场组织者等因素构成的。

1. 劳动力

(1) 劳动力是一种特殊的商品

劳动力是劳动力市场的供给方，即卖方，它是劳动力市场的交易主体。劳动力市场是劳动力商品交换的场所。劳动力商品和其他商品一样，也具有价值和使用价值两种属性。但作为特殊商品，其价值和使用价值都有不同于一般商品的特点：

第一，劳动力商品价值的特点。

同其他商品一样，劳动力商品的价值是由生产和再生产劳动力商品的社会必要劳动时间决定的。劳动力商品价值的决定有两个特点：一是生产和再生产劳动力商品的社会必要劳动时间，可以转化为维持劳动者生存所必需的生活资料的价值：即维持劳动者自身生存所必需的生产资料的价值；劳动者繁衍后代所必需的生活资料的价值；劳动者接受教育和训练所支出的费用。二是劳动力商品的价值决定还有一个重要的特点，就是它包括历史和道德的因素。不同生产力水平国家，或同一国家不同历史时期，因社会经济文化条件不同，工人必需的生活资料的数量和构成是不同的。随着经济和文化的发展，劳动力价值的物质内容会不断扩大。

第二，劳动力商品使用价值的特点。

普通商品在使用或消费时，随着使用价值的消失，价值也消失或转移到新产品中去。劳动力的使用价值是进行生产劳动的能力，它的使用或消费就是劳动，而劳动凝结在商品中形成价值。所以劳动力商品使用价值的特点在于它是价值的源泉，而且是大于劳动力价值的源泉，从而能生产出剩余价值。

（2）劳动力的含义和本质

马克思在《资本论》第一卷对劳动力做了如下定义："我们把劳动力或劳动能力，理解为一个人的身体即活的人体中存在的、每当他生产某种使用价值时就运用的体力和智力的总和。"① 这是一个科学、完整的定义，反映了劳动力的以下特点和本质：

第一，劳动力是指人的劳动能力。劳动力是与人类劳动相联系的概念。自然界的一切其他能力，无论是天然的还是经过加工的，如水力、风力、电力、畜力等，都只能作为劳动的手段，不是劳动力。而依赖自然环境维持自身的生存，或占有自然物以供自己使用的物质交换过程，如植物吸收水分、阳光，动物以植物和其他动物为食，也有某种能力的支出，但这种能力是本能。这种本能形式的活动与人类有目的的劳动具有截然不同的本质上的区别。由于其他一切形式的生命的活动不是劳动，只有人类与自然界的物质变换过程属于劳动的范畴，所以劳动力特指人的劳动能力。

第二，劳动力存在于活的人体之中。劳动力的存在是以人的生命和健康为基础的，如同人体的其他生理机能一样，它无法离开人体而单独存在，不论代价如何都是如此。因此，人的生命与健康是劳动力存在的基础，人是劳动力的体现者和承担者。

第三，劳动力是体力和脑力的总和。一个人要具有劳动能力，不仅需要有力量、感觉、灵敏等体力因素，而且需要劳动技能、思维能力、必要的知识等智力因素，因而不能把劳动力理解为简单的生理现象，它是包括自然、社会、经济、文化等许多因素在内的统一体。

从统计意义上讲，劳动力是指劳动适龄人口中有劳动能力且愿意从事社会劳动的人。强调"愿意从事"，是因为劳动力为劳动而存在，以从事社会经济活动

① 马克思，恩格斯．马克思恩格斯全集（中文2版，第44卷）．北京：人民出版社，2001．195

为己任。因此，劳动力只有与生产资料相结合，才能真正体现劳动力的价值。此外，一个人也只有在身体成熟的时候才能是劳动力的承担者，这种成熟的基本标志就是一个人达到一定的年龄。因此，从这个意义上说，劳动力概念与经济活动人口的范畴基本一致。

劳动力和与其相似概念如劳动适龄人口、劳动力资源（又称人力资源）等是有区别的。劳动适龄人口是划分劳动力资源和劳动力的基准，是指处于法定劳动年龄以内的人口，它以年龄为界限但不考虑是否具有劳动能力；劳动力资源是指劳动适龄人口中有劳动能力，可以从事社会劳动的那一部分人口的总和，它包含可以从事但目前由于种种原因没有从事或不愿意从事或暂时不能从事社会劳动的人，范围大于劳动力。但为了统计的方便，一般将劳动适龄人口等同于劳动力资源。劳动力是这三个概念中外延最小的概念，是愿意且能够参与经济活动的劳动人口，包括就业者和失业者。

2. 用人单位

用人单位是劳动力市场的需求方，即买方。“用人单位”是中国《劳动法》创设的特有概念，外国的劳动法未使用此概念，而采取了“雇主”“雇用人”等相应概念。用人单位是指具有用人权力能力和用人行为能力、运用劳动力组织生产劳动且向劳动者支付工资等劳动报酬的单位[①]。目前适用中国《劳动法》的用人单位包括：企业、个体经济组织、国家机关、事业组织、社会团体。其中，企业是指中国境内的所有企业，包括法人企业和非法人企业、国有企业和非国有企业、内资企业和外资企业。个体经济组织是指经工商登记注册、并招用雇工的个体工商户；国家机关、事业组织和社会团体是指通过劳动合同或通过劳动合同与其他工作人员建立劳动关系的单位。

3. 工资

就形式而言，工资是以货币形式按期支付给劳动者的劳动报酬。国际劳工组织《1949年保护工资条约》对工资所下的定义是：“‘工资’一词指不论名称或计算方法如何，有一位雇主对一位受雇者，为其已完成和将要完成的工作或已提供或将要提供的服务，可以货币结算并由共同协议或国家法律或条例予以确定或口头雇用合同支付的报酬或收入。”[②] 这一定义，一是明确工资的支付者和工资的收入者，支付者是雇主，收入者是雇员；二是明确工资支付的依据，应是劳动

---

① 中华人民共和国劳动法［19940705］，劳动部办公厅关于印发《关于〈劳动法〉若干条文的说明》的通知［19940905］

② 国际劳工组织．国际劳工公约和建议书（第一卷）．北京：国际劳工组织北京局，1994．131

者“已完成和将要完成的工作或已提供或将要提供的服务”；三是明确工资的支付方式，即不论名称或计算方式如何，均应以货币结算，即采取货币形式支付；四是明确了工资支付的标准，即应依照由共同协议或国家法律或条例的规定以及书面或口头劳动合同的约定。

与工资比较接近的概念有薪水、薪酬和报酬等。薪水（salary）一词大概出现于20世纪20年代，盛行于80年代之前，一般用来指脑力劳动者的收入。白领阶层就属于这类雇员。他们的报酬一般是企业在每一单位时间（例如一周）后，一次性支付给员工的一个相对固定的报酬数额（如周薪等）。薪酬（compensation）概念在80年代之后开始被人们普遍接受，是指劳动者从企业等用人单位得到的所有经济性报酬，不仅包括工资、奖金、津贴等货币报酬，也包括各种福利和实物报酬等。而报酬（rewards）的含义更广，不仅包括劳动者得到的货币和实物等经济性报酬，而且包括劳动者从工作中得到的职业发展机会、在职培训、精神上的满足感等非经济性报酬。

工资是劳动力市场活动中劳动力交换的支付手段，在调节劳动力供求关系中起重要作用。但工资对劳动力供求关系调节的作用只有在劳动人事、工资分配、社会保障制度全面改革，劳动力供求关系进入到工资决定的情况下，它才具有真正的市场支付手段意义。

4. 劳动力市场组织者

劳动力市场组织者通常是指劳动力市场机构，它是劳动力市场赖以存在和运行所必需的硬件要素，它指的是劳动力供需双方洽谈和互相选择的场所，也是最直接体现劳动力市场的组织形式。硬件要素是相对于软件要素而言的，劳动力市场的存在和运行还依赖于软件要素，即指导市场发展的理论认识、思想观念、信息等导向性要素。

三、劳动力市场的特征

1. 劳动力市场的一般共性

市场经济条件下的劳动力市场与其他生产要素市场有明显的共性，如存在供给和需求双方，在生产要素所有权或支配权发生转移时，需求方要向供给方支付费用（即价格）；费用（即价格）受供求关系的影响，生产要素的流动亦受价格的影响等。具体而言，劳动力市场与其他生产要素市场的一般共性主要表现在以下五个方面：

（1）一般市场规律的可循性

劳动力市场遵循市场的一般规律，如价值规律、供求规律等。劳动力市场上的供给和需求通过劳动力的流动而发生变化，供求关系的变化和价值规律等市场机制的作用促进并实现了劳动力资源的优化配置。

（2）信息传导的交互性

劳动力市场是一个开放的市场体系，它与其他市场体系处于相互联系和相互作用之中。劳动力市场接受外界信息，并做出反应，向外传递信息信号。

（3）资源配置的竞争性

竞争性是市场的属性，有市场必有竞争。在劳动力市场上，有为数众多的劳动者之间竞争的单位和岗位，为数众多的用人单位之间竞争的高素质劳动者。在竞争性的资源配置过程中，劳资双方互相选择，优胜劣汰。

（4）市场层次的可分性

劳动力市场由于地区、行业、部门或所有制的不同在客观上形成层次可分性。这不同于用行政手段分割劳动力市场，而是表现了不同劳动力市场之间的区别和联系。

（5）市场运行的规范性

市场经济是法制经济。劳动力市场的管理和运行同样要法制化，要有规范市场行为的准则，以保证市场机制有序运行。

2. 劳动力市场的特性

劳动力市场同时也是一个相当特殊的市场，这是由劳动力要素区别于其他生产要素的特殊性决定的。劳动力依附在劳动者的身上，只能被转让租借，不能被买卖。同时，劳动力生产要素效用的发挥，取决于有主观能动性的劳动者。总之，劳动力市场与其他要素市场相比，呈现出自身的特点。

（1）劳动力市场的交易关系是契约关系，确立劳动力使用契约是劳动力市场的基本内容

劳动者本身不是商品，不能被出卖和购买，即使通过市场交易发生支配权的转移，他们对自身的劳动力仍拥有所有权。劳动力永远不能脱离劳动者而独立存在，其所有权永远属于劳动者本身。

劳动力市场的交易是劳动者在保持劳动力所有权的前提下，在一定时期内有偿转让劳动力的使用权，它反映的是一种契约关系。劳动力市场的价格就是劳动力租金，契约本身规定了平等双方在契约期限之内的权利、义务和责任。确立劳动力使用契约是劳动力市场的基本内容。

（2）大量非经济因素影响劳动力市场交易

在劳动力市场上，劳动力使用价值的表现即劳动。劳动作为一个人脑力、体力的消耗过程，是劳动者从事的活动，是不能脱离劳动者而独立存在的。而劳动

者具有主观能动性和意愿，他们不仅要满足自己基本的物质生活需要，而且有安全感、社会地位、自我实现等情感和更高生活目标的诉求。他们在劳动力市场的交易过程中，不仅关注工资即劳动力的价格，而且关注其他大量的非经济性因素。因此，在雇佣交易中，价格外的非货币因素有工作环境、伤亡风险、人际关系、领导方式等，也将同工资一起对劳动力租让能否成交发挥相当大的影响作用。尤其在发达国家的劳动力市场上，工资已处于不太重要的地位。

（3）劳动力市场交易主体地位不对等，劳动者处于弱势地位

劳动力市场交易主体地位是不对等的，无论劳动力的质量如何，劳动者在市场上的地位总是相对较弱。由于劳动力商品本身的特性，它存在劳动者的脑体里，不能与其分离，不能被存储起来。劳动者为了维持生计必须向市场持续不断地提供劳动力，因而当需求不足时，他们会处于极其不利的地位。再加上劳动力往往处于分散状态，而企业则相对集中，且与雇主相比，劳动者缺乏与市场条件有关的各类信息，因此他们的谈判地位就进一步恶化了。这样就在现实中导致失业、低工资、恶劣的劳动条件等一系列社会问题的发生与发展。因此，政府的干预和调控就显得尤为重要，即通过各类组织机构的介入和各种法规政策的制定来保障劳动力市场中劳动者的权益。

（4）劳动力市场交易主体呈现出显著的多样性和复杂性

劳动力市场供求双方都存在巨大的差异性，劳动力市场交易活动本身是供求双方一系列的复杂选择过程。一方面，劳动者彼此不同，其各自的体力和脑力，如年龄、背景、教育、经验、技艺、品性、心理素质等都有诸多不同。另一方面，企业也千差万别，如工资收入、工作条件、地理环境、交通状况、文化氛围、发展前景、人际关系等。劳动者在选择单位时，要根据个人的具体情况和偏好，对各种因素进行比较权衡；而企业在选用劳动者时，也要考虑他们的专业特长、道德修养等多方面的因素。因此，在交易正式进行之前，双方都需要花费一定的精力和成本来收集和分析与交易有关的市场信息。除了价格因素外，其他大量非价格信息也是重要参考，而它们的获取和对它们的判断往往很困难且具有随机性。所以，与产品市场相比，劳动力市场上的交易成本更昂贵，交易过程更长。例如，实行劳动试用期就是把劳动力交易从流通领域延伸到生产领域中继续进行。

四、劳动力市场的类型

1. 主要劳动力市场和次要劳动力市场

劳动力市场上存在一种很令人困惑的现象，那就是同工不同酬。许多经济学

家对这个现象进行了研究，具有代表性的要数美国经济学家彼得·多林格尔（P. B Doeringer）和迈克尔·皮奥雷（M. J Piore）。他们在“双重劳动力市场模型”中，首次提出了主要劳动力市场和次要劳动力市场，并分析了二者的主要特征，见表4—1。劳动力市场的这种二元性在中国非常普遍，也有学者将上述劳动力市场分为一级劳动力市场和二级劳动力市场。

表4—1　　主要劳动力市场和次要劳动力市场特征对比一览表

比较项目 \ 劳动力市场类型	主要劳动力市场	次要劳动力市场
工资待遇、福利情况、流动性	工资福利高，工作条件好，晋升机会多，劳动流动性差	工资福利低，工作条件差，晋升机会少，劳动流动性强
在职培训	广泛	少，甚至没有
市场特性	受市场竞争影响小，是内部劳动力市场的一部分	受供求影响大
流动方向	可以向次要劳动力市场流动	很难向主要劳动力市场流动

2. 中心劳动力市场与外围劳动力市场

中心劳动力市场的需求方往往是具有市场垄断力量的公司，聘用的劳动力素质较高，工会组织也较发达。外围劳动力市场上小企业众多，竞争性强，利润率低，劳动成本占总成本比例高，劳动力报酬低，就业不稳定，工会组织一般不发达。

3. 内部劳动力市场与外部劳动力市场

内部劳动力市场，即在一个大型企业或组织内部的劳动力市场，内部劳动力市场有三个基本特征：第一，有高度的组织与管理。劳动力的定价与配置受一套管理规则和程序调节，这些规则与程序代替了供给与需求的力量。第二，把特权地位给予已经聘用的人而不是外部人。内部人在很大程度上免除了来自外部人经常性的竞争，外部人只能在有限数目的低级工作位置范围内进入内部劳动力市场，其他空缺职位通常以提升形式由内部补充，即存在工作阶梯。第三，工资常常高于当地平均工资水平，规则与程序受外部劳动力市场的影响相对较少。

内部劳动力市场在日本企业中相当普遍，日本采用的是终身雇佣制。受企业长期雇佣的员工重视预期收入、晋升机会和福利待遇。对工人来说，工资随着工龄的延长而逐步升高。对雇主来说，可从以上这样一个生命工资模型中获益。西方有些经济学家认为，内部劳动力市场具有刺激效应，即更高的工资只有在一个人生涯的终点才能达到，它刺激工人努力工作到足以保证不断提升、直至达到这些位置为止。如果刺激效应足够大，企业就能付出一个稍高于现值的生命工资，在这种情况下，企业和工人都从工资支付中受益。

4. 有组织的劳动力市场与无组织的劳动力市场

在发达国家，有组织的劳动力市场由工会会员组成，通过集体谈判进行劳动交换。无组织的劳动力市场通常不进行集体谈判。

5. 公共部门就业市场与私营部门就业市场

公共部门的目标是满足社会对公共产品和服务的需要，其劳动力需求弹性大。私营部门的直接目标是追求企业利润，其劳动力需求弹性较小。同时，公共部门与私营部门在雇佣方法、工资报酬和管理制度等方面也有很多差异。

第二节 劳动力市场与就业的关系

劳动力市场有其自身的运行机制，它是一般市场机制在劳动力这一特殊商品上的表现。劳动力市场的运行是通过各种经济因素和非经济因素来实现的。其中经济因素是指劳动力供给、劳动力需求、价格等基本的市场要素；非经济因素包括以工会、政府及大型企业为核心的组织要素，以及以阶层、文化、习俗为中心的社会要素。劳动力市场上各种经济因素和非经济因素在其运行机制的作用下，推动着劳动力市场的正常运行，实现了包括就业在内的劳动力市场的各项功能。本节主要讨论劳动力市场的基本运行机制及劳动力市场的就业功能。

一、劳动力市场实现就业的机制

劳动力市场是实现就业的基本场所，其实现就业的机制取决于劳动力市场本身的运行机制。劳动力市场的基本运行机制，由相互联系和相互制约的供求机制、竞争机制和工资机制所组成。以供求为核心的经济要素直接参与劳动力市场的运行，决定劳动力市场的工资和劳动力资源的配置。

1. 劳动力市场的供求机制决定了就业的规模和水平

供给和需求是市场的基本要素。供求机制是供求双方矛盾运动的自我协调机制。完善的供求机制应该反映劳动力价格（即工资）与供求关系的内在联系。一方面，供求关系影响工资，当劳动力供给超过社会需求时，工资下降，反之，工资上升；另一方面，工资高低也反过来影响需求。工资下降，整个社会对劳动力的需求就会增加，劳动力的供给随之相对减少；反之，整个社会对劳动力的需求就会减少，劳动力的供给随之相对增加。

劳动力市场的供求状态总是处于变化当中。劳动力的需求受到多方面因素的影响。从宏观上看，影响因素有国家产业结构政策、宏观经济发展规模及水平、城市发展速度等；从微观上看，影响因素有企业劳动生产率、企业技术结构、企业经济结构规模及劳动力价格水平等，而人口的变化和现代教育的发展也使得劳动力的供给在数量和质量方面不可能一成不变。所以，供求关系总是处于不断变化之中，从而产生供求之间的矛盾。这个矛盾通过供求机制的作用，借助劳动力的流动和价格的波动来解决：当劳动力供大于求时，价格下降，供给减少；当劳动力需求大于供给时，价格上升，劳动力供给增加。劳动力市场的供求运动是在“看不见的手”的调节下，不断由供求不平衡到平衡，由平衡到新的不平衡，再到新的平衡的动态过程，其平衡状态是偶然的，而不平衡则是经常的。实际上是劳动力供求与劳动力价格（即工资）相互联系、相互作用的运动过程，它集中体现了供求机制在劳动力资源配置方面所发挥的调节作用。

在依靠市场自身供求机制调节的同时，还应加强对劳动力市场供求状况的预测和监控，通过经济、法律或者行政手段适当干预，促成劳动力市场供求关系的动态平衡。

2. 劳动力市场的竞争机制提高了就业的效率与劳动者的质量

竞争机制是劳动力市场上供求双方优胜劣汰的选择机制，它反映劳动力商品在交换过程中供求双方的互相选择，以及劳动力供应者之间、劳动力需求者之间出于自我利益的考虑进行竞争的有机联系。具体表现为劳动者在与生产资料结合过程中所产生的择业竞争与在业竞争，以及企业为求得优秀人才而进行的人才竞争。

现代企业竞争的关键是人才的竞争。由于生产要素的多寡、质量的高低在某种程度上决定了企业生产经营效果的好坏。一方面，为了在市场经济中获得最大的利益，立于不败之地，企业竞相争取优秀的人才；另一方面，劳动者之间也会展开竞争。劳动者不仅有追求经济利益的动机，期望获得较高的报酬，同时也希望在工作环境良好、发展空间广阔的企业就业，取得较高的社会地位，实现自我价值。不同劳动者的需求偏好不一，但都把理想的职业和岗位视为实现经济利益和社会利益的途径。另外，劳动力的供求双方也会产生竞争。总之，竞争的实质是经济利益的竞争，它是市场经济的普遍规律。

竞争机制的作用不是孤立的，它同供求关系、工资变动等因素紧密结合，共同发生作用，反映着竞争同劳动力供求关系、工资的有机联系。首先，劳动力供求的不平衡为竞争机制的运动提供了外部条件。在劳动力市场上，供求的矛盾借助于劳动力价格波动，始终在“不平衡—相对平衡—新的不平衡”这种运动状态中循环往复。供求矛盾促使劳动力供给者和需求者双方为实现各自利益而展开供给方之间或需求方之间的竞争。而通过竞争机制的优胜劣汰，使劳动力供求双方在相互选择、自由流动中实现相对平衡。其次，工资变化成为竞争的手段。劳动力供求双方都借助工资这一市场要素作为竞争的有效工具，争取在市场的选择中处于有利地位。如果某类劳动力供不应求，竞争则主要在企业方面展开。企业通过提高工资水平、提供更优厚的福利待遇等作为竞争手段，以便招聘到高质量的优秀人才。当劳动力市场供大于求时，劳动者之间也会将工资水平和个人劳动技能作为竞争手段，以战胜竞争对手，获得理想的工作岗位。

竞争同劳动力供求、工资变动相互联系、相互制约，形成劳动力市场的自我选择机制。它促使企业提高劳动力的利用效率，提高企业劳动生产率；它也促使劳动者不断加强学习，努力提高个人素质，以适应社会和企业的需要。竞争的最终结果将有助于劳动力与生产资料两大生产要素达到最佳配置。

3. 劳动力市场的工资机制有效地调节了劳动力供需匹配

工资机制是劳动力市场竞争过程中的重要的自我制衡机制，它反映在工资变动与供求变动之间相互制约的有机联系和运动上。工资机制就是劳动力价值或工资自发形成的过程。

劳动力市场价格的基础是劳动力价值，它由生产和再生产劳动力商品所必需的生产费用所决定。在价值规律的作用下，劳动力市场上供求双方的竞争形成了工资。市场上的供求与价格之间是双向运动、相互作用的。劳动力供求比例的变化引起工资变化，而工资的变化也会引起劳动力供求的变化。当劳动力供给大于需求时，工资呈下降趋势；当劳动力需求大于供给时，工资呈上涨趋势。同样，工资下降，使劳动力供给减少，需求增多；工资上涨时，劳动力供给增多，而需求减少。在这种关联之中，供求逐步趋向一致。

在市场经济中，工资是企业衡量人力投入、进行成本核算的依据，是劳动者个人提供劳动能力，按劳动贡献获取劳动报酬，从社会获得消费资料，借以谋生的一种手段。所以，在利益驱动之下，工资水平影响企业的劳动力需求，也指示着劳动者的择业方向，激励其提高自身素质。所以，从宏观来看，工资是调节劳动力资源在不同地区、不同行业和岗位之间流动和合理配置的经济杠杆。

总之，劳动力市场是在工资机制、供求机制和竞争机制的共同作用下，形成自己有序的运行：工资上升，劳动力流入，供给量增加，竞争加剧，导致供过于求；工资开始下跌，劳动力流出，供应量减少，导致供不应求，工资又开始上升。在三大基本机制的交互作用中，市场运动不断循环往复进行。

二、劳动力市场的就业功能

1. 劳动力市场对劳动力资源的配置模式

按照经济学原理，就业是将生产的三项要素——自然资源（土地或者物质要素）、劳动力、资本——结合在一起，进行有效益的运用，即就业的实现。劳动力资源的配置问题，是经济理论研究与现实经济管理的重大问题，为经济学家和经济管理工作者（尤其是宏观和微观经济决策者）所高度关注。

资源配置的有效性，除了自然资源、劳动力资源和资本资源三个方面的条件外，关键在于配置方式。总体而言，劳动力资源配置的方式分为三种模式：

（1）自然配置。在自给自足的自然经济条件下，资源的配置往往是很简单、很容易的事情。在典型的自然经济——小农经济条件下，劳动者开展土地上的耕作、春种秋收，劳动成果大部分用于自身消费，少量用于交换其他生活必需品。

（2）行政配置。资源的行政配置，即一定的管理者对自己所管辖的资源直接进行配置。“行政”一词的含义是执行命令，对下属指挥与管理。因此从管理的角度看，资源的行政配置是一种命令经济、管制经济。作为生产要素中的主体——劳动力资源，处在一种被动的、被他人配置的思维，自身的差异性、选择性或主体能动性等被忽视或漠视，这时的配置主体是政府的行政部门（计划、劳动和人事部门）。各个生产单位没有选择资源和配置资源的权力。政府行政部门对全社会的劳动力资源、自然资源和资本资源进行统计、规划和分配，将劳动力资源分配到各个部门、行业和企业，企业在得到政府认可后，才能从政府手中得到劳动力资源。

（3）市场化配置。资源市场配置，需要将配置的经济资源通过市场的途径来实现。这种模式需要具备资源供给和需求双方见面的场所，需求者从供给者手中接受资源时要用货币衡量和交换，让渡的价格以资源本身的价值为基础，由市场上该项资源的供求数量关系决定。

劳动力资源的市场配置，是以劳动要素的生产成本（人力投资）以及企业对其劳动产出的预期为基础，以劳动供求关系决定的工资为条件，通过供求双方的自由选择而完成的。这里抽象掉了个人求职的非经济因素。

市场配置是比自然配置和行政配置更先进的资源配置方式，它有利于经济运行，并对资本本身的生产起到信号作用，而且有利于资源配置后的使用，达到较大的经济效益。从实现配置本身来看，劳动力资源的供方是劳动岗位上的主体（即劳动者），劳动力资源的需方是将人、财、物配置齐全并组织生产的决策者，双方相互选择，能够使资源按照自身的条件被送到社会需要的劳动岗位上，这就是劳动力资源的合理有效配置。

但是，市场配置方式也有一定的缺陷。首先，它在供求结合上还不可能尽善尽美，供或求的信息不可能让对方全面了解，市场配置中的双方都有一定的比较选择，由此摩擦性失业就不可避免。其次，市场配置从理论上来说是给供方或者需方以成分的选择，但是劳动力资源供方个体之间存在差异性，如年龄、性别、学历等，差异性导致现实中存在很难被需方所吸收的一部分人。在这里，竞争的机会是平等的，但配置结果是不平等的。劳动力市场倾向于消灭低效率的就业，但在这个过程中，也不可避免地导致一部分人的失业。市场天生向效率倾斜而不向公平倾斜，因此，效率的取得往往是以公平的损失为代价的。这样，在劳动力资源配置上就可能出现为了取得经济效益而损害社会效益的可能。因此，需要采取一定的社会政策弥补其不足，如失业救济、组织培训等。另外，市场配置劳动力资源，会将剩余劳动力毫不留情地排斥出来，将其推向社会，形成失业大军，这除了造成社会问题以外，也在一定程度上意味着劳动力资源的浪费。

2. 劳动力市场的就业功能

劳动力市场是劳动力供给、需求状况以及二者结合的直接反映，是社会人力资源的流向指南，也是个人参加教育培训活动的导向系统。劳动力市场可以反映一个国家或地区的经济繁荣或衰退的状况，是宏观经济运行景气程度的晴雨表。作为劳动力资源配置的场所、过程和调节机制，劳动力市场对社会就业有积极的作用。劳动力市场的就业功能主要体现在以下几个方面：

（1）市场经济下的劳动力市场是实现就业的途径。市场经济条件下，劳动者和用人单位是两个主体，劳动力市场是择业人员自主进入工作岗位的媒介，它提供了衔接双方的平台，使得双方在相互尊重意愿的基础上进行双向选择，以实现劳动力资源和生产资料的有效结合：企业获得所需的人力资源，劳动者实现就业。劳动力市场的存在可以调动劳动供给一方积极寻求就业岗位，发挥其促进就业的功能。

（2）工资使得劳动力的供求达到有效匹配。劳动力市场的一个基本功能就是通过价值规律和竞争机制的作用，把劳动力资源配置到效益较好的部门、行业和环节中去，从而提高整个经济运行的效率和活力。在现实生活中，影响劳动力需求和供给的诸多因素都处于动态变化中，供求关系也在不断变化。而在诸多影响要素中，工资对劳动力资源的配置起着关键性作用。工资调节着劳动力资源在不同职业、行业和地区之间的流动，工资使得劳动力的供求达到有效匹配，劳资双方实现对资源的有效利用。

（3）劳动力市场使劳动力流动转换得以有效实现，调节了不同行业、区域的劳动力供需，极大地促进了就业。劳动者是有主观能动性的生产要素，在从业过程中因受诸如价值观念、职业目标等主观因素和行业前景等客观因素的影响，劳动者对其所在的岗位、单位、行业等的认可度和满意度均可能发生变化，进而产生职业转换的愿望和需求。劳动力市场便成为劳动者就业转换的媒介，它是连接劳动者和企业的纽带，为劳动者能够找到更好地发挥自身才干的岗位提供了可能，有利于发挥劳动者的积极性，从而更好地将其自身才能转化为企业和社会的价值和财富。

(4) 劳动力市场存在的择业者竞争和用人单位对员工的选择对劳动者提高自身素质和主动就业产生引导作用。竞争是市场机制的基本组成要素，劳动力市场上的就业竞争会造成压力，同样也会产生动力，从而加快了劳动力市场主客体的发展和优化。在劳动力市场上，那些技术素质高和工作责任感强的人受到用人单位的青睐，能够顺利就业并取得较高的收入；相反，那些技术素质低、工作责任感较差的人则处于被动和劣势地位。就业竞争、优胜劣汰有利于充分发挥劳动者的积极性、主动性和创造性，一方面，鞭策着他们客观地认识和评估自己、不断提升自身的能力和素质，增强就业竞争力，另一方面，也激励着他们珍惜就业机会、积极工作、稳定就业地位。

(5) 劳动力市场信号引导并促进了就业与再就业。在现实经济生活中，劳动力市场存在某些失业现象，原因包括劳动者自身素质和技能结构与用人单位的需求之间存在较大差异；职业转换中劳动者和用人单位的信息不充分产生的暂时性矛盾；教育结构与经济结构的不相适应而导致的学校培养与社会需要脱节，造成一些学无所用的人在劳动力市场上闲置等。因此，在劳动力市场的运行过程中，市场信号发挥着十分重要的导向性作用。一方面，促使失业者积极参加各种职业转换的培训和职业教育，按照社会需求调整自己的专业技能结构，以求尽快就业；另一方面，也为教育部门、职业培训部门提供某些专业技术素质劳动力的需求信息，促使他们根据社会需求不断调整课程设置和专业设置，从而为社会积极培养所需的人才。劳动力市场的建立和运转，可以使摩擦性失业、结构性失业有所减少，可以矫正错误的择业行为，避免劳动力盲目流动。

由于市场总是优先强调效率，劳动力市场则强调人力资源配置的效率，作为一种人力资源有效配置的场所，在劳动力市场实现就业的同时，也不可避免地伴随着失业的产生，可以说失业从来都是与劳动力市场的运行相依相伴的。也就是说，通过劳动力市场的运行可以实现就业，但不能保证充分就业。充分就业需要通过一系列国家就业政策、法律、社会保障制度的建立及人力资源培训等一系列措施的采用而得以实现。

第三节 实现与促进就业的劳动力市场条件

前一节分析了劳动力市场的运行机制及其在促进就业方面的功能，但严格地说，只有理想的劳动力市场才具有这样的功能。完善劳动力市场机制，是建设社会主义市场经济和有效促进就业的重要命题。本节首先讨论劳动力市场运行的障碍和缺陷，进而研究有利于促进就业的劳动力市场的条件。

一、劳动力市场运行中存在的障碍和缺陷

在价值规律的作用下，劳动力市场的运行机制自发地调节着劳动力资源的配置。但是，劳动力市场机制并不是一种完美无缺的资源配置方式，它存在着自身难以解决的局限性和障碍①。

1. 信息缺陷和信息偏误制约了劳动力市场的互惠交易

信息缺陷和信息偏误也被称为信息障碍，它的存在使得劳动力市场不能达成互惠交易。从理论上讲，要实现劳动力资源的最优配置，必须以供求信息的全面和完全传递为前提，即企业能了解社会上全部劳动力的供给情况，而劳动者能掌握企业的各方面信息。但在实际中，劳动力的供给和需求受到职业、行业地区等限制，信息的流动与传递是不完全的，也是非对称的。因此，当交易双方信息掌握不充分时，必然有一方在进行选择时处于盲目的状态。企业缺乏必要的信息，就难以把合适的人配置到合适的岗位上；劳动者缺乏必要的信息，也会出现职业选择面过窄、选择不当，甚至不能就业等问题。

2. 市场自身的缺陷干扰劳动力市场达到最优均衡

市场自身的缺陷是指存在有效需求不足、工资刚性，或者交易参与主体由于观念或习惯的干扰使得劳动力市场不能达到最优均衡。

(1) 有效需求不足阻碍就业的实现

劳动力需求是一种派生需求。换句话说，企业之所以需要雇佣工人，是为了生产、销售产品或提供服务以获得收益。所以在劳动力市场上，企业对劳动力的需求依赖于产品市场上消费者对最终产品和服务的需求。产品市场总需求（有效

① 沈琴琴．劳动经济学．北京：中国劳动社会保障出版社，2008．31-32

需求）不足，经济能力不能充分发挥，就不能在劳动力市场上转化为企业对劳动力资源的需求，这将阻碍劳动力供求的结合，进而阻碍就业的实现。

（2）工资刚性导致失业

工资是劳动力市场的重要经济要素，它的变化直接调节着劳动力的供给与需求。市场机制能够完全发挥作用要求工资是弹性可变的，即当劳动力供给大于需求，工资下降；当劳动力需求大于供给，工资上涨。但在现实的劳动力市场中，工资作为劳动力的价格，往往具有相当大的刚性。因为主观上人们消费达到一定水平，要退回去习惯一种更低的生活是很困难的，而且企业、工会、政府也会在一定程度上影响工资价格，使之存在下降刚性。工资的刚性使价格机制不能充分发挥作用，导致市场的非均衡，并引起失业。

（3）主观因素造成劳动力供求不能结合

作为劳动力的供给方，劳动者是有主观能动性的。他们在做出职业选择时，会对劳动力市场各方面的信息逐一收集、筛选、评价和判断。在这一过程中，劳动者本身的主观意识会直接指导和影响其行为。例如，当劳动者高估自己的能力、过于乐观估计社会劳动力的需求状况时，就会制定过高的职业目标。这样，择业时就可能出现挑肥拣瘦、高不成低不就的过度选择现象。过度选择的结果是劳动者在可能就业时不去就业，从而造成“选择性失业”问题，即人为造成劳动力供求不能结合的现象。

3. 制度障碍约束劳动力市场机制的正常运行

制度障碍是指劳动力市场的某些惯例、政策法规、体制安排给劳动力市场的运行机制造成了阻碍。劳动力市场的劳动力供求、就业和工资的决定机制受到一定程度制度结构的制约。企业、工会及政府，这些劳动力市场的组织机构为市场主体的行为划定了各类规则界限，为市场运行制定了各类法律制度。恰当的制度因素有利于克服市场机制的盲目性，充分发挥市场机制的作用，保护弱势群体。但另一方面，有些体制或政策性因素同时也会对劳动力市场正常运行造成一定的制约。如某些西方国家实行“高福利”政策，除了造成开支浩大、财政负担沉重等结果之外，也使得一部分人依赖高额失业救济为生而不去就业，这在某种程度行鼓励了一些人的懒惰和不就业，造成劳动力供给的变态退化。又如，在我国原计划经济体制下，政府对经济活动的控制过严，资源配置是行政管理模式，采取指令性措施的做法很难满足企业与劳动者双方的选择要求。

为使市场机制稳定地发挥作用，有效避免一些市场障碍和扭曲，政府要发挥积极和适当的作用。一方面通过劳动服务部门提供劳动力市场中介服务，另一方面健全和完善相关法律制度。以上举措有助于调节劳动力市场内在的不稳定性、削减障碍，以促使市场机制正常运行。

二、劳动力市场促进就业的条件

在市场经济条件下，劳动力市场运行自身存在的缺陷，促使劳动力资源配置必须遵循一定的原则，如公平竞争、保护劳动者权益、最低工资、非歧视等原则。同时，有利于促进就业的劳动力市场还需要满足以下几个基本条件：

1. 具备拥有双向选择自主权的供需双方

劳动力市场的供给方（即卖方）和需求方（即买方）必须确立其明确的市场主体地位，并具备为达到其自身的经济利益而进行双向选择的自主权。只有当劳动者和用人单位同时具备理性的自主选择权而出现在市场上时，才有可能出现符合经济原则的交易行为，才能完成在价值规律指导下、以劳动力市场价格的支付为媒介的劳动力商品使用权的转让。

2. 具备可调节的劳动力价格

劳动力市场的价格，即工资，反映了劳动力的价值并调节着劳动力的流向和流量，它是调节劳动力市场供求状况的主要杠杆，同时也反映了劳动力市场交易是否平等公正。因此，工资必须以劳动力价值为基础，并反映劳动力供求关系的变动，否则，一切市场机制的作用将会扭曲和变形。

在劳动力市场中，尤其是在成熟的劳动力市场，劳动力买卖双方的联系、谈判和协调是通过相应的机构实现的，因此，要实现灵活的工资标准，还必须充分发挥职业介绍所、企业人事部门和政府相关部门等的重要作用。一定的组织形式和机构，是劳动力市场运行的载体。

3. 具备劳动力市场正常运行的行为准则

劳动力市场正常运行的行为准则的建立旨在约束市场主体，告知当事人关于市场行为的规范，以此来保护正常的交易行为，并惩戒违规行为，从而将劳动力市场机制的运行引入正常的轨道。规范市场的运行需要明确市场主体的责任、明晰市场主体事权、确定合理的双方交易价值量以及惩罚规则等。良好地维系劳动力市场正常运行的行为准则有利于规范市场的运行，从而促进就业。

4. 具备通畅的信息交流渠道

加快劳动力市场信息化建设，是提高就业、再就业宏观决策水平的需要。信息交流渠道的通畅可保证劳动力买卖双方及时准确地掌握关于劳动者素质、劳动时间报酬、工作环境等一系列重要信息，从而有利于雇主和劳动者根据这些信息做出有关劳动力交易的正确决策。信息通道是否畅通，信息是否完备是判断劳动力市场运行效率的一个重要标志，而高效运行的劳动力市场必将促进就业。

5. 具备健全和规范的社会保障制度体系

社会保障制度体系能有效支撑劳动力市场的正常运转，社会保障体系不完善，就不能解除劳动者和企业的后顾之忧，这势必影响劳动力市场的正常运行及其功能的发挥。劳动力商品存在特殊性，它不像普通商品那样在退出市场时可以随意处置，而必须健全一系列的相关法律制度和社会配套措施，将其纳入社会经济循环的大系统之中。这些措施包括：

（1）健全和完善的失业保险体系，为暂时离开劳动力市场的群体提供必要的生活保障。

（2）健全和完善的职业技术培训体系，帮助失业群体进行必要的就业和再就业培训，提高劳动者适应市场需求的能力，以促进下岗人员再就业和失业人员再就业。

（3）建立高效率的市场交易组织（即交易中介），卓有成效地组织和协调市场主体参与市场活动，减少市场摩擦，降低交易成本。

（4）建立健全完善的退休养老保险体系，以确保劳动者在达到退休年龄，完成劳动参与之后能够在物质和精神上得到必要的保障和尊重。

为使劳动力市场机制稳定地发挥作用，有效避免一些市场障碍和扭曲，政府要发挥积极和适当的作用，建立健全规范的社会保障制度体系，以保证劳动力市场机制的正常运行，更好地促进就业和再就业。

【本章小结】

本章对劳动力市场与就业进行概括性介绍，主要讨论了劳动力市场的含义与特征、劳动力市场与就业的关系、劳动力市场存在的就业障碍，以及有利于实现和促进就业的劳动力市场需要具备的基本条件。劳动力市场是劳动力供求双方自愿进行劳动力使用权转让和购买活动的总和。劳动力生产要素的主观性与能动性决定了劳动力市场具有区别于一般要素市场的特征。劳动力市场上各种经济因素和非经济因素在市场机制的作用下，推动劳动力市场的正常运行，实现了劳动力市场的就业功能。同时，劳动力市场运行也存在依靠自身机制难以解决的局限性和障碍，需要合理的制度体系加以规范和保障。完善的劳动力市场有利于劳动力资源的优化配置，有效实现并促进就业，从而提高整个经济运行的效率和活力。

【复习题】

1. 劳动力市场的构成要素有哪些?
2. 劳动力市场的就业功能有哪些?
3. 劳动力市场运行存在哪些障碍和缺陷?
4. 有利于促进就业的劳动力市场需要具备哪些基本条件?

第五章

就业规模、失业及其度量

本章学习目的

1. 了解就业者与失业者的基本界定
2. 了解失业的分类及原因
3. 掌握就业与失业的度量方法
4. 了解中国就业与失业度量的缺陷

就业规模是就业最基本的范畴，也是检测劳动力市场动态的重要指标。本章将从总量角度对就业、失业的相关概念、衡量指标以及一般的变动规律等进行论述。

第一节 就业规模及其衡量指标

一、就业规模统计

就业规模是衡量就业总量的绝对指标，它是一定时间一定区域内从事有报酬的合法社会劳动者的总和，因此也可以称为就业者规模，这一指标反映了一定时期内全部劳动力资源的实际利用情况，是衡量一个国家或者地区宏观经济社会发展和国情国力的重要总量指标。

对就业规模的统计，是建立在对就业者的辨识基础上的。就业者通常也被称为就业人员或从业人员，无论国际上或中国，对就业者都是有比较严格的界定的。如第一章中所述，国际劳工组织将就业者界定为“在参照期内从事任何一种工作以获取薪酬或利润（或实物报酬）的人员，或者在此期间生病、休假或产生争议等理由而暂时脱离工作岗位的人员；凡在家庭企业或者农场从事无薪酬工作每天至少1小时以上的人员，也在就业统计之列”。但是各个国家在就业规模统计中对于年龄的统计口径略有不同，例如，俄罗斯是15～72岁，马来西亚和埃及等为15～64岁，乌克兰是15～70岁，大多数国家是16岁及其以上的劳动者。

中国对就业人员的界定是“在法定劳动年龄内（男16～60岁，女16～55岁），从事一定的社会经济活动，并取得合法劳动报酬或经营收入的人员。其中，劳动报酬达到和超过当地最低工资标准的，为充分就业；劳动时间少于法定工作时间，且劳动报酬低于当地最低工资标准、高于城市居民最低生活保障标准，本人愿意从事更多工作的，为不充分就业”。我国国家统计局对就业人员的定义统计口径为16周岁及以上，从事一定社会劳动并取得劳动报酬或经营收入的人员。总之，只有具备有劳动能力（如16周岁以上）、从事社会劳动、有报酬、合法劳动等几个基本条件的劳动者，才能被看做是就业者。

【案例一】

全球就业规模总体上呈现不断增加的趋势，但在不同时期增长的速度有所不同。2008年爆发的全球金融危机导致世界就业总规模的增加呈现放缓趋势，但依然是增加的趋势。从不同国家来看，世界各国的就业规模基本上都呈现出不断增长的趋势，但是就业规模和增长速度等都有很大不同。一般说来，人口规模大的国家，就业规模相对也较大，人口增长较快的发展中国家，就业增加也相对比较快。影响就业规模增长的因素很多，一般说来，总人口规模以及年龄结构的变化、经济发展的规模以及经济结构的变化、技术和对外贸易等都会对一个国家和地区的就业规模发生影响。

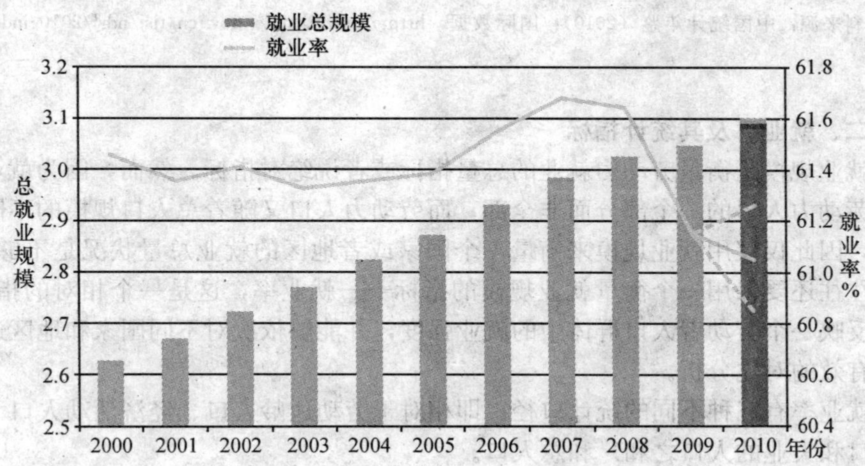

图 5—1　21 世纪以来全球的就业趋势

资料来源：ILO，Global Employment Trends 2011。

注：2010 年为预测数。

表 5—1　　　　世界部分国家的就业规模及变化（万人）

国家（地区）	1990	1997	1998	1999	2000	2004	2005	2006	2007	2008
中国	64 749	69 600	69 957	70 586	72 085	75 200	75 825	76 400	76 990	77 480
日本	6 249	6 557	6 514	6 462	6 446	6 329	6 356	6 382	6 412	6 385
韩国	1 808	2 111	1 999	2 028	2 116	2 256	2 286	2 315	2 343	2 358
加拿大	1 317	1 394	1 432	1 453	1 476	1 595	1 617	1 648	1 687	1 713
美国	11 879	12 956	13 146	13 345	13 521	13 925	14 173	14 443	14 605	14 536
法国	—	2 222	2 248	2 267	2 326	2 480	2 498	2 513	2 557	2 591
德国	—	3 581	3 586	3 640	3 660	3 566	3 657	3 732	3 816	3 873
意大利	2 145	2 041	2 062	2 086	2 123	2 240	2 256	2 299	2 322	2 340

续表

国家（地区）	1990	1997	1998	1999	2000	2004	2005	2006	2007	2008
俄罗斯①	—	6 002	5 786	6 041	6 507	6 507	6 728	6 817	6 886	7 057
英国	2 694	2 681	2 712	2 744	2 740	2 837	2 867	2 893	2 910	2 948
澳大利亚	784	839	855.3	875	895	962	997	1 022	1 051	1 074

注：①15 岁至 72 岁。

资料来源：中国统计年鉴（2010）：国际数据，http://www.stats.gov.cn/tjsj/ndsj/2010/indexch.htm。

二、就业率及其统计指标

就业规模是衡量劳动力就业的总量指标或者说绝对指标。然而，因为就业者只是劳动力人口的一个部分而非全部，而劳动力人口又随着总人口规模的不同而不同，因此仅仅用就业规模来衡量一个国家或者地区的就业总量状况是不够的，人们往往还要采用一个衡量就业规模的指标——就业率，这是一个相对的指标，可以反映一个劳动者人口群体中的就业强度，并能够依次对不同国家和地区进行比较有效的对比分析。

就业率有三种不同的统计口径：即相对于劳动适龄人口、经济活动人口（就业人口和失业的人口之和）和总人口。

1. 以总人口为基数的就业率统计——全人口就业率

全人口就业率是指就业人口与总人口的比重。其公式为：

就业率=(就业人口/总人口)×100%

该指标可以很好地衡量一个国家或者地区总人口中的就业者比重，可以间接反映人口年龄结构变化对就业的影响。国际劳工组织一般采用该统计口径来表示就业率。

2. 劳动适龄人口就业率。即是就业人口与劳动适龄人口的比重，其公式为：

就业率=(就业人口/劳动适龄人口)×100%

按照国际劳工组织的标准，劳动适龄人口是指 16 岁及其以上人口，联合国人口基金委员会则将 15～64 岁人口界定为劳动适龄人口。劳动适龄人口既包括就业者和失业者，还包括该年龄段以内那些非经济活动人口。因此，用这个指标衡量的就业率，能够很好地反映一个国家或者地区在劳动年龄段之内的潜在就业者的就业情况和就业强度，是一个比较好的指标，在我国很多研究分析和实际工作中都采用该指标。但是因为劳动适龄人口的年龄口径各个国家不一样，因此在进行国际比较的过程中，需要引起格外注意。

3. 经济活动人口就业率

经济活动人口就业率，是指就业人口与经济活动人口（劳动力）的比重，这个概念是以全体经济活动人口的角度对社会就业情况进行的度量。

就业率=[就业人口/经济活动人口=就业人口/(就业人口+失业人口)]×100%

该指标在分母中排除了非经济活动人口，但是非经济活动参与人口与经济活动人口之间是可以互相变换的，即非经济活动人口在不同情况下也完全可能转换为经济活动人口，因此不能反映劳动参与率的情况。笔者认为排除这一部分人来衡量就业强度是不合适的。此外，该指标与失业率指标相加为100%，实际上失业率已经反映了该指标所能反映的情况，因此，从这个意义上说，这种就业率指标也是没有必要存在的。

另外，在就业率统计中，对不同的群体也有不同的就业率统计。一种是根据年龄段来划分的就业率，一般用该年龄段的称谓来表示（如青年就业率）或直接用年龄组就业率来表示，其计算方法是该年龄段就业人口与该年龄段人口的比率。另一种是根据不同的人群来划分的就业率，如大学毕业生就业率，残疾人口就业率等，是该群体的就业人口与其总人口的比率。不同人群的就业率反映了该人群的就业状况与生活质量。

【案例二】

虽然各个国家和地区的就业规模相差很大，但是就业率的差异则相对较小（见表5—2）。另外，全球和各个国家就业规模总体上呈现比较稳定的上升趋势，但是就业率则不同，因为同时受到就业规模和相应的劳动适龄人口或总人口规模的共同影响，因此就业率在不同时期往往呈现出上升或者下降的波动趋势，例如，全球的就业率从2000年到2006年基本在61.4%附近波动，2006年到2008年有明显的上升，其后受到全球金融危机的影响，就业率呈现明显下降，降到了61.2%以下，对全球就业形势形成了严峻的挑战（见图5—1）。

表5—2　　世界不同地区的就业率%

不同地区	2000	2004	2005	2006	2007	2008	2009
世界	61.5	61.4	61.4	61.6	61.7	61.6	61.2
发达经济体和欧盟	56.7	55.9	56.2	56.7	57.1	57.1	55.5
中欧和东南欧（非欧盟以及独联体）	51.7	51.9	52.4	52.8	53.7	54.1	53.4
东亚	73.5	72.5	71.9	71.4	71.0	70.4	70.0
东南亚和太平洋地区	67.1	65.8	65.6	65.6	66.0	66.0	65.9

续表

不同地区	2000	2004	2005	2006	2007	2008	2009
南亚	57.5	58.4	58.5	58.7	58.8	69.0	59.0
拉丁美洲和加勒比海地区	58.1	59.2	59.9	60.6	60.9	61.3	60.6
中东	44.8	44.9	45.1	45.3	45.3	45.1	45.2
北非	43.9	45.2	45.4	46.0	46.1	46.5	46.4
亚撒哈拉非洲	63.5	64.2	64.3	64.8	65.1	65.2	65.2

注：就业率为就业人口与总人口的比值。

资料来源：Global Employment Trends 2011：The challenge of a jobs recovery/International Labour Office. -Geneva：ILO，2011 www. ilo. org/publns。

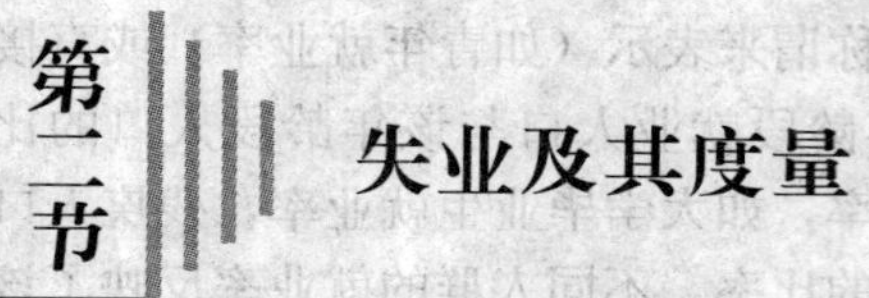

失业及其度量

失业是与就业相对的一个概念，也是最严重的就业问题。世界各国普遍存在着失业现象，许多国家都将控制失业和降低失业率作为政府宏观经济政策的重要目标，因此了解失业的概念及其衡量，分析失业的原因和危害，有重要的意义。

一、失业和失业者的概念

1. 失业

失业是一种社会现象或者状态，而失业者是指具体的人，二者在概念的表述上应有所不同。

关于失业，国内外学者有着多种不同的表述。国际劳工组织对失业的界定是：失业是指有劳动能力并愿意就业的劳动者找不到工作的一种社会现象。按照现代经济学的定义，失业是指劳动力完全处于闲置状态，具体表现为零工时零收入①。一般来说，能够并且愿意接受工作，并且在一定时间内通过劳动力市场做过努力，但仍然得不到工作岗位的现象，都可以看作失业。失业通常指公开失业，发达国家失业统计口径都是公开失业人口。

① R. Krishna，1973，"Unemployment in India"，Economic and Political Weekly，March.

结合我国实际情况，失业泛指一切有就业意愿和能力的适龄劳动者的无职业状态[①]。

2. 失业者界定

国际劳工组织对失业者的定义是：失业者是指在一定年龄以上，在规定的调查时间内没有职业或者工作时间没有达到规定标准，有劳动能力，正在寻找有报酬工作的人。具体来说，失业者包括：①因为工作合同已经终结或者暂时停止，目前正在寻找有报酬工作的人；②从未曾受雇工作，现在正在寻找有报酬工作的人；③已经退休，正在寻找有报酬工作的人；④目前尚无工作，但是已经安排好工作，正在等待就业的人；⑤暂时被解雇，而又没有工资收入的人[②]。

从以上概念可以看出，失业者必须具备三个基本要素：有劳动能力、有就业愿望、没找到工作。失业在各国普遍存在，然而各个国家根据自己的国情，对于失业者的认定标准并不完全相同（见表 5—3）。

1995 年，国家统计局与当时的劳动部在国际劳工组织专家的指导下，对中国失业者作了如下的定义：即 16 岁以上、有劳动能力、调查周内未从事有收入的劳动（具体是指劳动时间不到一小时）、当前有就业的可能（具体是指如有工作，两周内可以上班）并且正在以某种方式（具体是三个月内）寻找工作的人员。我国失业的定义应该说是采用了国际标准的，与国际劳工组织的失业定义基本一致。

1997 年，劳动和社会保障部（现人力资源和社会保障部）颁发了“关于印发修改后的《就业和失业统计报表制度》的通知”（劳部发［1997］64 号），其中失业人员是指城镇登记失业人员，即“在城镇常住人口中，在劳动年龄（16 周年至退休年龄）内，具有劳动能力、在报告期内无业并按照劳动部《参加工作登记规定》在当地劳动部门进行登记的人员”。同时指出，以下人员不列入失业人员统计范围：①正在就读的学生和待学人员；②已达到国家规定退休年龄而无业的人员；③未达到退休年龄但已办理退休（含离休）、退职手续而无业的人员；④个体劳动者及帮工；⑤家务劳动者；⑥尚有劳动能力但需要特殊安排的残疾人；⑦志愿性失业人员及其他不符合失业定义的人员。

然而，2003 年，劳动和社会保障部办公厅发布的《关于落实再就业政策考核指标几个具体问题的函》（劳社厅函［2003］227 号）对失业人员的界定再次进行了补充：“失业人员：在法定劳动年龄内，有工作能力，无业且要求就业而

---

① 张彦，陈晓强．劳动与就业．北京：社会科学文献出版社，2002．211

② 胡学勤，李肖夫．劳动经济学．北京：中国经济出版社，2001．281

表 5—3　　　　　　部分国家对失业者的定义

国别	失业者的调查口径
日本	劳动力调查。调查周中无工作，并进行求职活动，有工作能力的 15 岁以上者，包括等待过去求职活动结果的
美国	劳动力调查。调查周中无工作，过去 4 周（含调查周）曾进行求职活动，有工作能力的 16 岁以上者，包括暂时被解雇的工人和等待 30 天内开始新工作的
英国	职业介绍机构业务统计。调查日中无工作，有工作能力，向失业保险所提出救济申请（如失业保险、补助及免缴保险费等）的
德国	职业介绍机构业务统计。调查日中在职业介绍机构登记求职者，且希望 19 小时到 3 个月以上的付薪雇佣，有工作能力
法国	职业介绍机构业务统计。无工作，调查日中职业介绍机构提出应征固定全日制就业申请，进行求职登记，且能够立即工作的 16 岁以上的
意大利	劳动力调查中无工作，且正在求职的 14 岁以上者
加拿大	劳动力调查。调查周中无工作，过去 4 周（含调查周）曾进行求职活动，且有工作能力的 15 岁以上者的，包括自调查周起，4 周内有新工作的待业者
韩国	劳动力调查。调查周中无工作，有求职活动的 15 岁以上者
新加坡	劳动力调查。调查时无工作，具有工作能力，有求职活动的 15 岁以上者
菲律宾	劳动力调查。调查周中无工作，有求职活动的 15 岁以上者（包括因伤病或其他原因而未能求职者和暂时解雇超过 30 天者）
澳大利亚	业务统计。在联邦就业服务机构登记求职，过去 4 周进行求职活动的无业的 15 岁以上者

资料来源：张彦，陈晓强．劳动与就业．北京：社会科学文献出版社，2002．211～212

未能就业的人员。其中，虽然从事一定社会劳动，但劳动报酬低于当地城市居民最低生活保障标准的，视同失业。”将劳动报酬低于当地居民最低生活保障标准的纳入失业范畴。

在实际的劳动力调查中，对失业人员的调查口径出现了略微差异。根据国家统计局、劳动部（现人力资源和社会保障部）“关于布置城镇劳动力调查工作的通知”（国统字［1997］241 号），在劳动力抽样调查中所用的“失业人员”指的是：在一定年龄以上，有劳动能力，在调查期间无工作，当前有就业的可能并以某种方式寻找工作的人员。具体地，在城镇劳动力调查中对城镇 16 岁及以上，具有劳动能力并同时符合以下各项条件的人员列为失业人员：①在调查中没有从事为取得报酬或经营利润的劳动，也没有处于就业定义的暂未工作状态；②在某一特定期间采取了某种方式寻找工作；③当前如有工作机会可以在一个特定期间内应聘就业或从事自营职业。据此，在劳动力抽样调查中，下列人员均属于失业人员：①16 岁以上各类学习毕业、肄业的学生中，初次寻找工作但尚未找到工作者；②企业宣告破产后，尚未找到工作的人员；③被企业终止、解除劳动合同或辞退后，尚未找到工作的人员；④辞去原单位工作后，尚未找到工作的人员；⑤符合失业人员定义的其他人员。

与国外相比，西方国家由于不存在城乡二元化的社会结构，其失业率的统计范围是全社会的，而中国的失业人口主要是针对城镇劳动者而言的。此外，西方的失业人员包括符合失业定义的一定年龄以上全部人口，也就是西方国家的失业人员一般只规定年龄下限而不规定年龄上限，即包括已达到或超过退休年龄但符合失业定义的人员。西方国家的失业人员包括以各种方式寻找工作的人员，如刊登或回答报刊上的求职广告、委托亲友帮助、为自营职业做准备等。而中国失业统计不包括退休以后或者超过一定年龄以上的失业者。

二、失业的度量

对失业的衡量指标主要包括一般失业率、年失业率和自然失业率等。

1. 一般失业率

失业率与通货膨胀率一样，是反映一个国家经济运行状态以及社会发展的重要指标，因此备受关注。一般来说，失业率高低反映了经济发展状况的好坏。当失业率较高时，反映对人力资源的浪费，同时失业人口率高了人们的消费水平也将下降，将导致社会总需求减少，这将非常不利于经济的发展。同时，失业率还能反映社会发展状况。如果失业率过高，将会导致人们对社会的不满，严重时将会引起社会动乱。

失业率的衡量一般采用如下公式：

失业率＝(失业者人数/经济活动人口)×100％

＝[(失业者人数)/(就业人数＋失业人数)]×100％

对于失业率的统计计算，世界上主要发达国家由于国情的不同，也表现出一些差异。一些国家用总劳动力人数作为分母，还有一些国家是扣除了军人后的劳动力作为分母，不一而足。具体情况见表 5—4。

目前世界上许多国家一般采用两种失业统计方法，一种是行政登记失业率，另一种是劳动力抽样调查失业率。失业人员数据的获取一般都比较困难，主要通

表 5—4　　部分国家对失业率的计算

国别	失业率的计算（2）
日本	失业人数/总劳动力人数
美国	失业人数/非军人劳动力人数
英国	申请失业救济者/总劳动力人数
德国	登记失业人数/非军人劳动力人数
法国	失业人数/总劳动力人数
意大利	失业人数/非军人劳动力人数
加拿大	失业人数/非军人劳动力人数
韩国	失业人数/经济活动人数
澳大利亚	失业人数/非军人劳动力人数

资料来源：（1）郜风涛，张小建．中国就业制度．北京：中国法制出版社，2009．15

（2）熊鸿军，戴昌钧，就业与失业统计指标的国际比较及借鉴，商业研究，2009（10）．43-47

过三种调查方式取得：一是根据失业登记和申请工作登记的资料进行推算；二是根据失业保险统计资料及领取失业保险的统计数据进行推算；三是根据住户抽样调查获得。

【案例三】

表 5—5 和图 5—2 是国际劳工组织对近年来世界不同地区失业率变化的统计结果。可以看到，全球的失业率近年来波动较大，其中受到 2008 年金融危机的影响，全球失业率从 2006 年的 5.9%回升到 2009 年的 6.3%，其中发达国家的失业率更是从 6.3%上升到了 8.4%的高水平。从地区来看，欧盟国家和独联体国家、中东、北非以及亚撒哈拉地区的失业率基本上均在 10%以上，而东亚、东南亚和太平洋地区以及南亚地区的失业率相对较低。另外，受金融危机影响，欧盟国家失业率上升最明显，其次是东亚（包括中国），其他地区影响相对较小。

表 5—5　　世界部分地区的失业率情况（%）

不同地区	2000	2004	2005	2006	2007	2008	2009
世界	6.3	6.4	6.2	5.9	5.6	5.7	6.3
发达经济体和欧盟	6.7	7.2	6.9	6.3	5.8	6.1	8.4
中欧和东南欧（非欧盟以及独联体）	10.9	9.9	9.4	9.3	8.6	8.6	10.4
东亚	4.5	4.3	4.1	4.0	3.8	4.3	4.4

续表

不同地区	2000	2004	2005	2006	2007	2008	2009
东南亚和太平洋地区	4.9	6.4	6.3	6.0	5.4	5.3	5.2
南亚	4.5	4.7	4.8	4.6	4.5	4.3	4.4
拉丁美洲和加勒比海地区	8.5	8.4	7.9	7.6	7.0	6.6	7.7
中东	10.6	11.2	11.2	10.7	10.5	10.2	10.3
北非	14.1	11.9	11.6	10.5	10.2	9.6	9.9
亚撒哈拉非洲	9.0	8.6	8.6	8.0	7.9	7.9	7.9

资料来源：Steven Kapsos and Theo Sparreboom，globle employment trends _ 2011，www. ilo. org

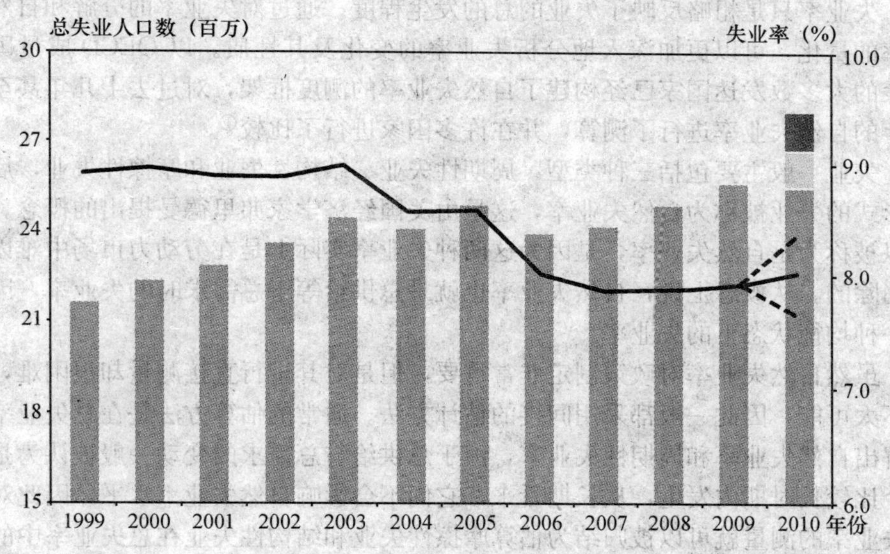

图 5—2　全球失业人口规模和失业率的变化

资料来源：Steven Kapsos and Theo Sparreboom，globle employment trends _ 2011，www. ilo. org

2. 年失业率

失业对经济、劳动者的影响不仅表现在失业发生时的水平，而且很大程度上表现在其发生后持续的情况，持续时间越长其造成的损害越大。所以有学者专门设计了可以将失业发生水平和失业持续时间结合起来进行测量的失业率指标——年失业率，年失业率反映了一定时期内失业的发生与持续对社会失业者个人的平均影响程度。计算公式如下：

$$u_a = (U_a / POP_a)(tn/52)$$

式中 u_a——年失业率

U_a——年内曾经失业人口

POP_a——年末经济活动人口数

tn——年内人均失业的长度（周）

年失业率是综合考虑了失业时期的长度而计算的失业指标，其中 52 周相当于 1 年的期限。等式右边的第二个部分实际上相当于给出一个失业时间占全年时间的比重，作为参数加入一般失业率之中。

3. 自然失业率

失业率只是粗略反映了失业的总的发生程度。通过对失业率的分解和自然失业率的量化，可以更加深入地分析失业率的变化及其性质。以 OECD 成员国为代表的大多数发达国家已经构建了自然失业率的测度框架，对过去十几年甚至几十年的自然失业率进行了测算，并在许多国家进行了比较①。

失业一般主要包括三种类型：周期性失业、结构性失业和摩擦性失业，后两种形式的失业被称为自然失业率，这是由美国经济学家弗里德曼提出的概念。之所以被称为是自然失业率，是因为这两种失业率实际上是在劳动力市场中难以完全消除的。从概念上说，自然失业率也就是总供给等于总需求时的失业率，因此是一种均衡状态下的失业率。

虽然自然失业率对政策制定非常重要，但是对其进行直接测量却很困难，几乎不太可能，因此一般都采用间接的估计方法。通常的估算方法是在总失业率中分解出自然失业率和周期性失业率，由于总供给与总需求的变动一般被认为是在一个比较长时期内发生，从长期看来，它们不会影响自然失业率水平，因此对自然失业率的测量就可以被归结为估算摩擦性失业和结构性失业在总失业率中的比重问题。

4. 衡量失业状况的其他指标

（1）青年失业

青年（16～25 岁）是社会的未来，但由于青年人缺乏工作经验、需要培训和喜欢更换工作等原因容易成为就业的弱势群体，而若青年人长期失业，就很可能会引发社会问题。

衡量青年失业的指标有：青年失业率，青年失业人数占青年经济活动人口数的比例；青年失业人数占青年人口的比重；青年失业人口占总失业人数的比重；

---

① 曾湘泉等著．面向市场的中国就业与失业测量研究．北京：中国人民大学出版社，2006．203

青年失业率与成年（26 岁及以上）失业率之比。

（2）长期失业

长期失业是从失业的期限上来说的，是指一年或一年以上的持续失业。长期失业会对劳动者造成很大的伤害，首先会使劳动者致贫发展；其次会使劳动者失去就业的信心。

国际劳工组织推荐衡量长期失业的指标有两个：长期失业率，是指某调查时刻的长期失业人数占全部劳动力（经济活动人口）的百分比；长期失业发生率，是指长期失业人数占同期全部失业人数的百分比。

三、失业的类型及其原因

对失业的考察可以有多个维度，因此也就可以分为多个不同的类型：

1. 按照失业的表现形式划分

按照表现形式，失业可以划分为显性失业（或叫公开失业）和隐性失业两种。

公开失业一般比较好鉴别，国外学者克里希纳（R. Krishna）将其定义为零工时收入。而他对隐性失业的界定则比较复杂，包括四个不同的标准：即在标准时间内，劳动者的劳动时间低于充分就业下的时间；或者劳动者的收入低于某种必要劳动报酬的最低限，或者劳动者愿意工作的时间低于目前工作的时间，或者劳动者从目前就业中撤出来将会减少产出，符合上述四个条件中的任何一个，都可以被看做是非公开的隐性失业。

2. 按造成失业的原因进行分类

按照失业的成因，可分为摩擦性失业、结构性失业、周期性失业、季节性失业。

（1）摩擦性失业

摩擦性失业是劳动力供给与需求在结合过程中出现的暂时或偶然失调所造成的失业。它通常起源于劳动力的供给方，也就是人们换工作或找新的工作时必须选择的时间代价。工作机会和寻求工作的人的匹配在经济中并不总是平稳发生的，结果人们时常得不到工作。摩擦性失业的持续时间不长。摩擦性失业也许在任何时候都存在，但是对任何个人或家庭来说，它是过渡性的。因此，摩擦性失业不被认为是严重的经济问题，而且可以通过改善有关工作机会的信息流而得到减少。

产生摩擦性失业的原因是：第一，劳动力市场具有一种内在的动态性；第二，信息是不完善的；第三，失业的劳动者和有职位空缺的雇主之间进行相互搜寻需要花费时间，以及洽谈所需要的时间。

摩擦性失业是一种正常性失业，是竞争性劳动力市场的一个自然特征，是高效率利用劳动力资源的需要。它的存在与充分就业不相矛盾。减少或降低摩擦性失业的方法是疏通信息渠道，改革现行经济制度，加强失业培训。

(2) 结构性失业

结构性失业是在人力资源总量供求平衡条件下，由于其供给与社会对它的需求之间在结构上不对应、不统一造成的失业。在现实经济生活中，结构性失业是极其常见的现象，表现为“有的人没事干，有的事没人干”。

产生结构性失业的原因，一是在某一地区，劳动力市场所需要的技能与劳动者的实际供给之间出现了不匹配。即求职人员不具备社会需求的职业岗位能力，或者求业人员对某类职业评价过低，不愿意从事该类行业或工作。二是劳动力供给和需求在不同地区之间出现了不平衡。如果工资率完全富有弹性，且职业流动或地区流动的成本很低，市场调节将很快使结构性失业消失。然而实际中很难满足这些条件，所以结构性失业会长期的存在。最有效缓解结构性失业的对策是积极的劳动力市场政策，包括超前的职业指导和职业预测、广泛的职业技术培训，以及低费用的人力资本投资计划等。

(3) 周期性失业

周期性失业也叫需求不足性失业，指由于经济繁荣与萧条的周期循环更迭所引起的劳动力市场供求失衡造成的失业。由于经济周期不能科学预测，持续期影响长度与广度等具有不确定性，所以这是一种严重而又难以对付的失业类型。周期性失业是由整个经济的产品和服务总需求减少造成的。经济中的总需求的减少降低了总产出，引起整个经济体系的一般性失业。当失业率高于6%时，周期性失业通常是主要原因。有效预防或延迟经济的衰退，以及在经济衰退期刺激总需求是解决周期性失业的有效手段。

(4) 季节性失业

季节性失业与周期性失业有些类似，也是因劳动力需求的波动而引起的，不过，季节性失业有规律可循，从而能被估计。季节性失业是指季节变动所导致的劳动者就业岗位的丧失。一般包括农业体力劳动者和建筑工人，如在耕种季节过后，对农业劳动者需求将下降，这种情况会一直延续到收获季节的来临。

季节性失业的原因是：第一，行业和部门对劳动力的需求随着季节的变化而波动；第二，行业随季节性的不同会产生购买的高峰和低谷。季节性失业是一种自然造成的失业，所以它有以下特点：地理区域性、行业性、规律性和失业持续期的有限性。加强对季节性失业的预测，编制季节性工人就业淡季预案是解决季节性失业的方法。

3. 按照失业者的意愿划分

按照失业者的意愿，也可以被分为自愿失业和非自愿失业两种。

自愿失业是指能够胜任某项工作的人因为拒绝接受现有工资报酬而放弃工作处于闲置状态的自愿失业者，这是由庇古最早提出的。自愿失业包括：为追求自身素质提高而失业；为追求更高收入而主动辞职；为寻求更好的发展机会而主动离职；为闲暇而离职等。

非自愿失业是指能够胜任并且愿意接受工作但是无工作可做的非自愿失业者。这是由凯恩斯提出的一个概念，认为在经济过程中，由于存在有效需求不足，因此，出现了一些人想工作却得不到工作的失业者。

自愿失业和非自愿失业都可以看做是公开性的失业者。

4. 按照失业的程度划分

按照失业程度以及对社会经济的危害，可以将失业划分为：①严重失业：失业率超过 20%；②较严重失业：失业率在 10%～19%；③一般失业：失业率在 6%～9%之间；④轻微失业：失业率在 5%以下。

5. 按照失业者的失业秩序划分

按照失业者的失业秩序，可以将失业划分为初次失业和再次失业。

第三节 中国失业度量的缺陷和改进

一、中国的失业度量

中国在改革开放之前，由于实行的是全员就业政策，在意识形态中认为失业是资本主义社会的特有现象，而社会主义公有制不存在劳动者与劳动资料分离的情况，不应该也不允许存在失业，因此无论是概念中或者统计中均没有“失业”之说。改革开放之后，大批知识青年返城，同时企业开始减员增效导致大批职工下岗待业现象出现，届时国内对此现象用“待业”一词来表示，并且认为“待业”与“失业”有着本质区别，分别属于社会主义经济和资本主义经济的差别范畴。20 世纪 90 年代，基于改革开放及向市场经济转轨的需要，我国开始承认“失业”这一表述，并从 1994 年起正式使用“失业”和“失业率”的概念，同时公开发布城镇登记失业率和城镇登记失业者人数。

我国政府失业统计中有两种统计方法，即城镇登记失业统计和城镇调查失业统计，这两种方法各有利弊，但城镇调查失业统计国家未做官方数据正式公布。

1. 城镇登记失业统计

我国政府失业统计口径中的“失业人口”，通常指城镇登记失业人口，指有非农业户口，在一定的劳动年龄内（16 周岁至退休年龄），有劳动能力，无业而要求就业，并在当地就业服务机构进行求职登记的人员。城镇登记失业率指城镇登记失业人员与城镇单位就业人员（扣除使用的农村劳动力、聘用的离退休人员、港澳台及外方人员）、城镇单位中的不在岗职工、城镇私营业主、个体户主、城镇私营企业和个体就业人员、城镇登记失业人员之和的比。计算公式为：

城镇登记失业率＝城镇登记失业人数/(城镇从业人数－使用的农村劳动力－聘用的离退休人员－聘用的港澳台及外方人员＋不在岗职工＋城镇私营业主＋个体户主＋城镇私营企业和个体就业人员＋城镇登记失业人口)×100％①

2. 城镇调查失业统计

国家统计局于 1995 年起建立了城镇劳动力情况调查制度，从此我国有了调查失业率。城镇调查失业率定义为城镇调查失业人数与城镇调查失业人数和调查从业人数之和的比值。城镇劳动力调查的对象是城镇 16 周岁以上，具有劳动能力并在调查周内未从事有收入的劳动、有就业可能且以某种方式寻找工作的人。调查失业率的调查口径借鉴了国际失业标准，这是我国失业统计的巨大进步。登记调查由原劳动部组织实施，抽样调查由国家统计局和原劳动部共同拟订调查方案，由国家统计局组织实施。

二、中国就业和失业度量的缺陷

我国就业与失业统计方面存在很大不足，主要表现为指标体系的欠缺和统计方法的不科学，下面将逐一列出我国就业与失业统计中的缺陷。

1. 就业与失业统计的年龄口径欠科学

我国就业与失业统计的年龄口径不统一。我国将劳动就业年龄规定为：男 16～60 岁、女 16～55 岁，同时规定登记失业年龄界限为：男 16～50 岁、女 16～45 岁。参照国际劳工组织或其他大多数国家的统计标准，通常只有年龄下限规定（16 岁），而没有上限规定（德国、意大利和俄罗斯除外）。随着人们生活水平的提高和医疗条件的改善，我国的人口的平均预期寿命已经超过 73 岁，有些城市甚至已经超过 80 岁（如上海），而对劳动就业年龄却不做变动，致使部分超过退休年龄人口仍然在岗工作，没有纳入就业统计之中；同样，部分已退

① 中华人民共和国国家统计局. 中国统计年鉴 2009. 北京：中国统计出版社，2009

休、身体健康良好、有劳动能力并有工作要求而无业的人（符合我国失业的定义），却没有包含在失业人口的统计中。

2. 就业与失业统计范围太窄

我国现行的就业与失业统计还存在几大死角，主要集中在农村人口、非正规部门和国企下岗人员都没有或不完全纳入就业与失业统计之中。仅就我国城镇就业与失业而言，通常以“城镇就业率”和“城镇登记失业率”替代，以户籍为依据，是二元户籍管理制度的产物，城镇登记失业人数主要来源于传统管理部门数字和自愿登记失业数据，有些虽已失业但没到管理部门去登记的失业人口没纳入统计中来，因此其统计的范围与国际通行的就业与失业统计相比要小很多。另外没有把大量的农村剩余劳动力纳入失业统计范围内。

3. “工作时间”定额太低

在我国的调查就业与失业统计中，用“1小时”的工作时间来界定就业和失业，显然太低，不能真实准确反映就业与失业的情况。有关就业统计时间标准，通常规定周工作时间35～40小时。而对于失业，美国规定在调查周内工作不满15小时，法国规定不满20小时即为失业。按照5天工作周计算，要求每天工作至少不少于3小时。对照上述标准，我国用“1小时”工作时间界定就业与失业明显有着不合理性，因为一周工作1小时，按照我国目前工资水平，一个普通人显然不能维持其正常的生活，用此来界定我国的就业与失业不能真实地反映我国劳动力市场状况。

4. 统计调查方法单一，指标设计不完善

我国目前所公布的“从业人数”和“就业率”大多是传统统计管理部门和部分抽样调查综合的结果，调查方法传统、单一，指标也不能全面反映我国劳动力市场的真实状况。同样，对于失业统计，我国在名义上参照国际劳工组织的标准，采用两套口径“城镇登记失业人数”“城镇登记失业率”和“调查失业人数”“调查失业率”。可是在实际操作和使用中，我国只是采用“城镇登记失业人数”和“城镇登记失业率”，而调查失业人数和调查失业率却从未做官方公布，这使我国的失业统计无论是调查方法还是指标设计上过于单一，必然导致失业统计结果偏低，并且我国就业失业调查的抽样比太低，以2000年城镇人口45 594万人计算，抽样比大约为1∶18 238，而美国的则为1∶1 600，可见这个比率太低了①。

---

① 郑庆安，夏远洋. 我国失业统计存在的问题与改革建议，对外经济贸易大学学报，2003（1）

三、中国就业和失业度量的改进

鉴于以上所列举的我国就业与失业统计体系中存在的问题，中国就业和失业度量应做如下改进：

1. 科学合理地界定统计口径

第一，在就业和失业命名和口径上同国际接轨。首先要在就业与失业的概念、内涵和外延上接轨。将我国所使用的“从业人员”和“待业”“停薪留职”“下岗”“在职失业”“剩余劳动力”等不规范或有争议的用语分别采用国际规范性术语“就业人员”和“失业”来替代。考虑到我国城乡社会经济发展的不平衡性，还可以分别采用“城镇失业”和“农村失业”两个既有联系又有区别的概念，切不可将农村视为失业的绝缘区。第二，在年龄上放宽或不限上限。国际劳工组织对就业与失业人员只有年龄下限，没有年龄上限。我国过去所设劳动年龄上限受一定的历史条件限制，符合我国当时的国情。现在可以考虑将我国就业与失业年龄与国际标准一致。

2. 拓宽统计范围

我国原有的就业与失业统计覆盖范围过窄，主要表现在：农村几乎成为统计的“真空”；城镇中的非正规就业统计还没有规范。农村人口中存在大量“隐性失业”（农村剩余劳动力）是个不争的事实。目前，失业统计要以常住人口抽样调查为主，同时人力资源和社会保障部于 2010 年 11 月 25 日颁发了《关于建立全国就业信息监测制度的通知》（人社部发［2010］86 号）来监测就业和失业情况，该部署依托各地就业服务机构，在全国建立就业信息监测制度，将劳动者个人基本信息、户籍及半年以上常住地变更信息、就业登记、失业登记等信息充分囊括其中。也就是说“下岗失业人员、高校毕业生、农民工、就业困难人员以及零就业家庭、享受城市居民最低生活保障家庭劳动年龄内的登记失业人员等就业重点群体”，均涵盖在新的就业信息监测之内。这样既使失业统计更完整，也能从宏观上指导和调控流动人口的就业。针对国有企业改革中遗留的“在编不在职”的怪现象，国家和企业统计部门应加强这一部分人员的就业与失业统计工作，实行跟踪调查和再就业登记工作，建立统一信息化管理，防止重复计算、漏算等现象。

3. 提高“工作时间”定额

国际惯常按照工作时间的 1/3 来确定就业与失业，按照我国周工作时间 40 小时计算，可以把在调查周内工作确定为 13 小时或 14 小时作为就业与失业的标准。

4. 改进现行统计调查制度、完善统计指标调查统计数据的准确与否很大程度上取决于调查方法，我国现行的统计制度基本上沿用原有制度，远不能满足市场经济时代的要求。要真正客观体现我国就业与失业的状况并进行国际比较，必须改进这一调查制度。

首先，我国应以抽样调查法作为就业与失业统计的主要方法，辅以登记调查等其他方法。在实施抽样调查方法中，借鉴以美国为代表的西方国家的经验，加大抽样的比率（美国为 1∶1 600，我国当前为 1∶18 238），以确保抽样调查的准确性。

其次，加大调查频度，完善统计方法。目前，我国公布的就业与失业统计数据是以年计的，这对实时的就业与失业没有太大的指导意义。可以借鉴 OECD 国家通用的数据模型，根据就业人数及其他就业数据的季度调整推算误差，然后再对数据进行实时修正。

最后，增设就业与失业统计指标，如不充分就业、农村失业、城市非正规部门就业、城镇隐性失业、农村隐性失业等指标。甚至在不同区域、不同产业和不同行业间设立二级指标，作为就业与失业统计的有益补充。在整个指标体系的构建过程中既要有科学理论与方法论指导，又要从我国国情出发；既要能体现就业、失业现象的基本特征，又要能与劳动统计指标体系结合起来，使之成为该体系的有机组成部分；既要有反映就业、失业人员的数量方面的指标，又要有反映其素质方面的指标；既要有总量指标，又要有反映结构和分布情况的相对指标。

【本章小结】

本章在对就业总量各种相关概念的界定基础上，对就业及失业进行科学的度量。首先对就业总量的概念进行明确的界定，介绍了就业的度量指标：就业的绝对量指标、就业规模和就业的相对量指标这两个指标。其次对失业的相关概念、失业的类型及原因进行了论述，并指出失业度量的各种指标。最后对中国就业和失业度量缺陷进行了分析，并提出了改进措施。

【复习题】

1. 名词解释

就业、就业者、就业率、失业、失业者、失业率

2. 简述失业的类型及原因。

3. 我国失业度量存在哪些缺陷？如何改进？

第六章

就业结构

本章学习目的

1. 掌握就业结构的概念
2. 了解就业结构分类
3. 掌握配第—克拉克定理
4. 掌握就业结构的影响因素

就业结构是一国经济结构的重要组成部分，它既是微观个体的经济行为在宏观经济中的反映，又是连接社会结构和经济结构的纽带，对经济运行和社会发展有着深远影响。

第一节 就业结构概述

一、就业结构的含义

1. 就业结构的概念

就业是劳动者从事一定的生产活动并赚取收入的经济行为，结构则是指组成整体的各部分间的比例与搭配。就业结构就是根据不同的标准对就业人口进行划分之后，各类就业人口之间的比例关系。它一般是指社会劳动力在国民经济各部门、各行业、各地区、各领域等的分布、构成和联系。就业结构反映了一个国家社会劳动力的利用状况及一个国家经济发展的方向与水平。

就业的实质是劳动者与生产资料的结合，这种结合必须具有合理性，即劳动者与生产资料在数量上必须保持恰当的比例，在质量上必须相互适应、相互协调。由此就业结构主要有以下三个特点①。

（1）历史性

就业结构是由一定的经济和社会发展规律所决定的，其变化是有阶段、有秩序、有规律可循的。影响就业结构的不仅有自然条件，但最根本的是经济和社会发展水平。无论是在世界范围内，还是在一国范围内，就业结构都有一个从低级到高级、从原始到现代的历史性发展过程。

（2）功能性

功能性是指就业结构本身在内部与外部联系和相互作用中表现出来的特有功用和能力。功能与结构是对应的，不同类型的就业结构具有不同的功能。就业结构要发挥其功能必须使得结构各层次、各要素之间相互协调。

（3）复杂性

就业结构本身存在复杂性。就业结构所包含的因素并非简单地罗列在一起，而是按照一定的规律和法则有序地划分和组合。

2. 研究就业结构的意义

---

① 杨河清，王守志. 劳动经济学. 北京：中国人民大学出版社，2006. 293

就业结构是反映社会经济发展水平的重要标志，其实质是劳动力这种生产要素的配置问题。由于劳动力的特殊性与重要性，导致就业结构的复杂与重要。

就业结构是经济结构的一个重要组成部分，它反映国民经济的总体发展水平以及社会劳动力资源投入方向的总体状况，在国民经济全局运行和就业活动中具有极为重要的意义。一个国家对于不同产业、不同部门投入劳动力，必然会造成就业结构的变动，进而影响国民经济的发展与经济结构总体的变动。

就业结构从属于经济结构，其中产业结构对就业结构有着决定性影响，但就业结构在一定程度上也影响着经济结构。影响就业结构的各种因素，会通过就业结构影响产业结构和其他经济结构。就业结构合理使经济结构合理，从而保障产出最大、效益最高，合理的就业结构是整个经济发展和就业增长的关键。判断就业结构是否合理的标志有：社会劳动力资源是否得到了充分利用，自然资源是否得到了充分开发利用，劳动时间是否得到了节约，人民生活是否得到改善等。

二、就业结构的分类

就业结构反映了劳动者素质技能与资本结合所形成的就业状态。就业结构一方面是指一个国家或地区从业人员总体中不同年龄、性别、文化程度和技能水平的人员比例；另一方面是指社会劳动力在国民经济各部门、各产业、各行业、各地区、各领域的分布、构成和联系。由此从不同角度，对某一就业总量的内部结构从多方面入手进行分析，产生了各种意义不同的就业结构。

根据一定的规律和法则，就业结构可划分成不同层次：宏观就业结构、中观就业结构和微观就业结构。宏观就业结构主要指一国范围内就业的地区结构、部门结构、城乡结构等。中观就业结构主要指某一地区某一行业范围内的就业结构。微观就业结构主要指企业内部的劳动组织（即劳动力）的构成情况。不同层次的就业结构既有相对的独立性，又有密切的联系。

经常考察的就业结构有以下几种：

1. 就业的所有制结构

所有制结构指不同性质所有制经济在国民经济中的比重关系。根据生产资料的所有制关系，中国经济可分为公有制经济和非公有制经济。公有制经济包括国有经济和集体经济。非公有制经济包括私营经济、个体经济、三资企业经济等。由此就业的所有制结构，一般是指国有企业、集体企业、私营企业、合资企业等各种性质企业的就业比例。

2. 就业的产业结构

就业的产业结构指劳动者在各产业间的分布以及数量对比。按照国际通行的产业分类法，国民经济整体可分为三大产业（即第一产业、第二产业、第三产业）。作为生产要素之一的劳动力及其就业结构，与产业结构相互影响、相互作用，因此，在很多文献中讨论就业结构时主要研究的就是就业的产业结构。而狭义的就业结构单指社会劳动力在产业之间的分布。

3. 就业的地区结构

就业的地区结构指就业人口在不同地区之间的分布，是生产力布局的一个组成部分。就业的地区分布与经济发展、生产力水平、自然地理条件以及政策影响紧密联系。在生产力水平低的情况下，经济发展对自然条件依赖性大，沿海地区、江河流域往往是经济首先发展起来的区域，这些区域的就业人口密度特别大。随着生产力发展和资源的开发及公路、铁路的修建，内陆相继开发，就业人口分布会逐渐发生变化。此外政策对就业地区结构变化作用很大。就业人口的城乡分布，是一种有特殊经济意义的就业地区结构。

4. 就业的职业结构

职业是按劳动者所司职能划分的社会分工。就业的职业结构，也就是就业人口在不同职业之间的分布。随着社会经济和社会分工的发展，职业类别的增多，职业结构的内容不断变化且越来越复杂化。有些职业在社会经济发展中逐步被淘汰，许多新职业又随社会经济发展不断产生。因此，职业结构的变化是社会经济发展水平的一种反映。但一个社会在一定时期的职业结构是否与社会经济发展相适应，取决于劳动资源的开发，即劳动者自身素质的提高。如果社会经济对职业结构提出新的要求，但职业培训没跟上，许多新职业没有合格的劳动者去从事，就会出现职业结构落后于社会经济发展的局面，因此，就业的职业结构与就业的产业结构也是密切相关的。

5. 就业的技能结构

就业的技能结构指不同技能水平的劳动力构成。技能水平与受教育程度、接受培训多少、工作时间长短、职业性质和特点等相关。目前国际上主要从四个角度来划分就业的技能结构。第一，根据教育、培训或工作所获得的证书、资格证等来划分。第二，以工作经验来划分。第三，根据职业类型来划分劳动力技能结构。第四，根据教育程度来统计劳动力结构。

6. 就业的行业结构

就业的行业结构指就业人口在不同行业之间的分布。

此外，就业结构还包括就业人员的年龄结构、性别结构等。

第二节 就业结构变化的一般规律

就业结构的变化规律主要是指就业结构与产业结构关系的变化规律。

就业结构与产业结构有密切的联系，一方面，社会的经济发展状况会通过产业结构影响和决定就业结构，产业结构变化的特征和规律与就业结构密切相关。另一方面，就业结构本身也是制约产业结构的重要因素，就业结构和产业结构的演变共同推动着经济发展阶段的演变。

一、产业结构

产业结构是指生产要素在国民经济各产业部门之间及产业内部的比例构成和其相互依存、相互制约的关系。影响产业结构变化的因素很多，其中主要为需求结构、资源供给结构、科学技术因素、国际经济关系及一国的经济发展战略及政策等。

国际通行的三次产业分类法最早由澳大利亚经济学家费歇尔（A. Fisher）提出，随后由英国经济学家科林·克拉克（Colin Clark）和美国经济学家西蒙·库兹涅茨（Simon Smith Kuznets）将其普及和应用。这种方法根据社会生产活动历史发展的顺序对产业结构进行划分，产品直接取自自然界的部门称为第一产业，对初级产品进行再加工的部门称为第二产业，为生产和消费提供各种服务的部门称为第三产业。但各国对三次产业各自包括哪些具体部门的划分不尽一致。

产业结构与就业结构都会受到经济体制、生产效率、资源供给及消费需求等因素的影响。由此，一个社会经济发展状况会通过影响产业结构进而影响就业结构，就业结构变化的特征与规律与产业结构密切相关。

二、就业结构变化规律

早在1940年，英国经济学家科林·克拉克（Colin G Clark）就开始研究产业结构与就业结构之间的关系。他发现随着人均国民收入水平的提高，劳动力首先由第一产业向第二产业转移。当人均收入水平进一步提高时，劳动力便向第三产业转移。西蒙·库兹涅茨（Simon Smith Kuznets，1946）研究表明，当工业化到达一定阶段以后，第二产业就不可能大量吸收更多的劳动力，只有第三产业对劳动力具有较强的吸附能力，体现出较强的就业弹性。霍利斯·钱纳里

(Hollis B. Chenery）和莫伊斯·塞尔奎因（Moises Syrquin）发现在发展中国家，产业结构转换普遍先于就业结构转换。

1. 配第—克拉克定理

配第—克拉克定理是有关经济发展中就业人口在三次产业中分布结构变化的理论，揭示了就业结构与产业结构之间的相互关系。它是 1940 年由英国经济学家科林·克拉克在威廉·配第（William Petty）关于收入与劳动力流动之间关系学说研究成果之上，通过计算 20 个国家的各部门劳动投入和总产出的时间序列数据之后而得出的重要结论。

配第—克拉克定理可以表述为：随着经济的发展，人均国民收入水平的提高，劳动力首先由第一产业向第二产业移动；当人均国民收入水平进一步提高时，劳动力便向第三产业移动。即随着经济的发展，第一产业的国民收入与劳动力的比重逐渐下降，第二产业国民收入和劳动力的相对比重上升；当经济进一步发展时，第三产业国民收入和劳动力的相对比重也开始上升。

配第—克拉克定理的主要形成机制是收入弹性差异与投资报酬（技术进步）差异。第一产业的属性是农业，而农产品的需求特性是当人们的收入水平达到一定程度后，需求难以随着人们收入增加的程度而同步增加，即农产品的收入弹性出现下降，并小于第二产业、第三产业所提供的工业产品及服务的收入弹性。因此随着经济的发展，国民收入和劳动力分布将从第一产业转移至第二产业、第三产业。技术进步差异是指第一产业和第二产业之间的技术进步有很大差别。农业的生产周期通常较长，因此农业生产技术的进步比工业要困难得多，由此，对农业的投资会出现一个限度，即出现“报酬递减”的情况。而工业的技术进步速度要比农业技术进步速度快得多，工业投资多处于“报酬递增”的情况，即随着工业投资的增加和产量的加大，单位成本下降的潜力很大，必将进一步推动工业的更大发展，加大劳动力的需求。

配第—克拉克定理不仅可以从一个国家经济发展的时间序列分析中得到印证，而且还可以从处于不同发展水平的不同国家在同一时点上的横断面比率中得到类似的验证。即人均国民收入水平越低的国家，农业劳动力所占份额相对越大，第二产业、第三产业劳动力所占份额相对越小；反之，人均国民收入越高的国家，农业劳动力在全部就业劳动力中的份额相对越小，而第二产业、第三产业的劳动力所占份额相对越大。

2. 库兹涅茨法则

在继承了克拉克的研究成果基础上，库兹涅茨从国民收入和劳动力在产业之间的分布两个方面，对伴随经济发展的产业结构变化进行了分析研究，并探讨了国民收入与劳动力在三次产业分布与变化趋势之间的关系。

库兹涅茨把第一产业、第二产业、第三产业分别称为农业部门（A部门）、工业部门（I部门）和服务业部门（S部门）。在收集和整理二十多个国家的庞大数据基础上，通过对国民收入和劳动力在产业之间分布结构的演变趋势的统计分析，库兹涅茨得出以下结论："在发达国家的增长进程中，A部门在劳动力中所占份额急速地下降，从最初的50%～60%水平下降到20世纪60年代初的10%以下到20%左右的水平。I部门份额则从开初水平的20%～40%，在大多数国家都上升到超过40%。I部门在劳动力中所占份额的和缓上升主要是由于制造业份额的和缓上升，这同制造业在产值中所占份额具有支配作用的上升恰成对照。接着的则是S部门份额的显著上升，它抵消了A部门份额下降的大部分。"①

由此，库兹涅茨法则的基本内容为：①随着时间的推移，农业部门国民收入在整个国民收入的比重和农业劳动力在全部劳动力中的比重处于不断下降之中。②工业部门国民收入在整个国民收入中的比重大体上是上升的，但是，工业部门劳动力在全部劳动力中的比重则大体不变或略有上升。③服务部门的劳动力在全部劳动力中的比重基本上都是上升的。

库兹涅茨法则不仅表明农业劳动力比重会随着经济的发展普遍下降，而且表明了工业化到达一定阶段后，第二产业就不大可能大量吸收更多的剩余劳动力，只有第三产业对劳动力具有较强的吸附能力，体现出较强的就业弹性。

3. 钱纳里—塞尔奎因就业结构转换滞后理论

在研究发展中国家和发达国家经济发展结构转换的一般过程中，霍利斯·钱纳里（Hollis B. Chenery）和莫伊斯·塞尔奎因（Moises Syrquin）发现各国经济发展过程中劳动力就业结构虽然具有各自不同的发展特点，但都表现出共同的趋势。在发达国家工业化过程中，农业产值与劳动力就业向工业的转换基本上是同步的，即随着农业和工业产值份额的此消彼长，农业人口也相应向工业转移，如英国便是如此。但在发展中国家，产值结构转换普遍先于就业结构转换。一般而言，在工业化起点时，产值比重比就业比重大约高25个百分点，如果两者要同步发展，需要人均国民生产总值达到1 500美元以后。其原因有两个，一方面，在于发展中国家面临着越来越多节约劳动的先进工业技术，现代工业部门创造产值的能力大大高于创造就业机会的能力，特别是对人口众多的落后国家来说，就业结构的转换在初期必然是相当缓慢的。另一方面，工业产值比重高的部分原因在于发展中国家的价格结构，即工业品价格偏高，农产品价格偏低。因

① 西蒙·库兹涅茨. 各国的经济增长. 北京：商务印书馆，1999. 392

此，相比之下，就业结构变动指标比产值结构变动指标更能真实地反映产业结构的实际变动状况。

钱纳里—塞尔奎因提出的就业结构转换滞后于产业结构转换的理论对发展中国家就业结构转换具有巨大的现实意义。由于现代大工业对劳动力的需求弹性大大下降，因此，发展中国家的农业剩余劳动力不可能一开始就直接被吸收到采用最新技术的现代工业部门，而是首先吸收到劳动比较密集、技术不太先进的工业部门。

三、就业结构的国际比较

世界各国，特别是发达国家产业结构与就业结构变动的实践，证明了配第—克拉克定理。即随着工业化的发展，第一产业的就业比重不断降低，第二产业和第三产业的就业比重不断提高；其中，第二产业的就业比重在提高到一定程度后就转为停滞或下降，而第三产业的就业比重在达到 50%以上后仍可能进一步提高。表 6—1 说明了这种趋势。

表 6—1　美、日、英、法、德五国劳动力在三次产业间的分布结构变化　单位：%

国别	产业名称	20 年代	40 年代	60 年代	80 年代	90 年代	21 世纪
		(1920)	(1940)	(1960)	(1979)	(1998)	(2007)
美国	第一产业	27	17	7	3.6	2.7	1.4
	第二产业	34	31	34	30.2	23.9	20.6
	第三产业	39	52	59	66.2	73.5	78
		(1920)	(1936)	(1963)	(1980)	(1998)	(2007)
日本	第一产业	55	45	29	10.3	5.3	4.2
	第二产业	22	24	31	34.8	32.0	27.9
	第三产业	23	31	40	54.9	62.7	66.7
		(1921)	(1938)	(1966)	(1980)	(1998)	(2007)
英国	第一产业	7	6	3	1.6	1.7	1.4
	第二产业	50	46	45	37.4	26.6	22.3
	第三产业	43	48	52	61.0	71.7	76
		(1925)	(1939)	(1963)	(1980)	(1998)	(2007)
德国	第一产业	30	27	12	5.8	2.9	2.2
	第二产业	42	41	48	45.0	33.8	22.8
	第三产业	28	32	40	49.2	63.2	67.9

续表

国别	产业名称	20年代 (1921)	40年代 (1946)	60年代 (1962)	80年代 (1979)	90年代 (1994)	21世纪 (2007)
法国	第一产业	29	21	20	8.8	4.7	3.4
	第二产业	36	35	37	35.4	26.6	23.2
	第三产业	35	44	43	55.8	68.7	71.3

注：表中数字按各自口径计算整理。

资料来源：前五列数据来自杨河清. 劳动经济学. 北京：中国人民大学出版社，2008. 296；最后一列数据来自中华人民共和国国家统计局. 中国统计年鉴（2010). 北京：中国统计出版社，2010

1. 第一产业就业人数急剧减少

100年来，尤其是从20世纪40年代以来，美国、日本、英国、德国、法国等发达国家农业部门的就业比重逐年减少。这是因为随着科学技术的进步，农业部门的劳动生产率大幅提高，除满足人们生活改善和新增人口对农产品的需求之外，可以有大量富余劳动力向非农业部门转移。此外，由于第一产业主要是生产人们生活的必需品，具有收入需求弹性下降的特点，由此第一产业劳动力比重随着经济的逐步发展而趋于下降。

2. 第二产业劳动力变动情况不尽相同

从各国发展情况看，有的国家，如日本，第二产业的比重在20世纪80年代有所增加，进入90年代后又开始降低，而美国、英国、德国、法国等国第二产业的比重都在逐年减少。事实上，大多数国家，无论是落后的发展中国家，还是发达的资本主义国家，第二产业的就业比重都要低于第三产业的就业比重。主要原因在于工业化过程与社会化大生产过程、专业化分工协作过程、科学技术进步的过程、管理现代化的过程、劳动力素质提高过程是同步进行的，并且越是工业化发展卓有成效的国家，上述过程越相互协调。而后进国家在工业化的过程中可以借鉴先进国家的经验教训，并从先进国家引进必要的资金、技术和人才，因而其工业化出现了越来越多的捷径，工业化过程也大大缩短了。由此工业生产不断进步，劳动生产率大幅度地提高，使得第二产业部门在创造更多社会价值的同时，其容纳劳动力的能力相对甚至绝对下降。

3. 第三产业就业比重不断上升

无论是发达国家，还是发展中国家，第三产业部门就业人数和在整个就业人口中的比重，始终处于增长状态（战争时期除外），并且生产力水平越高，经济发展越快，第三产业发展越快，其就业人数占整个就业人口的比重越大。

4. 三大产业就业比重的极限值不同[①]

在世界各国工业化的过程中，由于其第一、二、三产业的就业比重合计为100%，因此各产业的就业比重都是有极限的。根据相关统计资料，在刚刚由农业化社会向工业化社会发展的落后国家，其第一产业的就业比重长期保持在80%甚或90%以上。因此在工业化的初期阶段，第一产业就业比重的极限值可达80%或90%以上。在一些高度发达的资本主义国家，其第三产业的就业比重已达70%左右，并且有进一步提高的趋势。因此，在工业化的成熟阶段，第三产业就业比重的极限值至少可达到70%以上。相比之下，迄今为止，只有极少数国家，如英国第二产业的就业比重曾达到50%左右，而其他国家第二产业就业比重达到40%以上者也寥寥无几，由此第二产业就业比重的极限值最低。

另外，就业结构的总体发展趋势是劳动力由第一产业向第二产业、第三产业转移，但是由于各国所处的经济环境不同，就业结构的发展模式会有所不同。对大多数发展中国家而言，在工业化的过程中，由于具有后发优势，直接引进吸收现代化的工业技术，运用现代化工业技术的产业部门越来越趋向于技术密集型，所吸纳的劳动力有限。因此，工业就业不再是一个重要的中间环节，从第一产业中转移出来的劳动力可以直接进入第三产业，称为跨梯度发展模式，又称为萨勃鲁—辛格尔曼模式[②]。

四、中国的就业结构

随着中国经济的发展、产业结构的调整，就业结构也发生了一系列变化，但总体上与国家的经济发展水平相适应。

中国就业结构变化基本上与配第—克拉克定理相符，但就业结构与产业结构的变动幅度并不是完全一致，存在显著的不均衡性。中国就业人数，从1952年的20 729万人，增至1978年的40 152万人，2009年达到77 995万人，且随着经济的发展，劳动力逐渐从第一产业向第二产业和第三产业转移（见表6—2）。1952—2009年，第一产业的比重由占统治地位的83.5%下降到38.1%，第二产业、第三产业从业人员的比重分别由7.4%和9.1%上升到27.8%和34.1%，两者之和几乎已经达到了中国从业人员的2/3。具体来说：

第一，中国目前第二产业就业人口所占比例与绝大多数国家，包括美国、日

① 刘昌黎．论就业结构变化的一般规律及我国第二产业就业比重的超前提高，财经问题研究，1990(11)，23-29

② 杨河清，王守志．劳动经济学．北京：中国人民大学出版社，2006．299

本等发达国家第二产业的比例比较接近，中国与其他国家在就业结构上的最大差异体现在第一产业和第三产业就业比重上。

第二，与发达国家或大多数国家相比，中国第一产业就业比重太高，呈现第一产业低产出、高就业的特征。根据2010年《中国统计年鉴》提供的国别比较数据，2007年，在33个国家或地区（包括美国、英国、日本等发达国家和一些发展中国家）中，第一产业就业人数占总就业人数比重排在前几位的国家分别是巴基斯坦（43.6%）、泰国（41.7%）、印度尼西亚（41.2%）、中国（40.8%）。而在同期，发达经济体第一产业就业人数占总就业人数的比重则低得多，如美国、日本、英国和德国分别是1.4%、4.2%、1.4%、2.2%。从上述国别比较可以看出，虽然自改革开放以来中国经济增长迅速，就业量有了显著增长，一部分劳动力从第一产业转移到第二产业和第三产业，然而由于城乡间的政策性和体制性壁垒依然存在，限制了农村劳动力向城镇和非农产业转移。因此，大量人口滞留在农村和第一产业，形成了庞大的剩余劳动力。

表6—2　　中国就业结构的演变　　单位：万人

年份	从业人员	第一产业从业人员		第二产业从业人员		第三产业从业人员	
		绝对数	比重（%）	绝对数	比重（%）	绝对数	比重（%）
1952	20 729	17 317	83.5	1 531	7.4	1 881	9.1
1978	40 152	28 318	70.5	6 945	17.3	4 890	12.2
1985	49 873	31 130	62.4	10 383	20.8	8 359	16.8
1994	67 119	36 489	54.3	15 254	22.7	15 456	23.0
2000	71 150	35 575	50.0	16 009	22.5	19 566	27.5
2005	75 825	33 970	44.8	18 084	23.8	23 771	31.4
2009	77 995	29 708	38.1	21 684	27.8	26 603	34.1

资料来源：中华人民共和国国家统计局．中国统计年鉴（2010）．北京：中国统计出版社，2010

第三，与第一产业就业比重过高相反，中国第三产业就业比重偏低，第三产业就业劳动力比重与经济发展和人民生活水平提高的需要不相适应。根据2010年《中国统计年鉴》提供的2007年国别比较数据，第三产业就业人数占总就业人数比重最低的几个国家分别是：巴基斯坦35.4%，泰国37.4%，斯里兰卡38.7%，而2007年中国第三产业就业比重比这些国家还低，仅为32.4%。与发达国家相比，中国第三产业就业比重之低更明显。以美国、德国、日本三个国家为例，2007年这三个国家第三产业就业比重分别达到78%、67.9%、66.7%。从第三产业内部结构看，发达国家以信息、咨询、科技、金融等新兴产业为主，但中国仍以传统的商业、服务业为主。

第四，在中国GDP构成中，第一产业所占的比重较低，自2002年以来始终呈现下降趋势；第三产业比重比较稳定，第二产业比重最高，且自2002年以来呈现略微上升趋势。第二产业比重的上升，表明中国的经济增长更多地由第二产业拉动。第三产业在经济增长中的地位不高，必然造成第三产业就业增长乏力。虽然从数量上来看第三产业就业数量增加仍相当可观，但这些新增就业主要集中在低端服务性岗位，主要体现为非正规就业岗位的增长。

第五，中国的就业结构滞后于经济结构水平。根据中国2010年中国社会科学院发布的《当代中国社会结构》一书，当前中国的经济结构已进入工业化中期阶段，甚至有些指标表明已经进入了工业化后期阶段，但中国就业结构要达到工业化中期水平大约需20年。根据钱纳里标准，工业化中期阶段就业的结构标准依次为15.6∶36.8∶47.6，2009年中国的就业结构依次为38.1∶27.8∶34.1，仍然停留在工业化初期阶段。如果按改革三十年来第一产业就业人员比重下降速度年均1个百分点来计算，2009年38.1%的第一产业中劳动力水平，要下降到工业化中期阶段的15%以下的指标，大约需要20年。

在同样资本规模下，第三产业较第二产业或第一产业要吸纳更多的就业人口。中国大量农村富余劳动力不能顺利转移到城市就业与中国第三产业发展滞后密切相关。

第三节 影响就业结构变动的因素

影响一个国家或地区就业结构变动的因素，主要包括经济发展水平、技术进步水平、人口与劳动力资源状况、资金及自然资源的拥有情况、国际贸易、产业政策等其他因素。

一、经济发展水平

对就业结构影响最大的是经济因素，经济因素是决定就业结构的关键。经济发展水平决定产业结构的变动，从而决定就业结构的变动。

1. 基本经济状况

经济水平是决定就业结构及其变动最基本的要素。一个国家的经济水平，是其社会经济长期发展的结果，而一国的生产力水平和劳动生产率水平，决定一个国家农业、工业及服务业的劳动者数量，由此决定了就业结构最基本的方面。世界各国的经济发展历史表明，按人均国民收入为标准，越贫穷的国家，在生产性行业，特别是农业就业的比重就越大，在服务业中的比例就越小；反之，越富裕国家，在生产性行业，特别是农业就业人数的比例就业越小，在服务业就业的比例就越大。

2. 经济类型

在经济发展水平基本一致的条件下，一个国家（或地区）的经济类型对就业结构具有重要影响。一个国家（或地区）的经济属于农业型还是工业型，属于对外封闭型，还是开放型，属于产品出口型还是资源出口型，属于劳动密集型还是知识、技术、资金密集型，都会导致社会劳动力分布不同，从而对就业结构产生影响。

3. 经济目标

一个时期的经济政治形势和各方面的条件，决定一个国家的经济发展目标，决定国民收入的积累额和投资方向，从而决定不同部门新增就业人员的数量。与经济目标有关的经济政策可以指导和调节经济活动，调节的结果会影响劳动力资源因素，从而影响就业结构。例如，为应对 2009 年以来的世界金融危机，美国推出了一揽子刺激计划，其中新行业政策重点突出了能源和医疗保健行业。美国能源部为兴建新太阳能工厂将提供 18 亿美元资金，新能源来源的需求和基础设施建设将会在建筑行业和永久性就业方面创造超过 5 000 个的就业职位，而医疗保健属于服务业，会加大第三产业的就业。由此新行业政策会对美国的产业结构产生影响，从而影响美国的就业方向和就业结构。

二、投资结构

投资结构指资本投入的构成关系。投资的总量和方向决定着产业的发展方向，进而间接影响一个国家的就业结构。投资结构包括国内投资和外商直接投资，此处只讨论外商直接投资对就业结构影响，并且只考虑外商直接投资对东道国就业结构的影响。

外商直接投资通过两个方面的作用机理实现对东道国就业结构的影响。一是通过提供资本创造就业机会，提高就业总量，二是通过技术外溢作用提高劳动生产率并使用资本和技术替代劳动，最终推动劳动力从第一产业、第二产业向第三产业转移。

1. 外商直接投资对东道国就业产生直接、间接影响，并通过创造就业机会实现就业结构升级。

在技术水平一定的情况下，资本与劳动力作为生产要素投入，通过增加一定量的资本则必然会增加相应的劳动力投入，即通过资本供给的增加创造就业机会以扩大就业规模。

在就业数量上，外商直接投资增加了东道国的就业机会，直接表现为随着外商直接投资的增加，给东道国提供的就业机会越多，间接影响表现在关联就业。

在就业质量上，外商直接投资可以提高东道国的就业质量。跨国公司的海外机构可以为东道国雇员获得新技术和新知识的相关培训，从而促进东道国就业结构的改善和就业质量的提高。

在就业区位上，根据传统比较优势和资源禀赋理论，一个地区吸引外商直接投资与地区市场容量、劳动力成本和相对技术水平等因素有关，由此外商直接投资会造成东道国的劳动力向经济发展地区转移，从而造成东道国就业区位结构的不平衡发展。

2. 外商直接投资提高劳动生产率促进就业结构升级。

相比较于借贷资本，外商直接投资不仅直接增加了各产业的资本供给，而且带来了技术、培训、管理等外溢因素，是一个集资本、技术、管理培训于一体的一揽子资源。外商直接投资与劳动力要素结合后，会改变资本构成比例，通过提高劳动生产率以减少单位资本所要求的劳动力要素供给。在生产规模一定的情况下，出现资本、技术替代劳动力的现象。随着投资和生产的继续发展，被资本和技术所替代的劳动力，最终会向第三产业转移，从而实现东道国就业结构的升级优化。

【案例一】

外商直接投资对中国就业结构的影响

自改革开放以来，中国利用外资的规模迅速扩大，特别是在2001年年底中国正式成为世界贸易组织成员国后，中国对外开放的步伐加快，逐步扩大了吸引外商投资的领域和地域。2002年，中国首次超过美国成为世界上吸引外资总额最多的国家。

(1) 外商直接投资对中国就业结构升级有积极的影响。一方面，无论是从外商直接投资目数，还是从合同金额来看，中国外商直接投资基本分布在第二产业(2/3以上)，这为中国的“蓝领”就业带来了广阔的空间，对我国就业总量产生了积极影响。另一方面，随着近年来中国外商直接投资对第三产业（服务业）投资比重的逐渐加大，增加了第三产业在中国国民经济中的比例，促进了第三产业的就业发展，从而推动中国就业结构升级。

中国早期的外商直接投资以港澳台资本为主，大多是建立出口导向型的外向型企业，并且由于利益诱导原则，外商直接投资大部分进入了劳动密集型产业，尤其是劳动密集型加工工业，这符合中国劳动力要素禀赋的比较优势，也符合中国劳动力从农业向工业转移的要求。外商直接投资通过增加第二产业的就业机会促进了中国农村大量剩余劳动力从农业转移到工业，使外商直接投资对劳动力产业间转移作用日益增强，推动中国就业结构的升级优化。

随着经济全球化的发展，中国外商直接投资的主体趋于多元化，世界著名的跨国公司中的绝大多数已经进入中国市场投资，外商直接投资也从初期的出口导向型投资为主转变为市场导向型投资为主，从而更加注重对于中国本地市场的占有。与出口导向型外商投资相比，市场导向型投资多为技术密集型和资金密集型，其对中国的技术外溢效应更加明显，因此，外商投资对中国劳动生产率提高的作用更加明显，从而促进就业结构升级。

（2）外商直接投资对中国就业的地区结构影响明显。由于中国各地区经济状况、资源禀赋差异、基础设施、劳动力素质、关联产业发展水平以及区域性外商直接投资政策等方面存在巨大差距，使得中国吸收外商直接投资的地区分布呈现出显著的非均衡特征。从地区分布看，虽然中西部地区吸收外资呈加速增长之势，但外商投资仍主要集中在东部。2008年，在非金融领域，东部地区实际吸收外资783.40亿元，占全国总量的84.79%，同比增长19.35%，；中部地区实际吸收外资74.36亿元，占全国总量的8.05%，同比增长36.44%，；西部地区实际吸收外资66.19亿元，占全国总量的7.16%，同比增长79.84%，比重比2007年提高2.24个百分点①。与此相对应，外商投资企业在中国各地区的就业结构分布也不均匀，东部地区吸纳的就业人数占第一位，其次是中部地区，最后是西部地区，这与外商对华直接投资在中国的区域分布是相同的。由此外商直接投资在中国分布的不平衡会导致中国地区就业的不平衡，许多来自中西部地区的劳动力大量流入东部地区。

三、技术进步

技术进步已经成为现代经济发展的推动力，影响社会、经济的各个方面。技

① 此处数据源自中华人民共和国商务部网站（http://www.mofcom.gov.cn），中国吸收外资 回顾2008年 展望2009年。

术进步和就业结构之间存在着密切的联系。历史上每一次技术的大飞跃会导致大批传统行业的衰落和新兴行业的兴起，产业间的就业情况也随之发生改变，由此技术进步在推动社会经济发展的同时，对就业结构也产生了深刻的影响。

1. 技术进步对就业结构影响回顾

18 世纪 60 年代以蒸汽机的发明和应用为标志的第一次科技革命，使机器大工业代替了原来的手工业，导致传统部门衰落，工业部门及大批新兴部门的兴起和蓬勃发展，由此工业成为国民经济的主要部门。与此同时就业结构在这段时间也发生了巨大的转变。农业总体的就业人数急剧下降，同时以制造业为代表的工业部门由于技术的刺激而得到了飞速发展，吸纳就业的能力不断扩张。

19 世纪 70 年代以电的发明为标志的第二次科技革命，使重工业成为有决定意义的部门。在此期间，虽然主要资本主义国家的农业部门产量迅速增加，但由于劳动生产率的极大提高而释放了大批劳动力，从而出现了大量劳动力的转移。在农业人口向工业转移的同时，第二产业内部的就业结构也发生了一些变化：第二产业中的传统部门如纺织业等就业人数开始减少，劳动力开始向新兴产业部门转移，与此同时，第一产业、第二产业生产率的提高促进了服务行业的兴起，服务业就业人数剧增。

20 世纪四五十年代以来，开始了以电子计算机应用为主要标志的第三次科技革命，不仅出现了一系列新兴的产业部门，并且第三产业得到迅速发展。特别是 70 年代以后，为摆脱第二次世界大战后最严重的经济危机，西方各国纷纷调整产业结构，大力开发微电子、信息、新材料等新技术领域，促进了高技术产业的发展。在产业结构上，农业产值比重进一步下降，工业产值比重呈先升后降的趋势，第三产业总产值跃升为第一位。产业结构的这种变化引起了就业结构的相应改变，发达国家农业就业人口比例进一步下降，制造业就业人数占总就业人数的比重逐年降低，同时第三产业的就业人数增长迅速，成为吸纳就业最主要的领域。

2. 技术进步的就业结构效应分析

（1）技术进步对就业总量的影响比较复杂。一方面，技术进步对就业有促进作用。技术进步通过产品创新使企业生产成本降低，产品价格下降，产品销售上升，从而推动生产，导致经济增长、消费需求的增加进而促进就业领域的扩展，由此增加就业。这种促进效应主要是通过降低单位产品生产成本、提高劳动生产率实现。同时技术进步尤其是高新技术的发展，催生了一批新兴行业，从而引起劳动力向这些行业和部门转移。

另一方面，技术水平的提高会使企业能够以较少的劳动投入生产既定的产品产量，使技术和资本越来越排斥劳动，从而减少劳动力需求。技术进步使得较高生产率的工作代替了较低生产率的工作，就业的破坏率上升，整体失业水平上升，即技术进步的“磨损效应”。技术进步是一把“双刃剑”，它不断创造新的就业岗位，但同时也会导致旧部门的衰落而减少就业机会，因此，技术进步对就业总量的最终影响取决于这两方面效应的共同作用。但从历史经验和长期看，技术进步对就业存在明显的促进作用。

(2) 技术进步直接或间接地对就业结构产生影响。从前面三次技术革命对就业结构的历史分析中可以看出，近代世界上发生的三次技术革命对世界各国的产业结构和就业结构都产生了深刻的影响。技术进步使产业结构的变化具有时间序列性的发展趋势，即技术革命使第一产业比重持续下降，第二产业先升后降，第三产业在第三次技术革命中发展迅速，所占比重也迅速提高。科技革命促进了就业总量的增长，在就业增长总体上保持上升趋势的同时，劳动力从传统行业向新兴产业转移，引起就业结构的改变。

具体来说，由于第一产业以农产品生产为主，其创新程度有限，因此第一产业的技术进步以提高劳动生产率为主，这会导致生产一定数量的农产品所需的劳动人数大幅度减少。同时，随着人们收入水平的提高，对第一产业产品的社会需求相对减少，由此第一产业的就业人数相对减少，一段时间后绝对量也会降低。

在第二产业中，随着产品创新产业依次从轻工业到重工业再到高加工度工业的转移，不断涌现出新的行业和部门。同时社会经济的发展和收入水平的提高会引起对第二产业产品需求的增加，促进产出规模不断扩大，就业需求不断增加，由此因工艺创新而导致资本有机构成比例提高而被排挤的就业被抵消而有余，技术进步带来就业的增长效应占据主导地位，第二产业就业人数不断增加，第二产业就业比重逐步提高。但第二产业发展一段时间后，产出规模的扩张受到诸多条件的限制，技术进步逐渐向第三产业转移。此外，居民收入水平的进一步提高引起对第二产业产品需求的相对减少，从而更限制了产出规模的扩大，因劳动生产率的提高而引起的就业替代效应逐渐占据主导地位，使得第二产业就业人数从相对减少到绝对的降低。

第三产业以满足人们的精神需要为主，随着人们收入水平的提高，为适应人们需求层次提升的要求，第三产业不断出现新的服务行业和新的服务产品，产业技术进步类型以产品创新为主，由此技术进步带来的就业替代作用相对微弱，以就业的增长效应为主。伴随着收入水平的提高社会对第三产业产品的需求不断增加，第三产业就业人数不断增加。

四、对外贸易

一国的需求包括国内需求和国外需求，对外贸易反映的是一国的国外需求。当国内需求不变时，国外需求的变动也会对就业结构产生影响。

1. 对外贸易影响就业水平

一方面，出口直接拉动就业。随着贸易的进行，一国的出口产业部门获得有利增长机会，该部门密集使用的生产要素的需求量增加。因此，出口对就业的拉动作用与该国的贸易结构有关：若该国出口劳动密集型商品的数量越大，则对劳动力的需求越大，对就业的拉动作用显著；若资本密集型商品的出口数量大，则对资本的需求大，对就业影响不大。

另一方面，出口间接拉动就业。出口部门往往是一国具有比较优势的部门，即资源使用效率较高的部门，所以出口增加会导致生产资源向效率较高的部门流动，贸易的发展会促进这个部门产量的增加，当企业处于规模经济阶段时，长期平均成本将随着产量的增加而下降，因此企业必然投入更多的资源组织生产，进而促进一国经济增长，增加就业机会。

从长期和动态的角度，国际贸易能够带来更多的比较利益从而刺激有效需求的增加，带动就业的增长。商品、劳务出口时，从国外得到的货币收入会使出口产业部门的收入增加，消费也增加。这必然引起其他产业部门生产增加，收入增加，就业增多。如此反复下去，收入增加将会是出口增加量的若干倍，就业也会同步增长。

2. 对外贸易影响就业结构

贸易会对一国的产业结构产生影响，从而影响就业结构，特别是贸易结构的变化会影响就业结构的变化。当一国实施出口促进战略时，出口行业增长较快，而进口替代行业将面临较大的就业压力。此外贸易政策会影响所有行业技术的选择，以及资本与劳动力的比例。贸易政策越是有利于资本密集、劳动生产率较高的行业发展，该行业就业的增长就越缓慢。

【案例二】

对外贸易对中国就业结构的影响

中国是劳动力丰富的国家，贸易结构以劳动密集型商品为主，因此出口将有利于拉动劳动就业。自 2002 年中国加入世界贸易组织（WTO）后，中国的经济结构也逐步进行了调整，产业资本的有机构成明显提高，从而就业结构也发生了相应变化。

由于中国农业生产力低下，为适应加入 WTO 后国际的激烈竞争，中国农业产业化、规模化的步骤在不断加快，而规模化本身就意味着剩余劳动力的增加。

中国加入 WTO 后，三大产业中受到冲击最大的是第二产业，但在产业内部，具体情况则不尽相同。加入 WTO 对中国具有比较优势的行业产生了有利影响，能增加就业的数量，而对中国劣势的行业产生负面影响。中国一些传统的劳动密集型出口产业是受益最大的行业，其中以服装、纺织等长期受到国外进口配额限制的优势出口行业受益最大。中国家电产品和部分机电产品的出口也有大幅度的上升，这些都会带动相关部门就业的增加。

加入 WTO 给中国第三产业的发展带来了千载难逢的机遇。一方面，传统的批发和零售贸易餐饮业能够增加大量就业机会。中国商业服务业发展较落后，引入国外商业服务模式，发展外资商业服务企业，开放零售批发市场，将会增加大量的就业人数。另一方面，新兴的金融保险业及其他服务业也增加了大量就业机会。

五、消费水平结构

居民消费结构与产业结构、就业结构之间存在密切的相关关系。首先产业结构决定消费结构，其次消费结构对产业结构具有导向作用，进而影响就业结构。消费水平与消费结构的变动，对产业结构的变动与经济增长有重要作用，而产业结构的变动与经济增长又决定了就业总量与就业结构的变动。

消费经济学认为，消费结构变化呈阶段性上升规律。即人们首先要满足基本的生存需要，其后随着收入水平逐步提高，开始追求享受与发展消费，注重提高人的生活品位和生活价值。由此随着一个国家经济的发展，居民收入水平不断提高，导致国内消费水平与消费结构发生变动，消费水平与消费结构的变动又引起生产结构与产业结构的变化。消费结构变化影响产业结构调整的方向，且消费结构优化和升级转型的层次性和阶段性影响产业结构的优化。当消费结构这种变化积累到一定程度就可促进居民消费结构的升级转型，而每次消费结构升级转型总是伴随着很强的层次性和阶段性，正是这种层次和阶段的消费结构变化直接影响产业结构的变化，符合社会需求的产业、行业就会发展，从而增加对劳动力的需求，引起就业结构发生变化。

【本章小结】

就业结构是一国经济结构的重要组成部分，它既是微观个体的经济行为在宏观经济中的反映，又是连接社会结构和经济结构的纽带，对经济运行和社会发展有着深远影响。广义的就业结构是指社会劳动力在国民经济各部门、各行业、各地区、各领域等的分布、构成和联系。而狭义的就业结构单指劳动者在三大产业间的分布以及数量对比。

就业结构与产业结构之间有密切的联系。一方面，社会的经济发展状况会通过产业结构影响和决定着就业结构，产业结构变化的特征和规律与就业结构密切相关。另一方面，就业结构本身也是制约产业结构的重要因素，就业结构和产业结构的演变共同推动着经济发展阶段的演变。

影响就业结构变动的因素有很多，包括社会经济发展水平、投资结构、技术进步、对外贸易、消费需求结构等。

【复习题】

1. 就业结构的定义是什么?
2. 就业结构有哪些分类?
3. 如何理解就业结构的变化规律?
4. 影响就业结构的因素有哪些?

第七章

就业质量

本章学习目的

1. 理解就业质量的概念及其内涵的演进
2. 了解就业质量的内容
3. 掌握就业质量的衡量标准与其评价方法

第一节 就业质量概念提出的背景及其内涵演进

有关就业质量的思想早在 19 世纪末 20 世纪初就出现了。早期就业质量的概念，主要体现了就业者的工作效率、就业者与职位的匹配、“刺激性”的薪酬等方面。由于工业化的阶段普遍追求的是采用标准化的定额、工具、操作方式代替传统的、单凭经验的方法，虽然大大提高了劳动强度和劳动效率，但是却忽视了人的精神方面的需求和人际关系的重要性，结果使工人的劳动变得紧张而又单调，成为“会说话的工具”。结果是挫伤了劳动积极性，而且容易引起工人的不满和反抗。到 20 世纪 20 年代至 40 年代，人们对就业质量的认识发生了一定改变，提高劳动生产率和薪酬的改变不再是衡量就业质量的唯一标准，而是把工人作为“社会人”来重新界定就业质量。例如，梅奥（George Mayo）等人认为，就业质量的内涵包括良好适宜的工作环境、合理的工作时间、和谐的工作氛围、心理需求的满足以及非正式组织和正式组织的相互依存等。马斯洛（Abraham H. Maslow）认为，人的需要从低到高分为五个层次，即生理上的需要、安全的需要、社交的需要、受人尊敬的需要和自我实现的需要，就业质量需要涵盖人不同层次的需要才能不断提高。赫尔伯格（Fredrick Herzberg）则认为就业质量的内涵中有保健和激励两个因素，保健因素如社会保险这类，只能消除职工的不满，使之安于工作；激励因素如个人发展等则能给人以强烈的工作激励。40 年代以后，“职工参与企业管理”（work participation），也被称为“工作生活质量工程”（quality of work life programs）或“职工参与决定”（co-determination），进一步扩展了就业质量的内涵。

20 世纪 60 年代中期以来，由于严重的通货膨胀和日益激烈的全球竞争，各国政府更加重视公共就业服务的质量。首先，整合就业服务的三项功能，即安置和咨询服务、失业补贴支付和劳动力市场计划的管理，研究空缺职位信息的流入、处理和散发。其次，研究建议应用积极的劳动力市场计划（ALMPs）代替消极的收入支持。同时期，就业质量内涵开始包括了对劳动力市场歧视和人力资本的研究。

20 世纪末，随着经济全球化的日益发展，造成全球范围的劳动关系日益复杂，就业模式发生了深刻的变化，全球工会力量被削弱。首先，在传统的劳动关系体系下形成的政府负责制定规则，劳工阶层、管理层双方以平等的地位通过集体谈判和集体协商等方式来协调与处理劳动关系这种相当稳定的体系受到经济全球化的严重挑战，产生了一些在传统的产业关系理论里面并没有涉及的新的角色，包括全球化的投资者——决策者，业务外包公司和非正式工人，因此传统的劳动关系调整机制也就不能有效地平衡劳资双方的力量，造成在劳动双方的力量对比中劳动者处在更加弱势的地位，劳动者的利益和工作机会随时受到来自资方的挑战。同时，全球化背景下的就业模式也发生了明显变化。当今世界上失业和半失业的工人数目之高是前所未有的。根据统计，在 1998 年，1 亿工人（约占世界劳动力总数的 1/3）处于失业或半失业状态。而实际上则有 1 亿 5 千万工人处于失业当中，或者正在寻找相关的工作。到 1999 年 3 月，仅亚洲金融危机就导致约 2 400 万人失业。劳动力市场供过于求的现象在全世界范围内都很严重。很大一部分的失业者是由于劳动者所掌握的技能不能适应新技术条件下的工作需要，对他们进行培训的成本也相当大，这些人处于非常悲惨的境地，他们得以生存的机会就只有进行非正式的工作，而这些非正式工作是没有正常的保障和劳动保护的。在这种背景下，国际劳工组织于 1998 年提出体面劳动的概念，同时一些相关机构也提出了与就业质量相近的概念，就业质量从概念到实质内容都得到了很大发展。

第二节 就业质量的概念与内容

一、就业质量的概念及内涵

质量一词在《辞海》中有两层含义：①是指产品或工作的优劣程度，如教学质量、服务质量、提高质量等；②是指量度物体惯性大小和引力作用强弱的物理量。就业质量中的“质量”当属前者。

就业，是劳动者与生产资料结合，从事社会劳动并获得报酬或经营收入的经济活动，它包括就业数量（包括结构）与就业质量几个方面。有多少劳动者能够与生产资料结合并获得相应的收入，这反映的是就业的数量；而劳动者与生产资料结合的好坏如工作环境如何、工作稳定性如何等，以及取得报酬的高低，这些体现的就是就业质量。

就业质量是个多维度的概念，既涉及工作本身的特征，又涉及更广泛意义上的劳动力市场。它包含许多方面的内容，如技能、终生学习、职业发展、性别平等、工作中的健康和安全、灵活性和稳定性、进入劳动力市场和劳动力市场的可获得性、工作组织和工作与生活的平衡、社会对话、工作者的参与度、多样性和非歧视性以及整个工作的表现等（欧洲基金会，2004）。

加拿大学者劳氏（Graham Lowe）认为，加拿大人希望的工作质量主要有四个方面的内容：能参与对就业者来说充实而又有意义的任务的机会；体面的生活水平；健康、家庭生活的支持或工作之外的生活；就业者参与决策的权利。依据这四个方面，他列出了八个目标，这些目标涉及在分析就业的质量时，需要考虑到的就业的方方面面，包括就业者的权利、就业者、组织和工作的特征等。具体如下：

1. 能工作的基本权利，该工作能提供较体面的生活和经济上的安全感。

2. 雇佣双方间的相互信任感。

3. 所有的就业者有机会建设性地参与关于如何、什么时候和在什么情况下进行工作的决策。

4. 具有一种开放的文化，即关于业务信息的开放和提供就业者想有效利用这一信息时需要的资源的开放。

5. 通过就业者和雇佣者之间的协作而形成的健康和安全的工作环境。

6. 工作环境有利于保持平衡的生活，家庭与个人的目标能通过工作目标的实现而实现。

7. 在就业者的开拓精神和创造性活动的基础上对创新的鼓励。

8. 工作中能有机会利用和进一步发展自己的技能、知识和能力。

综上所述，就业质量就是反映整个就业过程中劳动者与生产资料结合并取得报酬或收入的具体状况之优劣程度，它包含微观和宏观两方面的内涵。

从微观上来说，就业质量是一个衡量劳动者在整个就业过程中就业状况的综合性概念，反映了劳动者在就业中的安全和平等对待、就业的收入和福利、工作时间与工作和生活的平衡、就业的稳定性与社会保护、社会对话、技能开发与培训、工作场所关系与工作激励等各个方面的满意程度。因此，就业质量本质上是对人的整体发展状况的一种衡量。从个体劳动者的角度看，就业质量包括一切与劳动者个人工作状况相关的要素，如劳动者的工资报酬、工作时间、工作环境、社会保障等均应包含其中。

而当谈到某个范围如国家、地区或行业的就业质量时，就业质量往往指的就是该范围内劳动者整体的工作状况的优劣程度，它一般用反映该范围内劳动者工作状况的各要素的统计数据，如公共社保花费占国民生产总值的比率、有失业保险的受雇者的比率、集体工资谈判涉及的受雇者所占比率、在过去的 12 个月中接受过工作培训的受雇者所占比率、受雇者的雇佣期限小于 1 年、1～3 年、3～

5 年和大于 5 年的受雇者分别所占的比率、能享受产假、陪产假，或因家庭原因而能请假的受雇者所占比率、工作于“危险”行业与职业（按国际劳工组织的定义）中的人所占的比率等来表示。

二、就业质量的内容

就业质量研究的是就业活动中，劳动者与生产资料结合并获得收入情况的优劣程度。构成这种优劣程度的因素是多方面的，因此，就业质量的内容也是多方面的。本文认为，概括起来，就业质量的内容主要包含如下一些基本方面：

1. 就业中的安全与道德问题

就业中的安全与道德问题是指关于工作场所中的受伤情况和死亡情况及不可接受的劳工形式的情况，如被强迫的劳工或使用童工等，同时包括有无不公平对待的情况，如歧视或工作中的骚扰等。

2. 就业中的收入与福利

就业质量包含的一个明显的内容就是人们工作得到的收入和福利。对这个维度人们一般认为报酬越高，福利越好，那么就业质量就越高。收入的概念被用以宽泛地不仅指人们的金钱上的收入，而且包含雇主可能提供的各种福利，包括假期、健康保险和其他工作福利等。

3. 工作时间及工作与生活的平衡

工作的时间长短与工作时间的安排是就业质量的一个重要方面。过长的工作时间或者非自愿的过短的工作会对人们的生活和幸福感有显著的负面影响。除了工作时间的长短，工作时间的安排也很重要。

4. 就业的稳定性与社会保护

一般受雇者都希望有着稳定的就业，希望就业中极少有或者没有下岗的危险。如果因工作本身或合同的原因而工作不稳定的话，那么有没有相应的对受雇者的社会保护这一点也很重要。这些都是就业质量很重要的一些内容。社会保护包含失业保险（在一些国家称为就业保险）、养老保险、产假等。

5. 社会对话

受雇者是否有权利组织起来进行罢工或与雇主进行集体谈判是社会进步的一个重要方面。这种权利自由是否存在及其大小，受雇者与雇主和政府进行社会对话的程度通常被看做是就业质量的一个重要方面。社会对话包括各种形式的谈判、咨询或仅仅是政府代表、雇主和受雇者三方之间的关于经济社会政策等共同利益的信息交流。

6. 技能开发与培训

技能开发与培训这个维度包括两个指标，即受雇者接受培训的程度的指标和受雇者的资质低于或高于工作所需资质的程度的指标。这里技能涉及两方面，不仅涉及受雇者所拥有的能力和培训，而且涉及工作本身要求的技能，两者要能匹配。在一个受雇者的资质远高于工作所要求的资质的环境里，技能是很难得到发展的。

7. 工作场所关系和工作激励

工作场所关系和工作激励是另外对就业质量有很重要影响的两个方面。两者的改善不仅能提高工作满意度，而且能提高工作绩效，减少离职率，提高工作士气，减少缺勤率。前者涉及工作的社会特征，后者涉及个人激励的特征。现代社会人们普遍关心与同事相处的关系如何。工作场所的关系不仅指受雇者之间的关系与对话，而且包含受雇者与他们的上级领导之间的交流情况。

第三节 就业质量相关概念的表述及其理解

为了进一步全面理解就业质量的概念与内涵，这里介绍几个与就业质量概念相近的概念。

1. 体面劳动（decent work）

国际劳工组织（ILO）最早提倡的“就业质量”，是以“核心劳工标准”形式出现的。在 1995 年的社会发展问题世界首脑大会上，ILO 首先提出“核心劳工标准”（core labor standards）的概念，旨在通过国际公约形式确立和保障世界范围内的劳工权利。1998 年 ILO 通过《基本劳工权利原则宣言》，将核心劳工标准明确规定为四个方面的权利：结社自由并承认集体谈判权利、消除一切形式的强迫劳动、有效废除童工、消除就业歧视。次年，为了应对全球化给劳动领域带来的挑战，在国际劳工大会上 ILO 第一次提出了“体面劳动”的概念，并把它定义为：“促进男女在自由、公平、安全和具备人格尊严的条件下获得体面的、生产性的可持续工作机会。”[①] 在一般的语言环境中，“体面劳动”的基本含义同时包含就业数量和就业质量两个方面，但以就业质量为主。此后，伴随 ILO 在全球范围内尤其是在低收入国家和发展中国家推进体面劳动理念顺利落实的众多计划和项目的展开，众多学者开始对体面劳动的内涵、维度及衡量指标展开研

① ILO. Decent work，report of the director general [J]. Geneva，1999 (6)

究。关于体面劳动的基本框架，在西方理论界广泛得到认同的是六维度、十一属性、四十指标之说[①]。六个维度分别是工作机会、在自由的条件下工作、生产性的工作、工作平等、工作安全和工作尊严。前两个维度分别是指工作的可获得性和可接受性，后四个维度则是说明在可获得的和可接受的工作中什么是体面的工作。根据上述六个维度，又可将其发展为十一个测量属性，每个属性用若干指标来评价，进而产生体面劳动的四十个衡量指标。为简便明了起见，现将体面劳动的十一个属性和四十个指标列表，见表7—1。必须指出的是，前十个属性表现了体面劳动的一般特征，第十一个属性经济和社会背景似乎在体面劳动的概念表述中并未涉及，但这一属性对于全面理解体面劳动的概念是十分有用的，因为它一方面决定了在一个既定社会中什么才是体面，另一方面也决定了体面工作的获得能在多大程度上提高经济、社会、劳动力市场的绩效。根据不同的经济和社会背景，各国可以有自己的体面劳动的定义及衡量指标，但是必须都以基本人权为基础。

表7—1　　体面劳动的十一个测量属性和四十个衡量指标

体面劳动的十一个测量属性	体面劳动的四十个衡量指标
就业机会（employment opportunities）	劳动参与率 就业人口占总人口的比例 失业率 青年失业率 时间相关的就业不足率（工作时间低于工时起增点且有能力并想要额外工时的就业者的比例） 非农就业中有酬就业的比例
不可接受的工作（unacceptable work）	就业中失学儿童所占的比例（按年龄划分） 有酬就业中儿童的比例或自雇佣活动率（按年龄划分）
足够的收入和生产性的工作（adequate earning and productive work）	收入不足的比例（收入低于50%中等收入或最低工资的就业人口所占百分比） 某些行业的平均收入 超时工作（工作超过工时起增点的就业者的比例，按就业形式分类） 时间相关的就业不足率 近期参与岗位培训的就业者比例（最近12个月内参与由雇主或政府提供或付酬的岗位培训的就业者比例）

① Richard Anker，Lgor Chernyshev，Philippe Eggee，Farhad Mehran，Joseph A Ritter. Measuring decent work with statistical indicators. International Labour Review［J］. Geneva，2003. Vol. 142，(31pages)

续表

体面劳动的十一个测量属性	体面劳动的四十个衡量指标
体面的工作时间（decent hours）	超时工作 时间相关的就业不足率
工作的稳定性和安全性（stability and security of work）	任期短于一年（持有工作岗位少于一年的就业者比例，按年龄和就业形式分类） 临时工作（其工作被划分为临时性的就业人口比例）
工作和家庭生活的平衡（balancing work and family life）	有低于义务教育年龄的子女的女性的就业率（占 20～49 岁所有女性的比例） 超时工作
就业中的公平待遇（fair treatment in employment）	由于性别导致的职业隔离（在以男性为主导的职业和以女性为主导的职业中非农就业的比例和相异指数） 经营和高层管理职业中女性就业的比例（非农就业中女性就业的比例） 非农有酬就业中女性的比例 某些职业中男女工资或收入比率 其他推荐指标中男女比率或男女差异
安全的工作环境（safe work environment）	导致死亡的职业事故发生率（每 100 000 名就业者） 劳动监察（每 100 000 名就业者中监察者的数量） 工伤保险覆盖率（被工伤保险覆盖的就业者比率） 超时工作
社会保护（social protection）	公共社会保障支出（占 GDP 的百分比、分总支出、医疗保险开支和养老保险开支） 支撑基本生活保障的公共开支 基本生活保障的受益人（占贫困人口百分比） 65 岁以上享有养老保险的受益人占总人口的比例 缴纳养老保险费的经济活动人口所占的比例 月平均养老金（占中等和最低收入的百分比） 工伤保险覆盖率（被工伤保险覆盖的就业者比率）
社会对话和工伤场所关系（social dialogue and workplace relations）	工会密度 集体谈判工资覆盖率 罢工和停工（每 1 000 名就业者）

续表

体面劳动的十一个测量属性	体面劳动的四十个衡量指标
体面工作的经济和社会背景（economic and social context）	单位就业者的产出（购买力平价水平） 单位就业者的产出增长 通货膨胀（消费物价） 成年人口的教育（成人识字率和成人的中学毕业率） 就业的经济部门构成（农业、工业、服务业） 收入不平等（收入或消费最高10%与最低10%的比率） 贫困（日收入低于1美元或2美元的人口百分比） 非正规经济就业（非农或城镇就业的百分比）

由上所述，体面就业与就业质量概念非常接近，实际上在我国有一些学者干脆直接将体面就业等同于就业质量。但实际上两者还是有区别的。就业质量是一个多维、综合性的概念，相对于“体面劳动”这一带有褒义色彩的目标来说，就业质量是一个更倾向于中性化的概念表述，更多应用于学术研究中。而体面就业则侧重于工作实践，往往作为追求的目标。

2. 工作质量（quality in job）

工作质量是欧盟所提倡和追求的一个理念。20世纪90年代后期欧洲经济环境的变化和“招聘困难”使人们将注意力集中到工作质量领域。欧盟委员会指出，“相对较高的失业率和招聘困难的持续共存将是未来时期的主要特征”①。而劳动供给的增加更容易通过提高工作的吸引力来实现，即改善工作质量。因此，自2000年的欧盟理事会以来，欧盟委员会一直致力于推广“工作质量”的概念，将其作为实现“全球最具竞争力的知识经济实体”这一发展目标的重要途径。2001年6月欧盟理事会公布了题为《就业与社会政策：一个投资于质量的框架》的通讯，赋予了工作质量广泛的内涵，并于同年12月制定并公布了一系列测量工作质量的指标。2003年，在欧洲就业战略出台五年之后，为实现欧洲就业战略与广泛经济政策指导方针的紧密融合，欧盟委员会宣布了“新欧洲就业战略(2003—2010年)”，改善工作质量成为新欧洲就业战略设立的三个主要目标之一。工作质量，意味着不仅关注和考虑有酬就业的存在，而且关注有酬就业的特点。工作质量是一个相对的、多维的概念。在广义上，它涉及以下几方面：①与就业相联系的客观特征：工作本身的具体特征和工作场所的具体特征；②就业岗

① European Commission. Taking stock of five years of the European employment strategy [J]. Communication, 2002 (7)

位上人的特点：由就业者带给工作的特征；③就业岗位上人的特点和工作要求的匹配；④就业者对上述特征的主观评价（工作满意度）。因此，工作质量既包含单项工作的特点，也包含更广泛的工作环境的特点，包含劳动力市场如何作为一个整体来发挥作用，特别是工作之间的流动、进入和退出劳动力市场。由于工作质量的相对和多维的性质，它不可能是单一的衡量标准或指数。大多数研究者建议并采用了工作质量的多种关键维度，这些维度通常包括工作的具体特征（如工资、工时、技能要求、工作内容等）和更广泛的工作环境的各个方面（如工作条件、培训、职业前景、医疗保险等）。还有一些研究是将主观工作满意度作为劳工自觉的整个工作质量的简要衡量指标。为了全面、结构化地理解工作质量的内涵，明确界定相关的政策目标和标准，欧盟委员会提供了一个分析工作质量的一般框架。该框架包括工作质量的十个基本维度及各维度的衡量指标（宏观层面上）。具体内容见表 7—2。

表 7—2　　　　工作质量的维度和指标

工作质量的维度	建议指标
内在工作质量（intrinsic job quality）	劳动者的工作满意度（考试工作性质、合同类型、工时以及与岗位要求有关的任职资料水平） 经过一段时间获得更高收入就业的劳动者的比例 低工资获得者、工作贫困和收入分配
技能、终身学习和职业发展（skills，life-long learning and career development）	具有中等和高等教育水平的劳动者的比例 接受培训或其他形式的终身教育的劳动者的比例 具有基本或较高水平的数字扫盲的劳动者的比例
性别平等（gender equality）	男女报酬差距（按部门、职业或年龄） 性别隔离：在不同的职业或部门里女性和男性拥挤或缺乏代表性的程度 在职业或部门范围内具有不同水平责任感的女性和男性的比例（考虑年龄或受教育程度等因素）
健康和工作安全（health and safety at work）	工伤事故的综合指标（包含成本） 职业病发生率 与工作相关的压力水平和其他困难
灵活性和安全性（flexibility and security）	具有灵活工作安排的劳动者的比例 由于裁员而失去其工作岗位的劳动者的比例以及在一个给定期限内实现其他就业的劳动者的比例

续表

工作质量的维度	建议指标
劳动力市场进入和包容性（inclusion and access to the labor market）	年轻人向积极生活的有效转移 就业和长期失业率（按年龄、教育水平和地区） 部门和职业之间的劳动力市场瓶颈和流动性
工作组织和工作—生活平衡（work organization and work-life balance）	具有灵活工作安排的劳动者的比例 产假和育儿假的机会，以及实际休假率 学前和小学年龄组儿童保育设施的覆盖范围
社会对话和员工参与（social dialogue and worker involvement）	集体协商的覆盖面和拥有员工代表的工作委员会的企业数量 对所在企业的财政状况感兴趣或参与企业财政问题的雇员比例 由于劳资纠纷导致的工作时间损失
多样性和非歧视（diversity and non-discrimination）	老年劳动力相对于平均水平的就业率和报酬差距 残疾人和少数民族劳动力相对于平均水平的就业率和报酬差距 劳动力市场申诉程序存在和获得成功结果的信息
整体经济表现和生产率（overall economic performance and productivity）	平均每个劳动者的小时生产率 平均每个劳动者的年产出 人均人口平均年生活标准（考虑就业率和抚养比）

3. 高质量就业（high-quality employment）及就业质量指数（EQI）

就业质量是一个多维的、综合性的概念，而且相对于“体面劳动”这一带有褒义色彩的目标来说，就业质量是一个更倾向于中性化的概念表述。根据就业质量的水平高低，可以将就业分为高质量就业和低质量就业。弗莱德利克（Schroeder Fredrick）定义了什么是高质量就业，他认为所谓的高质量就业是指个人在其认为具有挑战性和满意感的工作的综合环境中获得谋生所需工资的能力。并且他强调，收入并非高质量就业的唯一衡量标准①。ILO 的体面劳动在含义上与高质量就业更为接近。就业质量具有阶梯性和双向流动性，即低质量就业的劳动者可能向高质量就业转移，同样地，高质量就业的劳动者也可能向低质量就业转移，这反映了劳动力市场优胜劣汰的竞争法则，也反映了劳动力市场安全性和流动性的融合。

此外，为了考察经济中新创造岗位的质量，加拿大帝国商业银行（CIBC）

① Schroeder, Fredric K.. Workplace issues and placement: What is high quality employment? [J]. Work, 2007, Vol. 29, (4): 357-358, 2p; (AN 27621293)

经济委员会开发了就业质量指数（employment quality index，EQI）。EQI包含三个分指标（指数）：相对就业补偿指数、就业稳定性指数和全职等量就业比重。相对就业补偿指数用来衡量经济中不同部门的薪金差别，其具体取值等于给定行业的净就业变化和各自行业的补偿得分的乘积，其中补偿得分是指某一行业平均周工资占整个经济平均周工资的比重。如果就业补偿指数下降，则说明新创造就业多数是低报酬的。就业稳定性指数用来衡量保持工作6个月以上的可能性，其具体取值等于给定职业的净就业变化和各自职业的稳定得分的乘积，其中稳定得分是指某一职业中就业6～12个月的劳动者（给定时间点t考察）的数量与该职业中就业仅为6个月或6个月以下的劳动者（在$t-6$时间点考察）的数量的比率。如果就业稳定性指数下降，则说明新创造就业多数是缺乏就业稳定性的。全职等量就业比重是指劳动力市场中全职就业占就业总量的比重，其具体取值等于兼职和全职就业增长与各自得分的乘积，其中全职得分为1，兼职得分为0.5，即两个兼职就业相当于一个全职就业。一般而言，商业和服务业中非全职就业占主体。在上述三个指标（分指数）的基础之上，就可以构造最终的就业质量指数。就业质量指数（EQI）通过下式定义：

EQI＝0.5×(相对就业补偿指数＋就业稳定性指数)×全职等量就业比重

4. 工作生活质量（quality of work life，QWL）

20世纪70年代初，在当时普遍富裕的美国社会，人们越来越关注就业对健康和员工福祉的影响以及员工的工作满意度，加上受到欧洲当时开展的在自治工作组织方面的大量创新活动的启发，美国政府成立了一个联邦生产力委员会，在密歇根大学的协助下，该委员会成功举办了一系列QWL实验，着手研究工作经历对个人生活可能造成的影响。70年代末期，越来越激烈的国际竞争和日本在国际市场中脱颖而出的外部刺激，迫使美国政府将生产力作为一个主要问题加以高度关注。与此同时，美国一些大企业也开始反思如何提高组织的有效性，一系列QWL项目在企业中开花结果，人们试图了解到底什么是QWL，以及怎样用这一概念去改善他们的组织。这样，到80年代初，QWL成为美国社会的一个主要关注点。回顾工作生活质量概念的发展，人们对它的理解和阐释大概可以分为以下六个阶段：在1959—1972年，许多研究者都将工作生活质量看做是一个变量，是个人对工作的反应或个人工作经验的后果，强调工作对个人的影响。1969—1974年，许多目的在于获得劳资通力合作以促进工作生活质量的项目开始启动。由于这些项目和随之而来的宣传，工作生活质量变成了某种途径的同义词。于是，第二种定义，作为一种途径的工作生活质量产生了。像最早的定义一样，这一定义的重点仍然是个人，而不是组织。但与此同时，工作生活质量倾向于被看做劳资合作的企业项目的成果。同一时期，一些使用不同的组织创新方法的企业试验将研究的注意力转到改变工作场所以及工作场所对个人的影响方面的方法上来，这些试验导致第三个定义——作为方法的工作生活质量的出现。该定义将工作生活质量理解为使工作环境更加具有生产性和更令人满意的一系列创新方法或技术，是自治工作组（autonomous work groups）、工作丰富化（job enrichment）等概念的同义词。70 年代中后期，由于受到通货膨胀和能源成本等问题的冲击，人们的注意力普遍转移，对工作生活质量的关注进入一个相对低迷期。一些考虑到要维持已经产生的 QWL 活动的人们，决定成立一个兴趣联盟，以便支持和推进 QWL 活动的继续。他们有组织地召开研究会议，组织企业内部实验，推广 QWL 项目经验。在这些活动中产生了工作生活质量的第四种定义，即作为一种运动的工作生活质量。从这个角度出发，工作生活质量被更多地看做是关于工作的性质和雇员与组织之间关系的思想上的阐述，参与管理和工业民主等词汇被经常地援引作为 QWL 运动的理想。进入 80 年代，在许多参与国际竞争的大企业中，工作生活质量被盲目地、由上而下地层层追讨，从董事长到基层员工，都将获得和改进工作生活质量作为他们的努力目标，然而到底什么是工作生活质量却又没有一个人能说得清。在这种情况下，所有与组织发展或组织有效性有关的努力都成为工作生活质量的组成部分，工作生活质量概念被无限扩大，这就产生了第五个定义：工作生活质量等于一切。此时，工作生活质量被看成是一个无所不能的全球概念，经常被奉为对付外国竞争、员工抱怨、低生产率以及其他问题的灵丹妙药。由于“工作生活质量等于一切”的定义所创造的种种期望和承诺是根本无法实现的，对“工作生活质量”持怀疑态度的人很容易找到抨击它的强劲理由，支持“工作生活质量”活动的人也难免对其信心不足以致失望沮丧，这种趋势如果延续下去，在不久的将来可能会出现第六种定义：工作生活质量等于零。在许多组织里工作生活质量将成为一种禁语，完全丧失其立足之地，这是非常令人担忧的[①]。

① David A. Nadler, Edward E. Lawler. Quality of work life: perspectives and directions [J]. Organizational Dynamics. 1983 winter, 11 (3)

第四节 就业质量指标及其评价体系

就业质量的高低，直接制约着就业数量的扩大，影响就业工作的全局，事关国家社会稳定的大局。因此，对就业质量进行客观评价并不断提升就业质量是当前就业领域一项突出而紧迫的任务。

怎样对就业质量进行客观的评价？设计就业质量评价指标体系、设计评价标准、设计评分表是建立量化评价体系中的三项重要工作。

一、就业质量评价的基本原则

1. 以就业质量的内容为确定评价要素的最基本依据

评价指标体系应尽可能全面、科学地反映就业质量的内容。

2. 突出主要矛盾

突出主要矛盾体现在两方面：在要素选择上，就业质量涉及的内容非常广泛，我们不可能也不必要把涉及的所有要素全部纳入评价指标体系中。应当抓住当前就业质量方面存在的主要矛盾，以重点问题的解决来带动整个就业质量的全面提升；在权重分配上，应根据各个要素在就业质量中重要程度的不同，分别赋予不同的权重。

3. 简单易行，便于操作

就业质量量化评价体系是具体部门用来实际应用的。因此，应该具有较强的可操作性，容易掌握、方便实施。如果无法应用，设计得再完备，也没有意义。评价要素还要便于统计和测量。总之，在保证重要内容不被遗漏的前提下，指标数要尽量少，以减少相应的指标计算和指标分析的工作量；所建指标要求以简避繁，以便于统计人员和其他研究人员进行指标观测和数据收集。对于现行统计调查体系无法收集数据的指标，应尽量避免。

4. 科学性原则

各指标必须立足于所研究地区或者国家的实际，指标概念必须明确，具有一定的科学内涵，能反映评价目标与指标之间的支配关系及系统内部结构关系。指标体系要大小适宜，测定方法标准，统计计算方法规范，具体指标能够反映就业质量的内涵，保证评价结果的真实性和客观性。

5. 动态性原则

指标体系必须具有一定的弹性，能够适应不同时期就业质量的变动特点，在动态过程中能较为灵活的就业质量所包含的各种内在关系状况。

6. 完备性原则

就业质量指标体系覆盖面要广，能够比较全面地反映就业质量状况。但指标体系之间不是简单相加，而是有机联系而组成的一个层次分明的系统整体。

7. 可行性原则

指标体系应该首先切中所要解决的问题，技术上有效且可行，科学上依据充分，指标和问题之间的关系明确。指标体系要在尽可能简单的前提下，选择易于计算、容易获取的就业质量指标，能在信息不完备的情况下对就业质量进行评价。指标应在度量技术、投资和时间上是可行的。指标的设置要尽可能利用现有统计指标，要适应地方监测力量和技术水平，尽量与统计指标一致或存在一定的关联。

8. 通用性与可比性原则

通用性，是指所构建的指标和指标体系要符合国际规范和通用性原则，即指标名称、指标口径和计算方法等方面尽量与国际接轨，以便于国际间的比较。通用性是可比性的基础和前提。通用性和可比性不仅要考虑横向的需要，而且要考虑纵向的需要，即历史可比性。

9. 指标的相对性

尽量选择相对的指标，如变化率或者比率等相对指标，而少选取绝对量指标。

二、构建就业质量的评价指标体系

按照前述的就业质量的概念和内涵及选择指标的原则，我们认为就业质量可以包括以下一些维度和可操作性指标（见表 7—3）。

表 7—3　　就业质量评价的维度和可操作性指标

维度	建议的指标
1. 就业中的安全与道德问题	
a）工作中的安全问题	* 致死的职业受伤率（每 10 万名受雇者中因工作而死亡的人数） * 非死亡的工伤率（每 10 万名受雇者中受工伤的人数） * 每 10 万名受雇者中的得职业病的人数 * 工作于“危险”行业与职业（按国际劳工组织的定义）中的人所占的比率 * 工作中感到显著程度的压力的受雇者所占的比率

续表

维度	建议的指标
b）就业中的平等对待	* 不同性别的人 * 少数民族 * 移民 * 残疾人 * 老年人 * 不同地区的人
2. 就业的收入和福利	
a）就业中的收入	* 受雇者平均每周的收入 * 低收入（低于每小时收入的中位数的 2/3 的受雇者的比率） * 周收入的受雇者中的分布情况
b）非工资等金钱上的福利	* 享受每年的休假的受雇者的比率 * 受雇者每年可享受的平均的休假天数 * 能请病假的受雇者的比率 * 受雇者平均每年能请的病假的天数 * 有补充医疗保险的受雇者的比率
3. 工作时间（小时数）与工作和生活的平衡	
a）工作时间	* 每人每周平均的工作时间 * 每周工作时间达 49 个小时或更多的受雇者的比率 * 每周工作时间非自愿的情况下少于 30 个小时的受雇者的比率 * 实际工作时间的分布情况 * 有着不只一份工作的受雇者的比率
b）工作时间的安排	* 通常工作时间在晚上的受雇者的比率 * 通常工作时间在周末或法定假日的受雇者所占比率 * 有着灵活工作时间的受雇者所占比率
c）工作与生活的平衡	* 能享受产假、陪产假，或因家庭原因而能请假的受雇者所占比率 * 每个家庭每周平均的实际工作时间 * 有学龄前儿童子女的女性受雇者占所有年龄在 20～49 岁的女性受雇者的比率 * 从家到工作单位的平均通勤时间
4. 就业的稳定性与社会保护	
a）就业的稳定性	* 有着临时性工作的 25 岁或大于 25 岁的受雇者所占比率 * 没有雇佣他人的自我雇佣者所占的比率 * 25 岁以上的受雇者雇佣期限小于一年、1～3 年、3～5 年和大于 5 年的受雇者分别所占的比率

续表

维度	建议的指标
b）社会保护	* 有失业保险的受雇者的比率 * 平均每周的失业保险金所占平均每周工资的比率 * 公共社保花费占国民生产总值的比率 * 对养老基金有贡献的经济活动人口的比率
5. 社会对话	
	* 集体工资谈判所涉及的受雇者所占的比率 * 属于雇主组织的企业所占比率
6. 技能开发与培训	
	* 在过去的 12 个月中接受过工作培训的受雇者所占比率 * 在高技能职业中的受雇者比率 * 拥有的教育水平高于所在职业所要求的教育水平的受雇者的比率 * 拥有的教育水平低于所在职业所要求的教育水平的受雇者的比率
7. 工作场所关系与工作激励	
a）工作场所关系	* 感到与同事有强的或非常强的人际关系的受雇者的比率 * 感到与上级领导有强的或非常强的人际关系的受雇者的比率 * 感到在工作中成为过被歧视的受害者的受雇者的比率 * 感到在工作中被骚扰过的受雇者的比率
b）工作激励	* 能自己进行工作顺序或工作方法的选择的受雇者的比率 * 从他们的上级领导那经常接收到反馈的受雇者的比率 * 感到能将自己的想法应用到工作中的受雇者的比率 * 感到自己在做“有用”的工作的受雇者的比率 * 对自己工作满意的受雇者的比率

三、设计就业质量评价的方法和步骤

就业质量的综合评价方法，可以采用多种方法，如主成分分析或者层次分析方法。这里以层次分析模型为例来加以说明：

1. 指标的标准化处理

指标选取后，首先要对指标进行标准化处理。这是指标评价的必要前提和步骤。指标标准化的主要目的是以统一的价值形式解决指标值由于量纲、量级不同导致的不可公度性问题。因为量纲不统一，将会对最终评价结果产生很大的影响，常用的方法主要有变换和插值。通过指标标准化，可以将所有指标变为无量纲的介于 0～1 的值。

变换法分为线性变换和非线性变换两种。典型的非线性变换公式为：

$$Y_{ij}=\{(X_{ij}-X_{\min j})/(X_{\max j}-X_{\min j})\}^{k}\text{（若 }k\text{ 等于 1,则为线性变换）}$$

若指标极性为负，则上式变为：

$$Y_{ij}=\{(X_{\max j}-X_{ij})/(X_{\max j}-X_{\min j})\}^{k}$$

式中 $X_{\max j}$、$X_{\min j}$ 是第 j 个指标 n 个评价样本值的最大值和最小值。

2. 各指标权重的计算

目前可供选择建构权重的方法很多，基本上分为两大类：一是主观构权法，二是客观构权法。前者是根据研究者或专家的主观经验判断来赋予指标不同的权重，如专家打分法（即德尔菲法）和层次分析法。客观构权法是根据客观性的原始资料和对数据经数理统计的方法处理后来计算权重方法，主要包括相关系数构权法、因素分析法和主要成分分析法等。

对于指标权重的计算，这里以多目标决策中的层次分析法（Analytic Hierarchy Process，AHP 方法）为例进行说明。

美国运筹学家托马斯·萨蒂（T. L. Saaty）于 20 世纪 70 年代提出的层次分析法，是对方案的多指标系统进行分析的一种层次化、结构化决策方法，它将决策者对复杂系统的决策思维过程模型化、数量化。应用这种方法，决策者通过将复杂问题分解为若干层次和若干因素，在各因素之间进行简单的比较和计算，就可以得出不同方案的权重，为最佳方案的选择提供依据。因此，层次分析法，是指将一个复杂的多目标决策问题作为一个系统，将目标分解为多个目标或准则，进而分解为指标（或准则、约束）的若干层次，通过定性指标模糊量化方法算出层次单排序（权数）和总排序，以作为目标（多指标）、多方案优化决策的系统方法，称为层次分析法。

基本步骤为：

（1）建立层次结构模型

在深入分析实际问题的基础上，将有关的各个因素按照不同属性自上而下分解成若干层次，同一层的诸因素从属于上一层的因素或对上层因素有影响，同时又支配下一层的因素或受到下层因素的作用。最上层为目标层，通常只有 1 个因素，最下层通常为方案或对象层，中间可以有一个或几个层次，通常为准则或指标层。当准则过多时（譬如多于 9 个）应进一步分解出子准则层。

（2）构造成对比较阵

从层次结构模型的第 2 层开始，对于从属于（或影响）上一层每个因素的同一层诸因素，用成对比较法和 1～9 比较尺度构造成对比较阵，直到最下层。层次分析法的一个重要特点就是用两两重要性程度之比的形式表示出两个方案的相应重要性程度等级。如对某一准则，对其下的 N 个方案进行两两对比，并按其重要性程度评定等级。表 7—4 列出 9 个重要性等级及其赋值。按两两比较结果构成的矩阵称为判断矩阵。

表 7—4　　　　比例标度表

i 因素比 j 因素	量化值
同等重要	1
稍微重要	3
较强重要	5
强烈重要	7
极端重要	9
两相邻判断的中间值	2，4，6，8

（3）计算权向量并做一致性检验

对于每一个成对比较阵计算最大特征根及对应特征向量，利用一致性指标、随机一致性指标和一致性比率做一致性检验。若检验通过，特征向量（归一化后）即为权向量：若不通过，需重新构造成对比较阵。

（4）计算组合权向量并做组合一致性检验

计算最下层对目标的组合权向量，并根据公式做组合一致性检验，若检验通过，则可按照组合权向量表示的结果进行决策，否则需要重新考虑模型或重新构造那些一致性比率较大的成对比较阵。

3. 综合指数的计算

得到各指标权重后，按照以下公式计算就业质量的综合评价指数

$$f(X_i)=\sum_{j=m}^{n}\alpha_j\,\overline{X_j}$$

其中 α_j 为各评价指标的权重值，$\overline{X_j}$ 为各评价指标的标准化值。

计算得到的评价指标数值大小介于 0～1，指标越接近 1，表示就业质量越好。将指标分为不同区间，可以作为不同就业质量衡量标准。

此外，就业质量的评价还可以采用给每个层次划分等级的方法进行。我国学者刘素华对中国的就业质量进行了评价①，其基本步骤和做法为：

第一，把就业质量评价指标体系的每个评价要素划分为 3～5 个等级，对每一等级作出标准性说明。

---

① 刘素华．“建立我国就业质量量化评价体系的步骤与方法”．人口与经济，2005（6）．

第二，确定总分值，然后根据每个评价要素在总体系中的重要程度（权重）所对应的分值，赋予各层次相应的分数，从而制定出评价标准（见表7—5）。

表7—5　　**评价标准表**

要素	等级	得分
1. 工作时间 指劳动者在一昼夜或一周之内从事本职工作的时间	（1）劳动者平均每周工作时间不超过40小时 （2）劳动者平均每周工作时间介于41～49小时 （3）劳动者平均每周工作时间50小时以上	50分 30分 20分
2. 劳动报酬 劳动报酬包括工资、奖金和福利。为计算方便，我们把总收入作为衡量标准，在此基础上，可根据奖金和福利情况酌情加减分	（1）单位（地区、行业、企业）职工平均工资高于当地平均工资，并能按时足额发放 （2）单位（地区、行业、企业）职工平均工资介于当地平均工资与最低工资之间，并能按时足额发放 （3）单位（地区、行业、企业）职工平均工资低于当地最低工资标准，但能按时发放 （4）不能按时发放及拖欠工资的 （5）拖欠工资1年以上的	100分 70分 40分 20分 0分
3. 工作稳定性 工作稳定性反映劳动者能否获得用人单位连续、稳定的雇用	（1）签3年以上（含无固定期限）劳动合同者达职工总数60%以上 （2）签1～3年劳动合同者达职工总数60%以上 （3）签1年以下劳动合同者占职工总数60%以上，或随意解雇员工的	40分 25分 25分
4. 职工培训 指员工是否能获得知识和技能的培训	（1）有人员培训规划，能为60%以上员工提供培训机会 （2）有培训规划。但只有少数骨干员工能够得到培训 （3）没有培训规划，员工几乎享受不到培训	40分 25分 10分
5. 物理环境（含劳动保护） 指温度、湿度、照明度、噪声、震动，异味、粉尘、污染、污秽、高空、野外等环境状况，以及环境对人体的危害程度和劳动保护状况	（1）环境不会对人体健康造成任何危害和威胁 （2）环境可能对人体健康构成一定威胁，但危害程度较低或可能性较小，并有劳动保护措施的 （3）环境对人体健康构成严重威胁或可能性较大，但有劳动保护措施的 （4）环境对人体健康构成严重威胁或可能性较大，且没有劳动保护措施的	100分 60分 40分 0分

续表

要素	等级	得分
6. 安全环境（含安全生产） 指工作的危险性、事故频率、事故对人体的危害程度。可通过安全生产措施的投入、事故发生率及危害程度衡量	（1）有安全生产经费投入和措施，又未发生安全生产事故的 （2）有安全生产经费投入和措施，但发生一般安全生产事故的 （3）有安全生产经费投入和措施，但发生重大安全生产事故的 （4）没有安全生产投入与措施，发生一般安全生产事故的 （5）没有安全生产投入与措施，发生重大安全生产事故的	100分 75分 50分 20分 0分
7. 心理环境 指企业、职业的声望、工作的孤独感、社会认同。可通过社会调查的方式获取相应的信息	（1）企业或职业声望好，社会认同度高 （2）企业或职业声望、社会认同度一般 （3）企业或职业声望、社会认同度较差	40分 25分 15分
8. 养老保险 以某范围内职工参保率来衡量，即$\frac{\text{参保人数}}{\text{应参保人数}}\times 100\%$	（1）参保率为100% （2）参保率为80%以上 （3）参保率达60%以上 （4）参保率达40%以上 （5）参保率低于40%	50分 40分 30分 20分 10分
9. 医疗保险 计算方法同养老保险	（1）参保率为100% （2）参保率为80%以上 （3）参保率达60%以上 （4）参保率达40%以上 （5）参保率低于40%	50分 40分 30分 20分 10分
10. 工伤保险 计算方法同养老保险	（1）参保率为100% （2）参保率为80%以上 （3）参保率达60%以上 （4）参保率达40%以上 （5）参保率低于40%	50分 40分 30分 20分 10分

续表

要素	等级	得分
11. 失业保险 计算方法同养老保险	（1）参保率为100% （2）参保率为80%以上 （3）参保率达60%以上 （4）参保率达40%以上 （5）参保率低于40%	40分 35分 25分 15分 10分
12. 生育保险 计算方法为： $\frac{\text{女职工参保人数}}{\text{女职工应参保人数}}\times 100\%$	（1）参保率为100% （2）参保率为80%以上 （3）参保率达60%以上 （4）参保率达40%以上 （5）参保率低于40%	40分 35分 25分 15分 10分
13. 劳动合同 指用人单位与劳动者是否依法签订书面劳动合同。可通过劳动合同签订率来测量，并根据合同签订的合法性、规范性酌情增减分数。合同签订率为：$\frac{\text{签合同人数}}{\text{应签合同人数}}\times 100\%$	（1）参保率为100% （2）参保率为80%以上 （3）参保率达60%以上 （4）参保率达40%以上 （5）参保率低于40%	100分 80分 60分 40分 20分
14. 民主管理 指劳动者能否参与有关重大决策。可通过职代会制度是否建立及充分发挥作用来衡量	（1）已建立职代会，并定期召开会议，行使职权 （2）未建立职代会，但有其他民主管理形式 （3）没有建立任何民主管理制度	50分 35分 0分
15. 工会组织 包括是否组建工会、会员覆盖率及工会能否充分发挥作用。覆盖率为：$\frac{\text{入会人数}}{\text{全部职工数}}\times 100\%$	（1）加入工会职工占全部职工总数的80%～100% （2）加入工会职工占全部职工总数的60%～80% （3）加入工会职工占全部职工总数的40%～60% （4）加入工会职工占全部职工总数的40%以下	60分 45分 30分 20分

续表

要素	等级	得分
16. 平等协商和集体合同 指能否通过企业与劳动者之间的平等协商机制签订集体劳动合同，更有效地维护劳动者的就业质量	适用于地区或行业的标准： （1）经平等协商签集体合同职工占全部职工总数的80%～100% （2）经平等协商签集体合同职工占全部职工总数的60%～80% （3）经平等协商签集体合同职工占全部职工总数的40%～60% （4）经平等协商签集体合同职工占全部职工总数的40%以下 对企业的标准： （1）已经平等协商签集体合同 （2）已签集体合同，但并未经过充分的协商 （3）未建立平等协商和集体合同制度	 50分 35分 25分 15分 50分 30分 0分
17. 社会对话 指是否建立"三方机制"并充分发挥作用	（1）已建立三方对话机制，并能定期召开会议，就劳动政策和企业重大问题进行平等对话 （2）已建立三方对话机制，但不能定期召开会议，或会议内容仅限于信息沟通 （3）未建立三方对话机制	40分 25分 0分

第三，制定评分表。

在评价要素和评分标准基础上，就可以制定出就业质量的量化评分表（见表7—6）。

表7—6　　就业质量的量化评分表

地区（行业、企业）名称									
序号	评价要素	权重与分值		等级及对应分值					累计分数
		%	分	1	2	3	4	5	
1	工作时间	5	50	50	30	20			
2	劳动报酬	10	100	100	70	40	20	0	
3	工作稳定性	4	40	25	15				
4	职工培训	4	40	25	10				
5	物理环境	10	100	100	60	40	0		
6	安全环境	10	100	100	75	50	20	0	
7	心理环境	4	40	40	25	15			

续表

地区（行业、企业）名称									
序号	评价要素	权重与分值		等级及对应分值					累计分数
		%	分	1	2	3	4	5	
8	养老保险	5	50	50	40	30	20	10	
9	医疗保险	5	50	50	40	30	20	10	
10	工伤保险	5	50	50	40	30	20	10	
11	失业保险	4	40	40	35	25	15	10	
12	生育保险	4	40	40	35	25	15	10	
13	劳动合同	10	100	100	80	60	40	20	
14	民主管理	5	50	50	35	0			
15	工会组织	6	60	60	45	30	20		
16	平等协商和集体合同	5	50	50	30	0			
17	社会对话	4	40	25	0				
合计		100	1 000						

注：用“√”表示所属等级和分值。

资料来源：刘素华，“建立我国就业质量量化评价体系的步骤与方法”人口与经济，2005（6）

总之，设计评价标准就是为每一个评价要素规定统一的衡量标准。这种衡量标准就如同一把尺子，可以量出某个地区、行业或企业在相应要素上得分的量值，并进而得出就业质量整体的总量值（即各要素得分之和）。

【本章小结】

本章对就业质量概念的提出背景、就业质量概念和内涵、就业质量的内容以及国际上相关的概念进行了全面介绍和论述，在此基础上提出了就业质量的一般评价指标体系，并介绍了就业质量的评价方法。最后，本章从设计就业质量评价指标体系、设计评价标准、设计评分表等几个方面给出了一个有关中国就业质量的具体案例。

【复习题】

1. 如何理解就业质量及其与体面劳动的关系？
2. 就业质量的内涵如何演进？
3. 就业质量的内容有哪些？
4. 如何对就业质量进行测量？

第八章

政府宏观就业管理

本章学习目的

1. 掌握政府在就业管理中的主要职责
2. 掌握就业政策的构成及具体内容
3. 掌握就业制度的主要内容
4. 掌握就业服务的主要内容

在当代，政府在社会经济生活中的地位越来越重要，政府承担的责任也越来越多，诸多社会难题越来越依靠政府。1997 年，世界银行就在以变革世界中的政府为主题的发展报告中指出："在世界各地，政府正在成为人们注目的核心，全球经济具有深远意义的发展使我们再次思考政府的一些基本问题：它的作用是什么，它能做什么和不能做什么，以及如何最好地做这些事情。"① 现代经济是一种以市场调节为基础、以政府调节为补充的经济体制，因而，政府如何处理好与市场、企业和社会等方面的关系，确定并履行自身的责任，发挥自身应有的作用，成为市场经济发展中一个至关重要的问题。

第一节 政府在就业管理中的职责和作用

严峻的就业形势对政府的角色和职能提出了新的要求。就业行为发生在劳动力市场中并主要由劳动力市场通过价格机制、供求机制和竞争机制进行自行调节，所以相对于劳动力市场这只"无形的手"，政府这只"有形的手"需要做的是，在劳动力市场调节的基础上，通过积极的就业政策来促进劳动力就业，同时要完善劳动力市场、健全法律环境，做好就业服务与市场监督工作。

一、政府在就业管理中的服务与调节作用

政府在扩大就业中主要起到调节与服务作用，具体体现在：

第一，政府的服务作用。主要表现为制定规则、加强监管，为劳动力市场的正常运行提供各种配套服务。同时，由于失业是不可能完全消失的，所以要通过完善失业保险、失业救助等工作来保障劳动者失业后的基本生活，消除劳动者的后顾之忧。

第二，政府的调节作用。市场是有缺陷的，需要政府来弥补，劳动力市场也是如此。由于市场的自行调节有时会非常缓慢，所以政府可以通过对劳动力市场中的摩擦性失业、结构性失业和周期性失业的调节，有效缓解失业现象。其中，对摩擦性失业和结构性失业的调节主要通过以下几项措施：一是促进劳动力供求的信息传递，比如定期公布劳动力供求信息、推进劳务市场的建设；二是加强对劳动力就业方向的引导，比如帮助劳动者进行职业生涯规划、把握各类型职业教

① 世界银行编. 1997 年世界发展报告：变革世界中的政府. 北京：中国财经出版社，1997. 1

育发展方向；三是加强对企业发展方向的引导，对那些吸纳劳动力能力较强的企业发展给予政策支持，鼓励企业积极创造岗位，吸收劳动力；另外，对周期性失业的调节可以通过对社会总供求的调节，促进经济增长、增加劳动力需求、减少周期性失业。

二、政府在就业管理中的目的与职责

1. 政府就业管理的主要目的

第一，政府要实现社会协调、健康、稳定发展。“坚持以人为本，树立全面、协调、可持续的发展观”，是党的十六届三中全会提出的一个重要思想和原则，就业问题关乎社会的协调、健康、稳定的发展，就业工作搞不好，社会肯定不能实现协调、健康、稳定的发展。所以，这也是指导政府确立在就业工作中的职能定位，把实现充分就业作为发展的重要目标的指导思想。

伴随着产业结构的调整，在高失业率情况下，政府的职能不能弱化，更不能取消。政府应该改变过去计划经济时代行政命令式的方式，适应市场经济的要求积极改革。特别是在促进就业、推进劳动力市场法制建设、完善社会政策和社会保障体系、加强劳动力市场监管、提供就业信息和服务等方面，这些职能只有政府才能完成，从而才能实现经济和社会协调、健康、稳定发展。另外，我国宪法也明确规定，中华人民共和国公民有劳动的权利和义务。国家要通过各种途径创造就业条件。《劳动法》指出，国家通过促进经济和社会发展，创造就业条件，扩大就业机会；鼓励企业事业组织、社会团体在法律、行政法规定的范围内，新办产业或者拓展经营以增加就业；支持劳动者自愿组织起来就业和从事个体经营实现就业；地方各级人民政府应当采取措施，发展各种类型的职业介绍机构，提供就业服务。这些法律明确规定了劳动者在就业方面的基本权利和政府在就业工作中的基本职能。政府应通过角色转变对劳动者的就业权利提供物质支持和制度保障。

第二，政府要处理好公平与效率的关系，抑制两极分化。意大利经济学家帕累托认为，在市场经济条件下，缩小收入差距、贫富差距是十分困难的，因为决定这种差距的基本力量太强大、太顽固。而这里所说的“基本力量”就是市场经济中固有的分化机制。作为社会主义市场经济体制，我国政府更不能对这种分化置之不理，一方面政府要加大改革的力度，彻底解决计划经济体制遗留下来的历史问题，从总体上进行战略性的调整和改革；另一方面政府要妥善解决下岗失业问题，对下岗失业人员予以最低生活保障并促进其再就业；制止和纠正侵犯职工合法权益的现象；通过财政转移支付和税收等政策协调收入分配的不公正；建立和完善与市场经济体制相适应的社会保障体系等。政府的责任就是要通过有效的措施，抑制两极分化，在体现公平的同时实现效率。

第三，政府要实现社会主义的基本价值。社会公正是社会主义的基本价值。国际劳工组织的《全球就业议程》中明确指出“工作是人们生活的核心”。拥有一份稳定的工作，是实现自身价值的最基本保障，也是融入社会，形成平等对称的社会关系的必要条件。

2. 政府就业管理的职责

在解决劳动力市场的市场失灵方面，政府的职责就是要通过相应的政策干预手段，包括制定各种宏观经济社会政策，包括财政、货币政策以及人力资源政策的制定，来调节劳动力市场的劳动力供给和需求，从而促进充分就业的实现，尽可能实现充分就业的目的。在促进社会公平方面，政府需要通过制定各种法律法规，最大限度地提供公平竞争的就业环境，同时对社会弱势群体提供尽可能的就业扶助，并且提供就业服务。这不仅是劳动力市场本身的缺陷所要求的，而且也是国际社会应人类发展目标而提出的要求。国际劳工组织曾倡导，每一个会员国家都应当为了鼓励经济增长和发展，满足对劳动力的需求以及克服就业不足而宣布和执行一些积极的政策，促进充分的、生产性的和自由选择的就业，并把它作为一个重大的奋斗目标[①]。

具体说来，政府在就业方面的主要职责可以归结为三个方面：

首先，政府要通过对就业宏观政策的制定和实施，对劳动力市场的供需关系进行调节，以促进和实现劳动力供给和需求的动态平衡。这些政策包括财政政策、货币政策、人口政策和人力资源政策等。

其次，政府要通过制定就业方面的各种法律法规来为就业市场的公平和有序运行提供制度保障，并实现劳动者的公平就业和体面就业，确保劳动力市场的资源配置功能能够正常运行。这些法律法规政策主要包括制定最低工资制度、社会保障制度和最低劳动标准等。

最后，政府还有义务为劳动力市场的正常运行提供各种公共就业服务。包括各种职业介绍、职业指导和培训等，促进市场高效运行。

三、政府在就业管理中的任务

在社会主义市场经济条件下，充分发挥市场机制在就业和再就业中的基础性作用，主要通过市场调节劳动力供求，引导劳动者自主就业。政府在促进就业中

---

① 姚裕群，傅志明主编. 发展与就业. 北京：中国劳动社会保障出版社，2010. 269

的作用主要是实行积极的就业政策，制定发展战略、完善就业服务体系，引导全社会转变就业观念，努力改善就业和创业环境，为市场配置劳动力资源基础性作用的发挥创造条件。市场经济下政府应该主要从以下几方面入手，积极扩大就业：

第一，将实现增加就业作为政府履行就业职能的目标。由于中国正处于经济体制改革攻坚期和结构战略调整期，将不可避免产生非自愿失业，需要通过拉动内需，开拓就业市场，挖掘就业潜力，创造就业岗位，完善社保机制，努力增加就业和再就业，把失业率控制在可承受范围内。

第二，将推进就业服务作为政府履行就业职能的措施。政府应确保公平就业作为履行就业职能的理念。应当加强就业服务职能，提高服务手段，健全服务机制，确保就业服务的高效性、实用性，这样才能促进增加就业、公平就业的实现。

第三，为劳动力市场的高效运行提供良好的外部环境。劳动力市场在运行过程中，不可避免地会出现种种难以靠市场机制本身解决的问题，政府应积极补充市场机制的缺失。例如，完善就业服务体系、提供劳动力市场信息等方面的服务，都具有公共物品的性质，企业和个人是难以有效提供的。同时，这些公共服务又能有效地减少交易成本，降低自然失业率，政府应该积极地介入。

第四，建立健全社会保障体系，为劳动力市场提供有效支撑。劳动力市场的发展和形成，有赖于社会保障功能与市场竞争标准相分离，使企业按照其需求使用劳动力，而社会保障的职能则交给社会运行。如果没有健全的社会保障体系，企业必然要承担过度的社会职能，面临沉重的政策性负担，劳动力市场也不能发挥正常作用，妨碍劳动力资源的有效配置。因此，建立健全社会保障体系，对充分发挥劳动力市场机制有至关重要的作用。

第二节 就业政策

政策主要是指政府决策，其界定有狭义和广义之分。狭义的政策指的是政府等决策部门对公众利益和公众行为的规制和分配的措施；广义的政策指的是政府及立法机构制定的对公众利益和公众行为的规制和分配，包括法律在内。[①] 简而

① 张国庆．现代公共政策导论．北京：北京大学出版社，1997．41

言之，政策就是政府为达到既定目的而设定的一套规章制度，为社会经济领域提供行为规范、基本准则和行动指南，是政府实施宏观调控和社会管理的手段和工具。因此，政策涉及目标、战略与决策三个方面，当这三方相一致时，才能认为政策是成功的。

政策的分类方式很多，常见的分类方法是根据市场的特性分类，如产品市场政策、要素市场政策等，就业政策就是从要素市场的角度来考虑的。就业政策即政府关于就业方面的政策，其目的是通过对劳动力市场运行机制进行一定的干预，减少就业波动，弥补劳动力市场的不足，确保社会稳定。当然，要区分劳动力市场政策与就业政策，这两种政策有很多相同的地方，不过，劳动力市场政策的关注点仅仅是技术性的，关注劳动力市场内的就业政策，而就业政策则是从更高的宏观经济层面乃至国家层面来思考问题的。①

一、就业政策的构成

1. 就业目标

（1）就业目标的基本内涵

就业目标是包含一个国家价值判断和具体考虑的大政方针，是具有战略意义的行动指向，是决定一个国家或地区就业政策根本取向和就业格局与前景的根本性问题②。具体说来，就业目标是政府在从事社会管理活动中要达到的各类就业标准。

就业目标需要在就业政策的指导思想下制定和体现。国际劳工组织在第122号公约——《就业政策公约》中倡导各个会员国应实行积极的政策，该政策包括：①向一切有能力并积极寻找工作的人提供工作；②此种工作应尽可能是生产性的；③每个工人不论其种族、肤色、性别、宗教信仰、政治见解、民族血统或社会出身如何，都有选择职业的自由，并有获得必要的技能和使用其技能与天赋的最大可能的机会，取得一项对其很合适的工作③。该报告提出的“充分、自由选择和生产性”的就业纲领，也成为市场经济国家就业政策的指导思想和国际惯例。各个国家就业目标，都基本围绕这一纲领而制定。

（2）就业目标的内容

就业目标包含多个层次和维度。既包括工作中的具体就业目标，也包括国家

---

① 杨伟国．转型中的中国就业政策．北京：中国劳动社会保障出版社，2007．11

② 姚裕群著．走向市场的中国就业．北京：中国人民大学出版社，2005．223

③ 国际劳工组织北京局．国际劳工组织：国际劳工公约和建议书（第一卷）．北京，1994．376-377

宏观经济社会层面的方向性目标。从时间上看，就业目标既包括中长期方向性目标，也包括短期的具体数值目标。

从宏观和长期的角度看，减少失业，促进充分就业成为各个国家的战略目标，也是就业的最基本目标。而包含一系列与就业有关的指标，包括失业总体情况（人数、失业率水平等）、失业者状况（失业者结构、失业持续期、社会保障水平、失业者生活状况等）、就业质量、就业结构以及就业流动等多方面指标，就成为具体的和短期将要实现的一系列就业目标。而且由此看出，就业目标绝不是单一的“就业率”或者“失业率”。

综合来说，在市场经济条件下，就业目标应该包括自主、多效、公平、充分四个方面[①]：

第一，自主就业。计划经济时代，个人自主就业精神被劳动要素强行配制所替代；市场经济条件下，市场就业成为就业的主渠道，国家提倡和鼓励自主就业，自主就业成为各国的政策取向。政府提倡创业、大力发展就业培训，鼓励非正规部门就业，都是为了达到积极自主就业目标的。要实现自主就业，提高求职人员的思想素质、技能素质等；促进社会信息的传播以及社会就业资源的支持等都需要政府解决。

第二，多效就业。就业不仅能产生经济效益，而且能产生社会效益和政治效益。政府要充分认识到就业的多种效益，通过就业使社会成员福利扩大化，减少失业，对劳动力市场的弱者进行帮助。高失业率带来很大的危害，造成不平等和社会排斥的扩大，以往的经济产出以及人力资源的浪费，经济社会不安定的加剧以及失业者的人身痛苦。

第三，公平就业。公平就业是人权的一项基本内容和要求。作为就业参与者与竞争者，人们不仅希望社会能够为他们提供比较广阔的数量众多的就业岗位，而且希望社会能够提供公平的就业机会。政府作为社会的管理者，作为一种公众认可的权威机构，必须协调社会各方面的利益。具体说来，就是要从全社会利益或者大多数人的利益出发，制定一系列规范，作为社会公平的标准，并通过政府或者公众的监督来维持这种公平。

第四，充分就业。充分就业意味着就业失业的间隔期很短，失业者不久后就会回到原来的工作岗位或者找到新的工作。要达到充分就业就要有充足的经济需求及人力资源需求，即适合就业者的工作岗位，这就需要政府的宏观调控，建立良好的市场环境，减少失业现象的发生。

---

① 姚裕群著．走向市场的中国就业．北京：中国人民大学出版社，2005．223

中国在过去长期运用政府行政手段安置就业，实行以完全就业为目标，强制性“统包统配”的就业模式。改革开放以来，计划劳动就业逐步废除，工作岗位由行政分配逐步过渡到用人单位和求职者的双向选择。20 世纪 90 年代以来，随着经济体制改革的推进，市场化就业的体制成为就业的主导体制。我国当前的就业目标转变为促进就业，尽可能实现充分就业。

2. 就业战略

“战略”一词来源于军事用语，其含义是指在战争中对总体格局的高层次把握，并带有对目标和结局长期性考虑的选择，以此引导短期的战役和战术。就业战略，顾名思义，就是在一定的就业目标下，通过各种经济政策、社会政策、技术政策、人力政策等，实现对就业问题的总体调控。

就业目标与就业战略都是就业政策的组成部分。目标是战略行动所要达到的预期结果，是制定和实施战略的出发点和归宿点，是根据战略形势和国家利益的需要确定的。确定就业目标，要制定就业战略，强调目标需要与战略可能相结合，使就业战略具有科学性和可行性，符合国家的路线、方针和政策，与国家的总体目标和国力相适应，满足国家在一定时期内对维护自身利益的基本要求。

鉴于就业问题的重要性，各个国家和地区一般都对就业战略给予高度关注，追求充分就业的目标，并通过各种经济政策、社会政策、技术政策，实现对就业问题的总体控制和调节。就业战略是国家层面上关于就业管理的大政方针。就业战略不仅是制约着社会经济发展总体战略的一项极其重要内容，而且构成社会经济发展本身的一项基本战略。

发达国家对制定就业战略非常重视。例如，欧盟从 20 世纪 90 年代中期开始启动“欧盟就业战略”，1997 年 11 月召开的卢森堡就业峰会批准实施的就业战略“卢森堡进程”，标志着这一就业战略的正式启动。随后的“里斯本和新欧盟就业战略”是欧盟就业政策发展进程中的里程碑，它们从不同阶段反映了欧盟在争取就业政策的协调和实现充分就业方面所做出的努力。实施欧盟就业战略之后，欧盟国家的总体失业状况得到显著缓解，欧盟国家的劳动力市场形势明显好转，尤其是妇女在所创造的大部分新工作中受益，就业率方面的性别差距降低，劳动力市场结构性僵化的特征有所改变。从长远来看，这一战略对各成员国就业政策的融合和制定方面也产生了深刻影响。欧盟就业战略是对欧洲传统就业政策和福利制度的一次较深层次的改革：理念上，从消极的就业抑制到采取积极的劳动力市场激励政策；思路上，各成员国政府责任逐渐转变，原来几乎由国家完全承担的就业责任已逐步向市场和社会层面倾斜，政府更加重视通过扶植中小企业的发展来增加更多的就业机会；具体方法上，采取了削减福利，严格限制享受失业救济金的条件、数量及期限等措施，意在转变人们的就业意识与观念，减少对福利的依赖心理。当然，在发展过程中，欧盟就业战略也存在不少问题：劳动力市场一体化程度较低；对于人们工作质量及存在的社会保障差异存在忽视等。欧盟就业战略取得了一定的成效，欧盟就业战略提供的建议、指导和监督一定程度上促进了就业，其从“统治”到“治理”的政策方式的转变正在影响社会政策的其他领域。

在中国，随着经济环境的改变，就业战略也发生变化。新中国成立初期，我们面临着两大基本任务：尽快恢复国民经济并建立独立的工业体系；解决旧中国遗留下来的大量失业问题。为此，我们选择了社会劳动力“全面就业”的战略，这为尽快安置就业、稳定社会秩序和保证国民经济的迅速恢复与发展作出了贡献，在当时不失为具有合理性和可行性的战略。在其后的生产资料公有制和指令性计划覆盖全局的形势下，我国逐渐演变成“城市计划分配、农村自然就业、城乡隔绝”的就业格局。这种配置战略是权宜之计，它有明显的时代局限性，从长期看并不是最佳选择。随着社会经济生活的进一步发展，这种体制不但没有促进，反而阻碍了资源的优化配置和合理使用。20 世纪六七十年代，我国一成不变地推行这种就业战略，使我国的就业格局逐渐走向僵化。党的十一届三中全会以来，我国的经济战略发生了根本变化，由过去片面追求高速度转变为以提高经济效益为中心。我国的就业战略也相应地发生了变化，把人口和就业纳入国家的发展规划目标中，就业战略提高到了国家战略的层次。到 20 世纪末，我国从宏观层次上开始关注人力资源的开发利用，并实行了科教兴国战略，这对我国就业战略有着积极影响。我国要实现建设小康社会的目标，在 21 世纪中叶赶上中等发达国家发展水平，就要制定科学的就业战略，更好地为经济发展作贡献。

3. 就业决策

决策，用通俗的话说就是对重大问题作出决定，从技术科学的角度来说，决策是针对需要解决的问题，拟订出若干种方案，并对之进行计算、评价、比较、选择，最后确定出优选方案，付诸实施，以期达到目的。决策是准备和进行战略的保障，是政府根据战略的需要，在政治、经济各个方面所采取的各种全局性的切实可行的方法和步骤。

科学的就业决策应当尊重客观事实，从全局出发，统筹兼顾，制定试验计划或方案，经过试验再实施。就业决策的过程大体可分为三个阶段：

第一阶段：搜集、整理过去、现在同就业决策有关的信息，特别是国民经济各部门对劳动力的需求、供给数量等主要数据。

取得劳动力供给信息：依靠人口资料和相应劳动统计资料，计算劳动力适龄人口数量并对之进行预测，最好能够对劳动力的质量水平、职业结构、地区分布和择业状况进行具体的分析和计算。对于长期劳动力供给，则要考虑人口、教育、择业方向等方面的变动，预测出劳动供给的质量、职业和行业等多维结构在时间和空间上的变化。

获取劳动力的需求信息，需要在初始数据基础上进行一定的计算。一般说来，从消费需求出发，对各种产品和服务的需求量、生产规模、劳动生产率等技术系数等进行估算，从各行业汇总到全社会的劳动力需求量。对于长期战略研究，要对地区的经济投资规模、产业结构、劳动生产率等进行长期的推测，

第二阶段：制定就业目标和方案，对各个方案的就业数量及经济效益指标进行计算、分析，判断哪个方案更符合决策目标，比较后选择最优方案。

首先，要从国家或地区的经济社会发展规划目标出发，考虑到社会、经济、教育、资源、环境等多种因素，依据预测的劳动力供求对比情况，制定科学的未来年代的就业数量目标值和合理方案。一般来说，就业目标应当包括就业率、失业率、劳动参与率、劳动效率、生活水平、就业结构、资源利用等方面的指标。

其次，设定多个可能的方案，并对计算的劳动力供需变化和目标值进行比较鉴别，从中获取优选方案。制定不同的决策方案，是为了寻求达到目标的较好途径。

最后，对各个方案进行判定、优选、从而作出决断。科学决策要求决策者站在全局的、战略的高度，对各种方案进行权衡，并充分考虑到各方案在经济效益、社会效益方面的利弊，作出判断，选择其一，或者综合若干方案之长。

第三阶段：组织实施选出的方案，动员各方面力量确保方案得以执行，并在实施中根据各方面反馈回来的信息对方案进行补充、修改，使之更加完善。

决策之后，要将选定的方案付诸实施，使之产生效果。方案的实施，是对方案本身进行的检验，它对劳动供需都会产生影响，因此，还需要进一步对方案的实施进行追踪，必要时重新拟订方案，甚至重新设立目标。

二、具体的就业政策

1. 劳动力供求政策

(1) 最低工资法

最低工资一般是在政府或工人组织介入下，参考各地区生存成本和市场价格后形成的。其目的在于确保低收入者获得适当的生存保障，通过法律限制劳动力报酬的最低水平，避免由于劳动力供大于求或缺少谈判能力等原因造成的工资过低现象。最低工资与最低生活保障不同，后者是不考虑就业状态，只要家庭人均

收入低于一定水平便会给予的救济，而最低工资是确保劳动收入不因劳动力供求等原因低于其应有最低水平。1894 年，新西兰率先颁布了《劳资协调与仲裁法》，实行最低工资政策。随后的一百年内世界各国也开始制定实施各自的最低工资政策，目前，世界上 80%的国家通过建立最低工资制度为劳动者提供收入保障。

斯蒂格勒（George J. Stigler）曾指出："如果最低工资低于市场均衡工资，则没有执行意义；如果高于均衡工资，将减少潜在雇员受雇佣机会，增加失业率，损害经济增长。"在完全竞争的劳动力市场上，劳动力作为正常商品，其需求随着工资的增加而降低，最低工资超过均衡工资水平，会出现劳动力供过于求的现象，失业率增加。如果最低工资没有覆盖所有部门，那么那些没有覆盖到的部门可以吸收过剩的劳动力，从而最低工资政策对整体就业状况影响不明显。

2008 年 1 月 1 日，中国开始执行《中华人民共和国劳动合同法》。新法着重强调了"加强最低工资标准的执行力度"，同时也提出了一系列其他直接或间接提高劳动力成本的条款。之后，我国最低工资经历了一次幅度较大的上调，各地随通胀攀比上调最低工资标准。法律实施后不久，由于经济危机的到来，中国的失业问题加剧。政府并没有确凿数据显示此番失业中有多大比例是由于最低工资上调引发的，但出于稳定劳动力市场和促进就业的迫切需要，人力资源和社会保障部于 2008 年 11 月 17 日发出《根据当前经济形势和企业实际，近期暂缓调整企业最低工资标准》的通知。关于该法律的执行是否将对就业市场造成冲击的讨论就一直未曾停息，最低工资提高是否造成了失业？如果造成了失业，是否对所有人影响相同？这些问题尚未得到充分回答。

（2）税收政策

税收对就业的影响，表现为对劳动的收入效应和替代效应。收入效应是指征税后减少了个人可支配收入，促使其为了维持既定的收入和消费水平而减少或放弃闲暇，增加工作时间。替代效应是指由于征税使劳动价格下降，闲暇价格上升，促使人们以闲暇代替工作。从税种上来看，对此影响最大的是个人所得税和消费税；从税率上来看，累进税率产生的影响最大。[①]

从一般意义上来讲，政府可以通过减税来刺激经济发展，扩大社会总供给与总需求，从而起到增加就业的作用。另外，减税所作用的对象不同，产生的就业效应也是不同的。如果对劳动密集型产业（主要是第三产业）实行减税则会对劳动力有较强的吸纳效应，进而发挥出较强的就业扩张效应。反之，如果对资本密

① 曲顺兰．就业再就业、财税政策研究．北京：经济管理出版社，2006．170-177

集型产业实行减税，则会对劳动力产生较强的排挤效应，进而发挥较强的就业收缩效应。同样是对个人的减税，如果对低收入人群实行减税，则会产生较强的收入效应和消费效应，间接扩大就业量。反之，如果对中高收入人群减税，则会产生较弱的收入效应和消费效应，间接收缩就业量。

具体方面，政府一般通过对失业人员创办企业和企业雇佣失业人员给予个人所得税或者企业所得税上的优惠政策。例如，美国在 2001 年颁布《经济增长和税收减免协调法案》之后，2002 年又颁布了《工作岗位创造和工人援助法案》，目的在于降低企业税负，增加就业岗位。为鼓励中小企业发展和扩大就业，德国、英国、法国等国家都加大了对中小企业贷款的扶持力度。德国还规定在东部地区创办小企业可优先获得贷款并免征企业所得税的政策。美国、欧盟都制定了信息产业发展规划，通过税收减免的政策，带动第三产业发展以扩大就业。除此之外，很多国家还根据企业的规模实施差别税率政策，规模大的企业适用高税率，规模小的企业适用低税率。实行所得税的累进税率，对利润水平低的企业实施较低税率。对吸纳就业人员的企业实行税收特惠，支持社会闲散人员创办企业，支持企业组织社会闲散人员就业。

2. 劳动力市场政策——公平就业政策

公平就业是人权的一项基本内容和要求。公平是一条重要的社会原则，公平就业则是社会公平的重要体现。不公平就业对社会产生极大的不良影响，造成人为失业的扩大。公平就业是市场经济下的政府目标，市场经济必然存在竞争，但竞争者们不仅要求经济公平，而且要求社会公平。市场经济下劳动要素的配置主要依靠市场手段，导致就业领域必然存在竞争，作为就业参与者与竞争者，人们不仅希望社会能够给他们提供比较广阔的数量众多的就业岗位，而且希望社会能够提供公平的就业机会。

公平就业也是政府调控社会的手段。政府作为社会的管理者，作为一种公众认可的权威机构，必须协调社会各方面的利益。具体说来，就是要从全社会利益或者大多数人的利益出发，制定一系列的规范，作为社会公平的标准，并通过政府或者公众的监督来维持这种公平。

保障就业平等，就要反对就业歧视。美国早在 1964 年就制定了《民权法案》，成立了专门接受就业歧视的机构“美国公平就业指导委员会”，以接受来自民众在就业当中遭受企业基于种族、年龄、学历、宗教、生理，包括性别等方面的投诉，之后美国又出台了《雇佣年龄歧视法》《公平就业机会法》《公平工资法》《怀孕歧视法》和《残疾人士保障法案》。日本从进入经济高速增长时期以后，也一直致力于促进公平就业。平等就业不断得到各方的重视，相关的法律法规也日趋完善，已经出台了《劳动基准法》《最低工资法》《劳动安全卫生法》《男女雇佣机会均等法》《育儿护理休假法》等诸多相关的劳动法律法规。我国现行的反就业歧视的法律规定散见于法律、法规和规章中。我国宪法中关于劳动平等权的规定，构成了全部禁止就业歧视法律规范的立法基础和前提。我国《劳动法》中明确了劳动权的范围，并将宪法中的劳动平等权等权利覆盖到劳动就业中的各个环节，从而确立了反对就业歧视的基本原则，确保了劳动者在就业中的权利。

3. 人力资本投资政策

人力资本投资对就业意义重大，通过对劳动者的教育与培训，使他们更好地适应自己的职位，这不仅对本企业的发展有利，而且提高了劳动者的素质。尤其是对发展中国家来说，普及义务教育，增强公民创业能力，对扩大就业有重大意义。

人力资本投资政策是需要长期坚持实施的，人力资源的培养需要一个循序渐进的过程。西方国家对人力资本的投资十分重视，各国财政在这一方面投入大笔支出。例如，德国特有的双轨制职业教育，是德国制造业产品质量和信誉的基础。这一政策是根据《德国联邦职业教育法》和《青年人劳动保护法》实施的，德国政府为这一政策的实施提供了大量的资金，大多数青年能够通过双轨制职业教育，得到一份国家承认的职业证书。德国的双轨制职业教育大大改变了青年就业的不利地位，缓解了青年的高失业问题。①

三、中国的就业政策

改革开放以来，我国市场经济发展经历了不同的历史时期，就业政策也随之演变。大致可分为三个阶段②：

1. 保守的就业政策（1978—1992 年）

这一时期的就业政策是为了解决历史遗留问题和经济调整时期的富余人员，更好地配置企业的劳动力资源。此时改革处于试探阶段，政府、企业或组织内部安排富余人员，享受待业保险制度。这一时期还建立了劳动力失业率登记制度，完善覆盖城乡的组织管理体系。

这一时期就业政策的主要内容有：

---

① 刘勇．金融危机冲击下扩大劳动就业与构建和谐社会新探．北京：中国社会科学出版社，2010．64～72

② 罗传银．中国充分就业．中国经济出版社，2009．65

第一，加强劳动力资源的宏观调配，严格控制农村劳动力转移，减轻对城镇就业的冲击；强调内部安置，减少待业人数。

第二，实行国家统筹规划、劳动部门介绍就业和自谋职业的三结合就业方针；发展集体经济，拓宽就业渠道。

第三，保障失业人员的基本生活，主要体现在对符合条件的失业人员发放一定期限的失业保险金。

第四，实现失业人员的再就业，对失业人员开展职业培训和提供职业介绍。

2. 积极的就业政策（1993—2005 年）

随着劳动力市场化改革进程加快，中国在如何应对城镇失业问题上正在形成一套自己的政策和做法。中国劳动力市场几乎是从零开始的，自 20 世纪 90 年代中期以来在短短几年内出台了一系列政策、条例和法规，涵盖了相当广泛的领域，既包括促进就业的政策内容，也包括如何对失业者进行收入支持的政策，形成了具有中国特色的积极的就业政策体系。

中共中央、国务院于 2002 年 9 月召开了全国再就业工作会议，下发了《中共中央、国务院关于进一步做好下岗失业人员再就业的通知》（以下简称《通知》）以及八个方面的配套文件。《通知》及八个配套文件针对如何解决下岗失业人员再就业问题，提出了一整套政策，这些政策的核心就是“要坚持市场导向的就业机制，实施积极的就业政策，多渠道开发就业岗位，努力改善就业环境，支持劳动者自谋职业和自主创业，鼓励企业更多吸纳就业，帮助困难群体就业”。积极的就业政策在这里被明确提了出来，这标志着中国在应对失业问题上，从比较消极的收入支持转向以鼓励就业为主要内容的积极就业政策。可以说，2002 年全国再就业工作会议后，积极就业政策的基本框架初步形成，中国有关方面把这一政策框架的基本内容总结为五个方面的十项政策。

具体说来，积极就业政策包括五个方面的内容①：

第一，提高经济增长对就业的拉动能力为取向的宏观经济政策，这类政策主要鼓励扩大就业总量，创造就业岗位。

第二，以重点促进下岗失业人员再就业为取向的扶持政策，这类政策主要是运用政策杠杆将所创造的就业岗位优先用于解决困难群体就业。

第三，以实现劳动力与就业需求合理匹配为取向的劳动力市场政策，主要是通过就业服务和职业培训促进劳动力管理市场供求之间的合理匹配。

第四，以减少失业为取向的宏观调控政策，主要是规范企业减员，引导大企

---

① 吴邦国. 2002 年全国再就业工作会议报告. 2002

业分流富余人员，减轻社会失业压力。

第五，以保障下岗失业人员基本生活为取向的社会保障政策，主要是以安排下岗失业人员为主的就业困难群体的社会保障问题。

这五个方面的基本内容互相配套、相互支撑、相互促进，构成了一个比较完整的体系。

3. 充分的就业政策（2006 年至今）

20 世纪 90 年代初，由于企业经营机制向现代企业制度过渡，保守就业政策向积极就业政策过渡，经济政策和社会政策对就业的相关性不同程度的显示，涵盖了中国就业政策正在向充分就业政策变迁，特别是 90 年代后期开始实行的就业政策被政府机构确认为积极的就业政策，为充分就业政策创立了先决条件。

2006 年以来是我国深化改革的发展阶段，党的十七大对实现全面小康社会奋斗目标提出了新的更高的要求，提出了经济增长和就业增长互动，促进以创业带动充分就业，实现社会就业更加充分的目标。

充分的就业政策是社会发展和经济增长的最高层次，是把就业被动适应经济发展转为与经济发展的互动。经济发展能够实现就业的最大化，劳动力要素的开发利用能够更好地推动经济发展。这一时期的就业政策完善就业政策体系，把就业作为经济社会发展的目标，综合运用各种社会政策大力促进就业，形成经济发展与就业的良性循环。

充分就业是对人力资源的高效使用，其结果是生产出更多的社会财富（包括物质财富和精神财富）；充分就业也能使人们获得更多的收入，使其生活水平得到进一步提高，这也有利于高素质人力资源的再生产；就业也使人们在参与经济和社会活动中使自身的能力得以维持、强化、扩大和提高，人们在就业环境中培养了健全的人格，从而有益于人的全面发展，也成为促进经济社会进步的源泉。

具体来讲，充分就业政策是在解决好经济体制转轨的历史遗留问题的条件下，政府通过宏观经济调控，以充分就业、经济增长、物价平衡和国际收支平衡为目标对就业政策进行调整，也是建立市场就业新机制的需要，可确保在新机制建立之后没有老问题的制约，同时在解决老问题的过程中也可积累建立新机制的经验。

充分的就业政策包括以下几个内容：

一是完善就业政策体系，把就业作为经济社会发展的目标，综合运用各种宏观经济和社会政策，大力促进就业。

二是探索就业增长与工业化进程、城市化进程、产业化进程、市场化进程和国际化进程相互促进机制。

三是将就业作为经济社会发展的目标，形成经济发展与就业增长的良性互动，扩大就业、公平就业、素质就业和流动就业得到进一步完善和提高。

第三节 就业制度

凡勃伦（Thorstein B Veblen）是旧制度经济学中最早给制度下定义的人。他在 1899 年将制度定义为："制度实质上就是个人或社会对有关某些关系或某些作用的一般思想习惯，而生活方式所构成的是，在某一时期或社会发展的某一阶段通行的制度的综合，因此从心理学的方面来说，可以概括地把它说成是一种流行的精神态度或一种流行的生活理论。"旧制度学派的另外一位代表人物康芒斯（Commons John Rogers）则认为："制度无非是集体行动控制个人行动的一系列行为准则或规则。"新制度经济学中诺斯（Douglas C. North）在《经济的结构与变迁》一文中指出："制度是一系列被制定出来的规则、秩序和行为道德、伦理规范，它旨在约束主体福利或效用最大化利益的个人行为。"制度是源于人类生产生活的一种习惯的累积，表现为一系列规则，受一定范围内的人所共同遵守，它约束着它所适用范围内的人们的行为。它可以是演化的，如语言、习俗等；也可以是建构的，如法律等。制度与政策既有相关性，又有很大的不同：政策是决策者制定的一套规章制度，制度是人类生活的习惯积累，它们共同涉及法律、法规等多种方面，政策较制度来说更为灵活。

就业制度是国家权力机关和有关机关为满足就业的需要而建立的，并为社会所公认的行为规范，它包括国家法律以及有权机关制定的行政法规、地方性法规、政府规章以及有关决定、命令等。从宏观角度看，就业制度分为计划型就业制度和市场型就业制度两大类型。计划型就业制度是计划经济体制的重要组成部分，国家对人力资源采取计划管理，统包统配；市场型就业制度是市场经济体制的重要组成部分，实行的是以人力资源市场为基础的自由择业、竞争上岗和合同化的用工制度。从微观角度看，就业制度是由一个个具体制度所构成的行为规范体系。[①] 解决就业问题不仅需要政策的调整，而且需要制度的保障。就业政策有赖于制度条件的支持，重视制度的基础性作用，建立就业长效制度是解决就业问题的一个基本条件。

---

① 郜风涛. 中国经济转型期就业制度研究. 北京：人民出版社，2009. 7

一、工资分配制度

劳动力市场的正常运转需要一个有效的报酬制度。工资是影响就业的重要因素之一，制度合理的工资分配制度才能创造良好的就业环境。工资分配有按劳分配和按生产要素分配，西方国家一般实行按生产要素进行工作分配，但具体分配制度也有不同。

美国企业的工资标准一般由企业的劳资双方代表进行谈判，签订集体合同加以确定，工资等级和工资标准极度不一致。联邦政府除通过法律规定最低工资和加班工资标准外，对企业的具体工资事务一般不加干涉。

日本工资分配主要采用年功序列制。职工年龄越大，工龄越长，熟练程度越高，工资也越高。这种资历工资制是与终身雇佣制相适应的，它对稳定基本职工队伍、缓和劳资矛盾、增强职工对企业的向心力起到了十分重要的作用。

欧洲各国在工资分配制度和实践上各有不同，但同其他地区相比，劳资双方的工资谈判更加规范化和制度化，在这一点上德国表现得尤为明显。长期以来，德国一直以全国和行业范围的谈判为其拟订工资方案的依据，在此基础上还制定了顾问和联合决策协议制度，通过局部的谈判来解决工资制定的问题。1991 年 6 月，欧共体发布了一条建议，认为各国应采取法律和税收方法鼓励设置工资制度，即采用利润分享制。这种制度一方面使得雇员积极参与企业决策，另一方面将雇员的工资与企业联系在一起。①

新中国成立初期实行完全的按劳分配，造成了大锅饭、平均主义的问题。改革开放以来，我国实行了按劳分配与生产要素分配相结合的分配制度，促进了经济发展，尤其是吸引了大量外资，创造了大量就业岗位。

二、失业保障制度

社会保障是国家抵御社会风险的一种制度安排，对保护和促进就业有着重大的作用。在市场竞争的条件下，受优胜劣汰规律的支配，必然会造成部分劳动者及其家属因失去收入而陷入困境，影响劳动力的再生产。而社会保障则可以通过提供各种帮助而使这部分社会成员维持基本生活需要，从而起到保护劳动力的生产和再生产，使社会生产和发展得以顺利进行的作用。社会保障还可以通过建立生育、抚育子女和教育等津贴制度来提高劳动力资源的整体素质，使劳动者顺利就业。统一、规范、完善的社会保障体系也有利于形成统一的劳动力市场，促进劳动力资源的合理流动与有效配置，从而促进就业。

---

① 张车伟. 劳动供求关系变化与就业政策. 北京：中国人口出版社，2006. 277-289

最早建立社会保障制度的国家是德国，于19世纪末开始建立社会保障制度，之后一些发达国家开始陆续建立社会保障制度。1952年6月在日内瓦举行的第35届国际劳工局理事会所通过的《社会保障公约》就社会风险在全球范围达成共识，并为各国逐渐接受。《社会保险公约》将社会风险定义为出生、年老、患病、失业、工伤和家庭困难六项。社会保障制度即为国家抵御这六大类社会风险的制度安排。失业方面社会保障主要包括失业保险和失业救助两部分。

1. 失业保险

失业保险是指对非因本人意愿中断就业的劳动者提供一定时期物质帮助和再就业服务的制度。失业保险使得劳动者在失去工作的情况下，有再寻找工作的时间、保护劳动力的生产和再生产、使社会生产和发展得以顺利进行的作用。

失业保险金基本上都来源于雇主按工资总额的一定比例缴纳的失业保险税。根据美国《联邦失业税收法》的相关规定，雇主一般需要为雇员的失业保险缴纳工资总额0.8%的联邦工薪税。失业保险的领取一般应满足如下条件：第一，工资收入达到一定数量或就业时间达到一定期限。第二，失业后需等待一定时间才能领取失业救济金，但一般不长。第三，有工作能力和工作意愿。如果失业者拒绝合适工作或对于可接受的工作进行挑剔，就会被视为没有工作意愿而被取消领取失业救济金的资格。第四，积极寻找工作。要求失业者除了在当地就业机构进行就业登记外，还必须努力寻求职业，并以合理方式获得工作。第五，失业原因不属于除外责任：自动离职、工作中的重大过错与失误、拒绝合适的工作或参加劳资争议引起的失业。

中国的失业保险经历了一个较为独特的发展历程，主要是在改革开放后逐渐建立起来的。新中国成立初期，为解决当时严重的失业问题，中国专门发布了《关于救济失业工人的指示》和《救济失业工人暂行办法》，中国开始实施失业救济制度，确立了对城市失业工人的救济原则和具体措施。但中国当时的政府和理论界认为，失业是私有制的产物，社会主义制度下是没有失业的，因此中国1957年就宣布消灭了失业，再加上当时中国实行统包统配的劳动就业制度，政府全面、统一负责城镇人员的工作和生活，因此也就不存在失业问题。这种现象一直持续到20世纪80年代。80年代，随着中国经济体制改革的深入，国有企业改革的进行，统分统配的劳动就业制度也得到改革，失业问题逐渐浮出水面。为了适应国有企业改革的需要，1986年中国颁布了《国营企业职工待业保险暂行规定》，这在事实上标志着我国失业保险制度正式建立。但1986年暂行规定很快就不能满足中国改革开放和市场经济体制改革的需要，因此在1993年颁布了《国有企业职工待业保险规定》，对暂行规定中的失业保险制度作了部分调整。扩大了原来失业保险的覆盖范围，调整了待遇水平等。真正奠定当前中国失业保险制度的是 1999 年颁布的《失业保险条例》，标志着我国失业保险制度进入了一个新的历史阶段。与此同时，中国还颁布了《社会保险费征缴暂行条例》，为失业保险基金征缴提供了法律依据。

2. 失业救助

发达国家的社会救助制度也被称为最后的社会安全网，是社会保障体系的重要一环。一般来说，社会保险是对社会成员的第一层保护，而社会救助是对那些没有参加社会保障的人提供的第二层保护，使他们不会因为丧失生活来源或收入低下而陷入贫困。社会救助制度是以货币和实物转移的方式，为那些收入水平低于国家规定标准的特定人群提供帮助，使他们能够拥有基本的生活水平和物质保障以及在心理上的社会认同感和参与意识，消除贫困，增进社会和谐，避免因收入差距悬殊和社会不公而产生的一系列社会问题。

一般失业救助项目主要包括失业者的工作搜寻津贴、对低收入家庭的补助等。例如，德国注重对失业者的培训和直接为他们创造就业机会，这些工作有时是临时和非全职的，收入不高，但是失业者参与的同时可以继续领取福利补贴和较少的收入补贴。

目前，社会失业救助制度越来越强调对长期失业者的就业激励，而不是单纯的救济。在失业者队伍中，长期失业者占很大比例，长期的高失业使越来越多的人脱离社会保险体系，成为社会救济的对象。失业时间越长，劳动技能越退化，越不容易重新就业，因而越来越依靠社会救助生活，从而成为社会救助的固定群体。因此，20 世纪 90 年代，发达国家纷纷出台法案和政策，鼓励一般救助对象特别是中长期失业者重新进入劳动力市场。荷兰在 1996 年通过了《收入税和社会保险促进法案》，为雇佣长期失业者的企业减税，并通过削减补助金额的方式激励救助对象积极就业。德国针对本国高福利、高补助的"福利陷阱"，提出了从"福利到工作"的政策。政策主要包括：补贴雇佣领取社会救助者的雇主，为工人提供再培训选择权，如果领取救助者不找工作将减少补贴额度。

三、中国的就业制度

就业制度转型与经济转型是相辅相成的。按照中国经济转型的轨迹，中国的就业制度必然伴随着经济转型而转型，以满足国家经济转型发展战略的需要。我国的就业制度的演变基本上可以划分为三个阶段：

1. 从新中国成立至 1978 年，主要解决战争遗留下来的失业问题和基本经济制度变革带来的失业问题，及计划经济体制下的统包统配制度的最终形成、巩固和演变。

计划经济体制下就业制度的基本特征：不承认存在失业现象，追求政治效果最大化，但是隐性失业普遍存在；按计划行政配置劳动力资源，企业缺乏用人自主权，劳动者个人缺乏择业自主权，劳动力配置属于资源约束型流动，对城乡劳动力流动，特别是从乡村到城镇的流动严格限制，劳动力流动效率非常低；实行按劳分配，但是客观上“大锅饭”现象、平均主义倾向比较严重；为了保持较高的就业率，实行低工资政策，收入增长缓慢；所有制追求“一大二公”，限制个体、私营经济发展；以全部就业为追求目标；社会保险福利以单位为基础；优先发展重工业，忽视服务业和轻工业，就业结构畸形；劳动效率低下，收入分配差距较小。

“全部就业”可以说是计划经济体制下的就业指导思想，由于当时对社会主义初级阶段缺乏认识，我们把经典马克思主义关于高度成熟的社会主义条件下的就业论断，运用在一个经济还十分落后的新生社会主义国家。事实上，社会主义国家特有的充分就业政策目标是“过度就业”和“隐蔽失业”现象大量存在的根本原因。

2. 1978—1993 年，改革统包统配就业制度，双轨就业模式形成，探索解决我国就业问题的新思路。

提出“三结合”的就业方针，即实行在国家统筹规划和指导下，劳动部门介绍就业（就是国营和大集体企业、事业单位按国家计划指标招工）、自愿组织起来就业（就是指群众自愿组织的各种集体经济单位）和个人自谋职业（是指个体劳动者从事个体商业和服务业）相结合。“三结合”的就业政策无疑将传统统包统配的计划就业制度打开了一个缺口，由过去单一的国家统一计划就业转变为国家、集体、个人一齐开拓就业门路。从此以后，劳动力配置逐步被分为两块：一块是由国家进行行政控制；另一块则可以自由流动，自谋职业受市场调节，从而逐步形成了劳动力配置的双轨运行体制。

经过 10 多年的改革，劳动力配置中的市场化程度越来越高，但传统计划经济体制的坚硬内核尚存，从而形成劳动力配置的双轨制，公有制企业（主要是国有企业）基本维持着传统计划就业模式，微观企业照顾宏观就业状况没有根本改观；其他领域（农村、乡镇企业、三资企业、私营企业、个体工商户等）则已基本上是按照市场方式配置劳动力资源。两大板块的并存使整个就业领域表现为典型的双轨运行特征。双轨制的存在说明了由传统计划经济体制下的劳动力配置制度向市场化劳动力配置制度的过渡不可能是一蹴而就的，在此过程中行政配置的范围逐步缩小，其作用方式也逐步改革，而市场机制的作用范围则不断扩大，最终将取代行政配置方式。

3.1993 年至今，以建立现代企业制度和《中华人民共和国劳动法》（以下简称《劳动法》）的颁布为契机，实行并逐步完善与市场经济相适应的就业制度。

《劳动法》的颁布为社会提供了重要的法律制度保障，逐步完善了有中国特色的就业体制。就业机制的转换，也促进了企业用工制度、工资分配制度以及社会保险和福利制度的改革。企业依照《劳动法》的规定，可以自主用人，劳动者可以自主择业。随着企业用人机制的逐步形成和发展，工资开始成为反映劳动力供求状况、引导劳动力流动的重要杠杆。同时，与就业制度转型相适应的还有社会保障制度的变迁。为了防止就业机制市场化转型带来的职业波动，国家越来越重视社会保障制度的建设，建立了比较健全的养老、医疗、工伤、失业和生育保险体系，20 世纪 90 年代中期又建立了城市居民最低生活保障制度。进入 21 世纪，国家在加快人力资源市场培育和发展的同时，在改善劳动力供给结构、加强人力资源能力建设、扩大就业、促进就业、推动公共职业服务等方面采取了一系列的办法，不仅保证了就业制度转型的路径继续朝着市场经济发展的方向不变，而且加强了相关配套制度的建设，为中国最终实现由传统就业制度到以市场为导向的现代新型的就业制度的转型奠定了坚实的基础。目前我国市场与计划双轨并存的二元就业机制已经向一元化的市场就业机制转化，实现全社会劳动力的市场配置已成为国有企业劳动就业体制改革的必然选择。

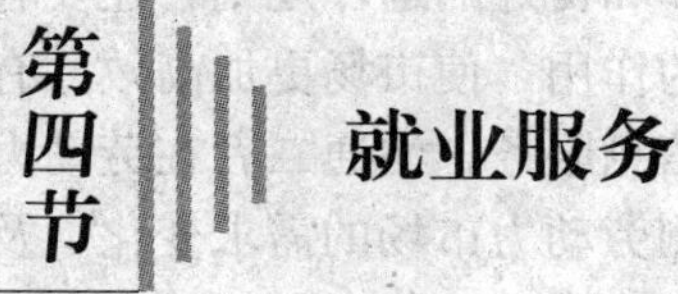

第四节 就业服务

就业服务研究是一个国际性的研究问题，公共就业服务内容、方式的不断创新和改进政府就业服务管理体制与运行机制，是世界各国政府普遍关注的问题，也是现代公共服务管理研究的重要课题。在中国，社会经济持续高速增长，劳动力市场发展相对滞后，人口与就业压力巨大；在这种形势下，对公共就业服务的理论研究尤为重要。

就业服务，也称为劳动服务或者劳动就业服务，它是政府专职劳动管理部门对于择业人员提供各项帮助和服务工作的总和。就业服务是就业体制市场化的产物，在市场经济体制下，企业和个人都具有择业权，这就需要有一定的社会组织作为中介为双方服务，使双向选择得以实现。

对于人力资源来说，具有自主性和自由选择权，因此不能等同于其他生产要素的供求实现方式，而需要有特殊的供求中介机构和组织。帮助社会成员就业，是各级政府的工作任务，作为社会公众的代表、管理者和公仆的政府，必须把就业服务工作作为自己的职责。一般来说，政府应当在各个地区设置专职的就业服务机构，如职业介绍所、就业技能训练中心等，为社会成员提供一个可靠的、免费的、信息量大的、公正无私的、方便及时的服务场所，以适应个人择业和用人单位择员的需要，为解决就业问题、促进充分就业服务。

一、就业服务的作用

搞好就业服务对完善劳动力市场和实现充分就业具有决定性意义，同时也有利于经济和社会的稳定发展。

1. 就业服务有利于促进就业

实现充分就业是任何一个国家的宏观经济目标，但由于劳动力市场自身的信息不完全，经济体总会存在一定的失业人员。失业无论是对失业者还是对国家来说，都是一种资源的浪费。这是国家就通过就业服务来提高劳动力市场资源配置的效率，降低失业率，促进就业。就业服务部门通过开展职业介绍、职业培训，促进劳动力在地区及行业间合理流动，各国实践证明，就业服务在实现劳动者就业，落实国家就业政策方面有不可替代的作用。

2. 就业服务有利于培育劳动力市场，促进劳动力供求平衡的实现

一个完善的劳动力市场不仅要有合格的市场主体和良好的运作规则，还要有完善的中介服务。中介服务发挥媒介、传导、协调的作用，使市场更加高效、有序地运行。就业服务就是为用人单位和求职者提供信息服务，沟通二者在劳动力市场的关系。另外，就业服务部门会随时关注和预测劳动力市场的需求变化，及时引导劳动力供给，促使劳动力供求的平衡。

3. 就业服务是国家调节和干预劳动力市场的主要手段

就业服务机构能够利用自身的信息优势，收集、处理劳动力及人力资源计划的相关信息，了解劳动力市场的发展趋势，为政府部门制定就业政策提供咨询。同时，就业服务机构也是就业政策的执行和监督机构。

4. 就业服务能够促进社会稳定

在市场经济中，失业是不可避免的，如果失业率过高，失业保障功能太弱，失业者的基本生活无法保障，必然会引起社会动荡，经济也不能稳定发展。就业服务部门管理失业保险和失业救济，做好这些工作，有助于社会稳定和经济发展。

二、就业服务的内容

就业服务最早产生于20世纪初的英国。自由资本主义发展到一定阶段带来了严重的经济危机和失业矛盾，政府开始管理和干预经济，就业服务体系应运而生。早期的就业服务主要是为失业人员提供社会救济，同时充当劳动力市场上的信息中介，随着经济及劳动力市场的发展，就业服务的内容也越来越丰富。

劳动就业服务是政府的具体就业工作，我国在长期的劳动就业服务时间中，形成了一套劳动就业服务工作体系，这套体系的主要内容包括进行失业登记、开展职业介绍、提供就业培训、组织生产自救、发放失业救济、开展职业技能鉴定等。

1. 职业介绍

职业介绍是就业服务体系中的核心与主要部分。在我国，劳动部门设立职业介绍所、技工交流中心、劳动力市场等，人事部门设立人才交流中心、人才市场等，开展职业介绍的各项工作。通过举办劳动供求双方的各种活动（如洽谈会）来对择业人员、转业军人寻找职业牵线搭桥，提供就业机会服务。政府除了自己进行职业介绍以外，还统辖着民间的非官方的职业介绍活动。

2. 提供就业培训

就业培训包括就业前培训、转岗训练和下岗再就业培训。开展就业培训是各国解决失业问题的通行做法，20世纪80年代初期，我国为解决就业问题曾经实行过先培训后就业的政策，为此劳动就业机构在各地设立就业培训中心开展短期就业技能训练，帮助普通中学毕业生获得就业技能与就业资格，并开展对失业人员和下岗职工的培训，为提高他们的就业能力开展服务。

我国现行的就业培训机构部门可以分为就业服务部门的培训机构、劳动保障部门和人事部门的培训机构、各类社会力量办学培训机构和今年兴办的再就业培训机构四种类型。再就业培训机构，又由就业服务系统培训中心及认定的再就业免费培训机构、教育部的再就业免费培训学校、企业再就业中心三部分组成。

3. 发放失业救济

失业救济模式对失业者予以生活方面的救助，使政府对符合救济条件的失业者在一定期限内发放一定数额的救济款项，以维持他们的基本生活。我国实行的是失业保险制度，即对失业者采取了投保缴费、享受保险的做法。

4. 组织生产自救

生产自救，是通过政府扶持和就业服务部门的直接组织，安排失业人员从事临时性的生产自救劳动，或者帮助建立与失业者自己组织“就业型企业”，使失业者有一定短期或长期的工作岗位。如我国一度实行的劳动服务公司。

三、中国政府的就业服务

(一) 中国就业服务的发展历程

就业服务是与市场经济相联系的，我国的就业服务是在社会主义市场经济改革初期产生的。改革开放以前，我国实行的是计划经济，劳动力就业完全是政府行为，即由政府实行统包统配的用工制度。改革开放以后，随着逐渐建立起来的市场配置劳动力资源的就业体制的建立，计划体制下的隐性失业显性化，就业矛盾突出。1979 年，由政府倡导成立的劳动服务公司出现了，之后迅速发展起来。我国就业服务产生以来经历了三个阶段：

第一阶段是 20 世纪 80 年代的生产阶段。

这一时期我国实行了“劳动各部门介绍就业，自愿组织起来就业和自谋职业相结合”三结合的就业方针，就业压力加大，就业服务体系雏形产生了。

第二阶段是 20 世纪 90 年代的发展阶段。

劳动力市场进入了一个新的发展时期，市场对劳动力资源的配置发挥了越来越大的作用。与此同时，就业服务也承担了更多的职能，各类职业介绍机构应运而生，就业服务机构逐步发展为由职业介绍、就业培训、失业保险、生产自救四项服务工作相互配合的就业服务体系。这一时期，就业服务体系已经初具规模。

第三阶段是 20 世纪 90 年代后期的完善阶段。

20 世纪 90 年代以来，随着经济结构调整，下岗问题日益突出，这对就业服务提出了新的要求。2000 年底发布的《劳动力市场管理规定》为就业服务的发展和完善奠定了法律基础。这一时期，就业服务有较大的发展。

经过十几年的发展，我国就业服务体系由最初的劳动服务企业的雏形，逐步发展为以职业介绍、就业培训等为主要内容的就业服务体系。就业服务内容多样化，现在的就业服务是融职业信息服务、职业介绍、职业指导、就业岗位开发以及劳动保障为一体，连接职业培训、失业人员管理的服务体系，并且我国就业服务体系建立了大量的服务网点，使得大批人员享受到了就业服务。

随着经济体制改革的深化，我国结构性失业日益严重，全球经济衰退及技术冲击使得各个行业不断释放劳动力，要单纯依靠经济的高速发展来增加就业岗位是远远不够的，必须依靠政府高效的就业服务体系来推动就业。但是，我国就业服务体系存在很多问题：

1. 就业服务体系在地区间发展不平衡

我国经济发展的地区性不平衡，使得就业服务在地区间也呈现不平衡的状态。一些市场经济发达的地区建立了比较完备的就业服务体系，而一些落后地区，就业服务才刚刚起步。

2. 就业服务存在效率和质量的问题

就业服务体系的信息服务质量不高，信息不够及时、准确和完备。就业培训质量不高，缺乏以人为本的服务理念，缺乏对劳动力市场有效的宏观管理，缺乏科学的劳动力供需分析和预测。

3. 资金和组织管理的问题

就业服务机构发展的趋势是半事业型组织机构，它们在完成就业服务的同时，利用自身资源，开展收费服务。一方面满足市场的需求，另一方面保证自身的良性循环。我国的就业服务机构建设较晚，存在资金投入不足、组织管理比较混乱的问题，影响就业服务机构的服务质量，并进一步影响收费业务。

4. 从业人员的问题

就业服务体系需要大量专业工作人员从事专业化的职业介绍和职业指导工作。但我国现阶段就业服务人员明显不足，基层就业服务机构尤其薄弱，难以向失业人员提供必要的就业服务。另外，我国就业服务人员普遍存在文化程度较低、工作能力及经验不足的问题，难以适应要求越来越高的就业服务工作。

面对复杂的就业形势和多变的劳动力市场，我国迫切需要采取措施来完善就业服务体系。首先，我国就业服务体系资金投入严重不足，尤其是公益性的就业服务，无论就业软件、硬件资源都达不到标准。这就要求加大政府投入，将就业服务体系纳入到公共财政支出框架中，加大对再就业培训、创业支持、困难群众再就业的资金支持。其次，推动公共就业服务机构与私营就业服务机构的有效合作，引进竞争机制，克服公共就业服务的不足，从而提供更优质的服务。再次，要大力加强就业服务的信息化建设。我国的就业信息网络不够健全，大大限制了就业服务作用的发挥。政府应该建立统一的劳动力市场信息网络，加强对就业信息的收集、分析，为就业服务工作打下坚实的基础。最后，坚持以人为本，培养高素质的就业服务人员。就业服务体系需要大量就业服务专业人员，人员素质对就业服务质量的提高起关键性作用。逐步培养高素质的就业服务人员不仅有利于服务质量的提高，而且可以间接增加就业。

（二）我国就业服务的管理运作模式及其职能

1. 中国就业服务的管理运作模式

从公共就业服务体系的发展历程来看，公共就业服务的内容经历了从消极保护劳动者到积极开发劳动力资源和调节劳动力市场的过程，现行的公共就业服务运作体系，是辅助实现我国劳动力灵活就业的重要运作体系。中国现行的就业服务运作模式是在就业服务管理机构的组织下，以公共、私营就业服务组织为核心在各类求职者与用人单位之间实现劳动力的配置（见图 8—1）。

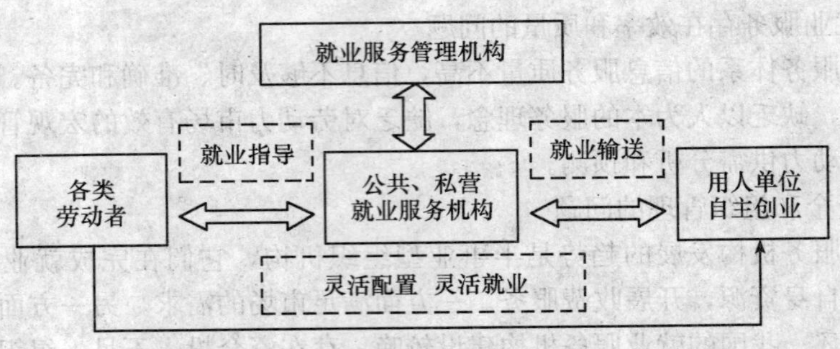

图 8—1 中国就业服务的管理运作模式

总体而言，现行就业服务的体系构成与运作模式实现了服务形式多样化，对大部分劳动力实现了配置。但从我国公共就业服务体系运行的状况来看也存在很多问题，其症结在于缺乏对公共就业服务内涵全面、细致的把握。理论认识上的模糊使得具体工作难以向纵深发展，阻碍了公共就业服务体系的进一步完善。由此，必须对公共就业服务这一特殊的公共品进行全面的分析，在此基础上选择体系完善的具体策略。

2. 中国公共就业服务的基本职能

政府就业服务的最高使命是其应该具有的社会责任，就业问题关系到所有劳动者及其家庭的切身利益，促进教育和治理失业是政府的重要职责，这不仅是国际社会的认识，也是世界各国政府执政的重要目标。在我国的《就业促进法》中明确规定了政府在促进就业中，要建立就业工作目标责任制度、制定实施有利于就业的经济和社会政策、推进公平就业、加强就业服务和管理、大力开展职业培训、建立健全失业保险制度、开展就业和失业调查统计工作和发挥社会各方面促进就业的作用八个方面的职责，这更是各级政府执政为民的重要体现。

中国公共就业服务的基本职能可从以下四个方面体现：

(1) 劳动力储备管理

该模块是提供实时数据通透性和科学的劳动力储备管理职能，如劳动力在失业期间等待就业的时间控制、失业救济金的发放管理、失业人员职业技能及创业能力培训管理等活动。

(2) 劳动力资源配置和就业援助

使参与就业服务系统的成员能检阅到相关信息资料，共同规划未来的劳动力资源配置和就业援助活动。如对求职者的职业指导、素质测评、职业介绍、创业扶持、就业援助等服务活动。对用人单位的职位分析、劳动力资源的优化配置等活动。

（3）就业促进与配套管理

该模块是对劳动者和用人单位，借由科学的决策支持工具协同合作，并同步化执行服务管理以及相关的活动。例如通过就业优惠政策扶特、职工在职培训、职业技能鉴定、劳动力价格调节与管理、内部劳动力市场管理、劳动事务代理、企业服务等活动，建立和谐的劳动关系，促进劳动力的稳定就业工作落实到每个地区的就业服务单位。

（4）就业服务过程控制

就业服务过程控制是指针对虚拟系统的各组织内部以及外部交易伙伴提供一个以使用者角色为基础的单一环境，通过劳动保障监察对劳动力市场秩序进行规范，使所有参与者能协同合作，并适时明智地做出让服务对象（劳动者和雇佣者）利用实时的人力资源信息、就业岗位信息对劳动力资源供需进行最佳化的预测决策；并进行持续不断的监督、控制、警示和评估网络系统服务的活动。事件管理机能中的协同合作机制提供了单一平台，便于相关人员和组织之间的实时沟通和合作，进而建立网络化虚拟系统的绩效评价体系。

【本章小结】

本章介绍了政府宏观就业管理的主要内容，包括三个方面：一是就业政策，二是就业制度，三是就业服务。政府的就业管理主要是宏观调控，利用宏观经济政策和经济杠杆来保障就业。就业关系到国计民生，单纯依靠市场调节不能解决失业问题，政府对就业的管理十分必要。

【复习题】

1. 政府就业管理职责的主要内容是什么？
2. 具体的就业政策有哪几类？并举例。
3. 具体的就业制度有哪几类？并举例。
4. 就业服务的主要内容是什么？

第九章

就业指导与培训

本章学习目的

1. 了解就业指导的概念
2. 熟悉就业过程中的各种心理现象
3. 掌握求职过程的各种技巧
4. 掌握职业生涯规划
5. 了解创业过程
6. 了解就业培训的现状
7. 把握农民工和大学生就业培训的重点

就业无论是对社会、家庭还是对个人都是十分重要的。从个人来说如何顺利获得满意的工作，其中起决定作用的是个人的就业能力。就业能力不是天生的，需要后天的学习和培养，也就是所谓的就业指导和就业培训工作。本章将重点讲述这两个问题。

第一节 就业指导

一、就业指导的含义

就业指导是指帮助求职者根据个人的生理和心理特点选择适合于自己职业的过程。对这一定义的理解有狭义和广义之分，狭义上把它理解为是择业期的职业选择过程；而广义上则理解为择业的准备过程和选择过程，以及在职业中发展和完善的过程，其中准备过程尤为重要。它的主要目的就是帮助求职者了解自身的个性特点，了解企业中的岗位需求，帮助择业者根据自身的个性特点选择适合自身的职业，也就是通常我们所说的人职相配。

就业指导在不同的国家和地区有着不同的称谓，如在英国和美国称为职业指导，在法国称为方向指导，在日本称为出路指导，在俄罗斯称为定向教育。虽然称呼不同，但含义基本上是一致的。另外，从不同的学科界定就业指导又有多种定义，例如，教育学者认为，就业指导是促进学生个性全面协调发展的基本环节，主要关注学生的就业素养的培育；经济学者认为，它是对劳动力有计划地进行分配与再分配的人力资源配置工作，主要关注实现人力资源的最优配置；而社会学者则强调就业指导对协调各种社会关系的作用，本书主要从劳动经济学科的角度进行阐述。

1894 年美国加州工艺学校推行的就业指导，是就业指导发展的雏形。后来，在德国、英国等一些国家相继开展了专门的职业指导活动。就业指导的创始人美国人帕金斯在 1909 年出版的《选择职业》一书首先使用了就业指导的概念。1911 年哈佛大学在世界上第一个在大学中开设了就业指导课程。在我国，清华大学在 1916 年就开始着手筹备这项工作，1923 年正式成立了职业指导委员会，拉开了我国高校就业指导工作的序幕，1925 年还出版了《职业指导实施》一书，记录下我国开展就业指导工作的初期的历史。1949 年新中国成立后，高校采用的是按计划招生统招统分的制度，毕业生完全由政府统一分配，不存在就业指导。改革开放后，我国逐步实行社会主义市场经济，毕业生与用人单位之间采取双向选择的就业模式，国家不再包分配，就业指导的重要性显现出来，20世纪90年代中期各高校才相继成立毕业生就业指导中心，就业指导活动开始逐步得到重视。但就业指导处于边实践边改革的阶段，且对其不够重视，就业指导工作始终没能发挥应有的作用①。随着就业问题的日益严峻，就业指导的地位和作用开始显得日益重要，在社会各方面的努力下得到了迅速发展，不仅包括对大学生的就业指导，也开始针对城镇失业者和农民工开始了就业指导的探索工作。

就业指导包括的内容十分广泛，如就业心理指导、求职技巧、职业生涯规划、创业指导等，下面就这些内容分别进行阐述。

二、就业心理指导

随着高校的扩招，劳动力市场中各种人才越来越多，求职竞争变得异常激烈。大学生日益失去社会精英的感觉，在寻找工作中到处碰壁；城市中的国企改革，大量工人下岗分流，由于本身工作技能缺乏，很难找到合意的工作；大量农民工从农村进入城市，为城市的发展作出了巨大贡献，但容易受到经济周期的影响，遇到经济低迷的时候，他们是最先受到冲击的群体，很难寻觅到满意的工作。人们在就业竞争过程中会产生或轻或重的心理障碍，轻者影响求职过程的判断，重者导致求职的失败，甚至诱发心理恶性循环，产生精神疾病。因此，必须对此加以重视，常见的就业心理障碍有以下几种表现。

1. 心理焦虑

就业心理焦虑是在就业心理压力下所产生的一种失落感、危机感和迷惘感，表现为经常处于烦躁不安和心急如焚的情绪状态。人们在就业期间普遍存在不同程度的心理焦虑，特别是长时间失业的人。一方面，没有收入来源，经济紧张；另一方面，由于经济拮据，精神生活无法满足。再加上整天无事可做，会产生烦躁心理，情绪容易激动。

2. 不能正确评价自己

正确的自我评价是就业的基本前提，对自己的优势和不足应该有清楚的认识，过高和过低的自我评价都会带来不良的后果。

自傲是过高估计自身实力而产生的一种优越感，这种心理在一些求职者身上反映比较突出，他们在就业过程中好高骛远，自命不凡，还没进入企业就开始提条件，要待遇，给用人单位留下不踏实的印象，从而失去很多就业机会。自傲心理使求职者严重脱离实际，以幻想代替现实，使自己的求职目标和现实产生极大

---

① 施美. 大学生就业指导研究综述. 淮南师范学院学报，2010（2）：101～103

的反差。

自卑心理表现为对自身的能力和素质评价过低。一些求职者对自己缺乏信心，觉得自己事事不如人，在求职过程中，不敢充分展示自我，缺乏大胆尝试、积极参与竞争的勇气，从而错失就业良机。比如在无领导小组讨论中，自己有很好的想法和注意，但看别人侃侃而言，而且是名牌大学或来自于著名企业，从而感觉自卑，不敢说出自己的想法，也就失去了自我表现的机会。

3. 依赖心理

有的求职者存在等、靠、要的依赖心理，不能主动参与就业市场的竞争，向用人单位展示自我、推销自我，而是寄希望于学校的安排、朋友的介绍和家人的奔波，自己站在一边若无其事，这样的依赖心理，使求职者丧失把握机会、创造机会的主动性，使自己在求职竞争中处于劣势。有的求职者参加招聘会或者面试，要家长陪同，甚至要家长回答相关的问题，这样会给用人单位留下造成没有独立性的印象。

4. 放松心理

很多求职者经过激烈的竞争，终于加入了企业，开始了工作。但在工作中不严格要求自己，认为反正已经进来了，产生了松懈心理，对工作没有全力付出。现在的社会发展迅速，对就业者的就业能力要求是不断提高的。

面对以上各种不适的心理现象如何来应对呢？要学会调节自己的心态，放松自己紧张的情绪，从容面对求职过程中的种种困难，掌握自我心理调适办法，避免因心理问题导致就业的失败。下面提供几种自我心理调适的方法。

1. 情感转移

当不良情绪不易控制时，可以采取转移情感到其他活动中的办法，参加一些轻松愉快和自己感兴趣的活动，如看电影、跑步、爬山、学习一些新知识等，使自己没有时间沉浸在不良情绪中，这种时刻一定不要自己独处，最好走出去，和朋友在一起，向朋友诉说自己的痛苦。

2. 自我慰藉

当求职者不能如愿时，不要过分苛求自己，可以通过自我安慰来进行自我调适。例如，借“酸葡萄”等理由自我安慰，找一个可以接受的理由来承认并接受现实。要告诉自己，现在情绪的好坏就是正常的，本来就应该这样，好的和不好的都是要接受的，顺其自然，要坚信现在所发生的一切都是为了未来要发生的美好的事情在做准备。

3. 建立终生学习的心态

现在已经开始步入了知识经济的阶段，社会发展迅猛，已经加入企业的劳动者应该认识到就业能力是具有相对性和时间性的，不树立终身学习的习惯，是难以在职场上生存的。因此，应该坚持学习，从书本上学，向他人学，树立起积极的学习心态，在工作中，时刻以积极的心态履行自己的工作职责，这样才可以找到自己满意的工作机会。

三、求职技巧

择业者寻找工作的过程中，是有很多规律可以遵循的，违背这些规律可能会达不到理想的择业预期，比如目前的大学生就业难的问题，其中很大一部分不是因为自身能力不足的原因，而是因为大学生没有掌握求职过程的规律，凭个人感觉去求职，遭到了很大的挫败。下面就主要来阐述求职过程应该注意的问题。

1. 求职的渠道

随着社会的进步，求职渠道变得多元化，一般的招聘渠道包括报纸杂志、网络招聘、大型招聘会、校园招聘、熟人推荐、猎头公司等，现在企业比较青睐的招聘渠道为网络招聘和各类型的招聘会。随着网络技术的发展，现在又出现了微博招聘的新方式，择业者可以根据自己的情况选择不同的招聘渠道。

招聘网站比如前程无忧网、智联招聘网、中华英才网，它们的好处是信息量大，更新速度相比传统媒体快，选择也多。不足之处是无法验证企业的好坏，只凭招聘中简单的企业简介很难对企业有深入的了解。猎头公司是新的一条渠道，主要适合高管人员、关键技术人员等。现在越来越多的企业开始委托猎头公司寻找核心人员，因此如果已经就业的劳动者希望有更好的机会和平台，应该主动和猎头公司保持联系，寻找机会。

2. 简历的准备

投放简历，是求职者找工作的第一步，而简历也就成为求职的敲门砖。是否有机会参加下一步的面试，全看这敲门砖好不好。各大公司、企业又是如何筛选简历的呢？一般说来，不同企业对简历的筛选标准是各有不同的，当然，也并不是没有相同之处。在一般情况下，招聘负责人都认为内容的真实性是很重要的，其次翔实、简洁的简历比较让人认可，而那些精心设计、贴着艺术照和写真照的简历，则鲜有投赞成票的。在这些共性之外，一般在编写简历过程中要注意以下三个问题：

（1）简历的针对性

简历最重要的是要有针对性。这个针对性有两层含义：一是简历要针对你所应聘的公司和应聘的具体职位；二是你的简历要针对你自己，写出自己的特点。

写简历前将自己在求学和工作阶段的经历仔细回想一遍，写下有亮点的事情。如获得过奖学金或者获得过什么竞赛奖励等；如参加过学生会工作、学生社团工作等；在哪些单位工作过，工作的主要职责是什么，取得什么业绩等。找出自己与众不同的地方，找出能反映自己良好素质的成绩，最好能用数据来说明自己的业绩，这样比较有说服力。

然后根据所应聘的岗位和公司进行一定的筛选和修改。打个比方，如果应聘技术型的工作，重点是要突出专业能力、技术开发能力、团队精神、学习精神等，简历上应该体现你的专业成绩，曾经做过的与应聘岗位有关的项目及所取得的成绩，或在专业刊物上发表的论文。如果应聘销售类的工作，重点要突出你的沟通能力、人际交往能力和不服输的精神，简历应体现你处理人际沟通中遇到尴尬情景下的说服能力，以及因为坚持和毅力取得的成绩。

（2）简历的主要构成

招聘主管在筛选简历时一般会重点了解客观内容和主观内容，客观内容包括：应聘者的期望职位；公司招聘岗位所需素质相关的表现，如学习成绩，社会工作经历，体现个人优秀素质的独特经历；另外，也注意教育背景、学历、专业、毕业的大学；如果需要面试，应聘者的一些基本信息不可少，如姓名、联系方式等。主观内容包括求职者的自我评价、心理成熟度、工作动机、工作积极性等。在筛选简历过程中，一般主要关注客观内容。

由此可见，一份简历至少要包括以下几个方面的内容：

①应聘的岗位或求职期望。

②基本信息：姓名、性别、联系方式（如联系电话、电子邮件等）；最好留下手机并保持手机畅通。

③教育背景：最高学历、毕业院校、专业、学习内容等。

④与应聘岗位需求素质有关的表现、经历和业绩等，做到主题突出，条理清楚。

⑤培训经历。

⑥自我评价及未来的职业生涯规划。

（3）简历的外观

外观上要整洁、美观，一般不需要太多，关键要突出重点。最多 2 页 A4 纸，一般要打印出来，字体为五号或小四号。简历有没有封面没有关系，很多招聘主管并不希望有封面和塑封的简历，看起来要抽出其中的简历比较费时间。一般岗位的简历不需要太花哨，关键要有内容。对于一些特殊的岗位，如设计类、公关类、策划类的岗位，简历形式可以做得别出心裁，与众不同。

分析简历的针对性、内容和外观，可以看出，企业主要看中的是求职者的工作能力，而不是一些不相关的信息。下面谈谈企业中招聘主管不希望看到的几种简历，它们的主要缺陷是求职者没有通过自己的工作和学习经历来突出自己的特定工作能力。

第一，空洞、缺乏事实和数字支持的简历。如写了很多长处，如做事认真，能吃苦耐劳，具有团队精神、创新精神，适应能力强，沟通能力强等。这些空洞的词句会让人比较反感。与其写这些，还不如写你做过什么工作，组织了什么活动，取得了什么成绩，注意用事实和数据来证明自己的优点。

第二，花了很多笔墨介绍学校、专业，列出专业课而没有成绩介绍，很少写到个人。这样的简历只适合从来没有招过大学生的单位。对于绝大多数企业招聘主管，他们关心的是应聘者的特点和能力。

第三，散文式的简历。简历像一篇散文或记叙文，看起来很费力，找不出重点，诗情画意的词很多，表态度的词很多，而事实和数字很少，条理不清楚。

3. 参加招聘会的注意事项

参加各种各样的招聘活动，是成功求职的关键之一。在求职活动中，事前要详细了解招聘活动的类型，如招聘会一般分为综合性人才招聘会、专场人才招聘会、高端人才招聘会等，选择适合自己的，同时只有对招聘单位在面试时可能提出的问题进行认真的准备，才能在求职活动中做到有备无患，应对自如，增加被录取的概率。

在参加就业招聘活动的过程中要注意：

(1) 保持良好的精神面貌。求职者应该朝气蓬勃，充满自信，充满强烈的工作意愿，要相信自己所掌握的知识和技能一定能胜任将要从事的工作，自信是成功的第一步。

(2) 进入招聘会时间要早。招聘会的时间安排一般非常紧凑，及早进入，可以有充足的时间收集信息、了解行情、掌握到会单位的情况，一般可以先拿到介绍参加招聘会基本情况的会刊，尽快浏览一遍，对到场单位情况进行初步了解，然后根据自己的求职意向，确定重点，安排好主次，再去交谈。

(3) 重视举止形象。掌握必要的礼仪和谈话技巧，适当“包装自己”。比如到中午的时候，招聘主管开始吃饭，如果对该企业的职位有兴趣，可以耐心等待，而不是去打扰他们就餐。面谈时，避免先谈待遇，如果能就单位的情况谈些有深度的看法或建议，是最好不过的了。

(4) 留下必需的书面资料。如果单位不能当场签约，还在继续面试或考核，就要留下自荐书、简历等材料。留下资料后，不要坐等，而应积极与单位联系，以争取主动。

4. 面试技巧

面试是指招聘单位事先设计安排好的，通过与求职者以谈话为主、观察为辅的双向交流与沟通的方式来了解求职者素质和相关信息为目的的测试方法。一般来说，面试有以下几个目的：考核求职者的工作动机与工作期望；考核求职者的仪表、性格、知识、能力、经验等特征；考核笔试中难以获得的其他信息。常见的面试种类主要有结构化面试、问题式面试、压力式面试、非引导式面试、综合式面试等。在实际面试过程中。用人单位可能采取几种面试方式，也可能就某一方面问题对于求职者进行更广泛、深刻的考察，从而达到选拔出优秀求职者的目的。现在有的企业开始采用一些先进的面试方式，如无领导小组讨论、情景模拟测试、管理游戏等。

面试是一个互动过程，对于招聘单位来讲，是在阅读了求职者提交的自荐信、个人简历等相关证明材料的基础上更深入地了解和考察求职者的素质，为录取和决策提供依据；对求职者而言，相当于抛开简历等书面材料而站在主考官面前，通过自己的言谈举止来展现自己的才能和素质，让招聘单位相信自己是最合适的人选，同时还可以通过自己主动咨询以更多地了解招聘单位的用工政策和应聘岗位的情况。由于参加应聘的不会是一个人，所以，面试过程还是与其他条件相当的求职者竞争的过程，这更需要求职者善于突出自己的长处，争取最后的胜利。

为了获得所求的工作，在参加面试前进行一些必要的准备，对成功求职是必不可少的。

（1）充分了解应聘单位

应聘者可以通过应聘网站了解应聘单位和应聘职位的情况，同时也可以通过朋友、同学和亲戚来了解用人单位的性质、地址、业务范围、经营业绩、历史、发展前程，对应聘岗位职务及所需的专业知识和技能等。

（2）把自己的资料准备妥当

面试时，将毕业证书、专业资格任职证书、获奖证书等材料准备好。去面试时，应把这些资料按照顺序放在一个公文包里随身带去，以便主考官查看。公文包里除了放置些上述个人资料外，还可以准备一本书或杂志放在公文包里，如果应聘人数较多，自己又被安排在后面，那么等待时间就较长，看书或杂志会让自己放松。

（3）准时到达面试地点

一般提前十分钟到达面试地点是比较科学的，提前到达给企业的接待带来不方便，迟到更是时间性观念不强的表现。如果万一因为堵车等意外因素迟到，需要打电话提前告知。

（4）注意面试过程的身体语言

面试是从进入面试房间身体语言的交流开始的，它将给人留下第一印象，也是最重要的印象。千万不要忽略，这是面试过程中非常重要的组成部分，以下几点需要注意。

首先，注意握手的方式。一般是用人方先伸出手，求职者不要主动先伸手。握手时看着对方的眼睛说“您好”或“很高兴见到您”之类的泛泛问候更有意义。最重要的是，握手时一定要手掌和手掌相接触，这比用力去握手更重要。手掌相触的握手方式让人觉得诚恳且心胸开阔，和这样的人打交道会觉得很放心，给人踏实的感觉。

其次，注意肢体语言的同步性。当两个人在交流时，肢体语言会有一些类似于“镜像效应”的反应，一个人的肢体语言会感染另一个人，使两个人的动作有相似之处，这就叫做“同步性”，这表明这两个正在交流的人同时进入同一种虚设情境。如果对主考官的一些行为动作完全不在意，可能是因为过于紧张，放不开。但是夸张的模仿也会让对方反感，这个尺度要拿捏好。面试的时候要充分留意面试官的肢体语言，思考问题的时候不能死盯着一个角落或者一个物体，要不断和面试官进行眼神交流。

再次，注意身体的姿势。一个人的姿势往往会反映出“统治”或者“服从”的姿态。喜欢两手背在身后而且挺得笔直的人，统治欲较强，不容易接近，如果弯腰驼背，则反映这个人的不安全感或者害羞。面试的场合，需要有自信心，伸展腰背，下颌略收，两只手很自然地垂放或相合，坐在椅子的前半部分，身体略微往前倾斜，不能抖动双腿。很自然地运用手势，但是不要玩弄手指，这样可能会暴露你的不自信、不确定和紧张。

最后，注意眼神接触。在面试场合，人们一般认为不躲闪且自然的眼神交流能表达一个人的诚恳和坦率。眼神交流是肢体语言中很有力量的一种，直接表达情绪或者态度。在不回避面试官的眼神的同时，也不要直勾勾地盯着对方看，不要迅速转动，应该在诸位面试官的两眼之间的中点位置游离。

求职者在注意自己肢体语言的同时，也应该知道如何察觉并注意面试官的肢体语言，能够察觉面试官的肢体语言是促进面试成功的一个非常有价值的技巧。下面几种情况要明白其中的含义：

①如果面试官的头偏向一边，眼睛盯着你看，说明他正在认真倾听，而且对你说的事情感兴趣。你应该将目前的谈话继续下去。

②挠头表示困惑和怀疑，不要惊慌。相反，稍做停顿，然后反问“我说清楚

了吗”或“我不知道我是否表达清楚了”，以了解面试官的真实想法。

③咬嘴唇预示着不安，也许是因为他对你所谈及的这个问题很敏感，面试官觉得讨论这个话题很不合适，你应该及时转换话题。

④当面试官挠他的后脑勺或脖子的时候，说明倦怠和不耐烦，此时最好的办法是尽可能自然地转向别的话题。

⑤低头表示自卫。你说的某句话可能被面试官理解成反抗和不接受，这时，应该说些中性的话：“当然，我得承认每一个部门都有其自己的管理风格，我可以去适应。”

⑥频繁点头是成交信号，继续你的谈话。

⑦面试官摇头则是拒绝信号。这足以让你马上反应：“您好像不同意我的观点，是哪一部分不妥当呢?”这样的问题会使令人烦躁的谈话转向暂停，同时表明你有敏锐的洞察力。

（5）领会面试官的提问意图

在面试过程中，面试官提出的每个问题，都是围绕着某项胜任能力的考察，所以求职者应该思考面试官问题的背后意图，并且有针对性地进行回答。回答问题的时候，要举例子，并且按照S（情景）、T（目的）、A（措施）、R（结果）的顺序来描述整个过程。经典面试问题分析见表10—1。

5. 求职过程中的常见陷阱

在目前劳动力市场中，总体上讲，劳动力供给大于劳动力需求的，个人特别是自身就业能力比较弱的，他们的压力是比较大的。一些不法分子抓住择业者寻找工作的急切心情，采取一些不法的手段来坑害求职者，这里进行总结，给求职者提个醒。

（1）不通过正规的渠道招聘。人员招聘是单位的一项重要工作，是企业形象的重要组成部分，一般单位对该项工作是非常重视的，会派专人通过正规的渠道招聘。非正规渠道的招聘如在电线杆、站台上张贴招聘广告的，一般都是不值得信任的。看到“某公司”或不写明公司的电话和地址的招聘广告时，求职者一定要谨慎。

（2）要求应聘者缴纳“保证金”等费用。一些不法人员企图利用高薪待遇的幌子，骗取所谓的押金、培训费、服装费等。对有些单位提出的所谓押金、培训费、服装费要敢于说不。《劳动合同法》明确规定只有在培训服务期和竞业限制两种情况下才可以约定违约金，其他形式的违约金都是违法的。

（3）要求应聘者介绍他人加盟。有些求职者因被骗而涉足非法传销，到头来后悔不已。因此，在求职过程中如遇到类似单位对你非常主动，对你过分热情，

表 10—1　　经典面试问题分析

题类型	代表性问题	问题的意图	回答的方法
询问过去的经历	你能用两分钟做个简单的自我介绍吗	概述和表达能力怎么样	简洁，突出自己的核心优势，不要说得太详细
	过去最成功或最失败的事情是什么	价值观、动机	慎重选择，符合企业文化
自我认知	最大的优点和缺点是什么	能力和岗位是否匹配	选择符合岗位的优点
处理矛盾	你通常如何处理别人的批评	是否善于排除人际关系的困扰	坦诚接受并努力改正缺点
	你不愿意跟哪类人交往	是个合群的人吗，团队协作能力	跟所有的人建立关系，对事不对人
考察知识	营销中的“三部曲”是什么，营销中的“4P”理论	看基本知识是否扎实	尽可能使用专业化语言，适当举例
分析问题的思路	管理应该关注公平，还是关注效率	能不能从宏观上把握问题，思维结构是否完整系统	思路清晰完整，从结构上入手，而不局限于细节
	航班飞机一天要消耗多少燃料	能不能想出几个办法来，思路是否缜密	想出两种以上的方法，方法科学合理
未来的职业规划	5 年之后的你会是什么样子	对未来有什么规划，是否符合企业的战略规划	一步一个脚印在公司里慢慢成长，从基层做起

把加盟后的前景说得异常振奋人心，并要你介绍朋友和同学一起加入时，就要想想这句老话：天上是不会掉馅饼的。

（4）窃取应聘者“智力”比如私人资料或作品。企业以选人为名，在笔试、业务考察等环节中让求职者撰写策划案、翻译文章，从而窃取求职者的智力成果，所以一般不要随便为招聘方提供自己的智力产品。

（5）招聘单位“无限期试用”。一些用人单位为降低人力资本，大量招募短期员工，且不签订劳动合同，待试用期满，就以各种各样的借口予以解雇。这样一来，求职者总是辛辛苦苦给单位低薪干了几个月，然后被扫地出门。针对这种情况，求职者一上岗就应要求企业按照相关劳动法律的规定，签订正式的劳动合同来保障自己的合法利益，劳动合同的试用期最多不超过 6 个月，而且试用期只能约定一次，劳动合同必须在用工一个月内签订，否则从第二个月开始需要支付双倍的工资。

四、职业生涯规划

1. 职业生涯规划的概念

职业生涯指一个人从开始进入劳动力市场，到退出劳动力市场的过程中，所从事的按照时间序列排列的各种工作组合。职业生涯规划是在对一个人的兴趣、爱好、能力、特长、经历及优缺点等各方面进行综合分析，结合客观条件，根据他的职业倾向，确定其最佳的职业发展路径，是走技术路线，还是走管理路线，或者两者兼备，并为实现这一目标做出行之有效的安排，目的是个人特点与组织、社会发展需求的最佳匹配。它的作用在于树立明确的目标，运用科学的方法，采取切实可行的措施，发挥个人专长，开发自己的潜能，克服职业生涯发展的障碍，避免人生走弯路，不断修正前进的方向，最后实现自己的人生价值。

2. 职业锚

职业锚是由在职业生涯规划领域具有“教父”之称的美国麻省理工大学斯隆商学院、著名职业指导专家施恩教授（Edgar. H. Schein）提出的，他认为，职业生涯发展实际上是一个持续不断探索的过程，随着一个人对自己越来越理解，这个人就会越来越明显形成一个占主导地位的职业锚。职业锚的概念在职业生涯规划中有十分重要的地位，因为只有确认一个人的职业锚之后，也就是明确他的职业定位之后，一个人才有了前进的方向，才有了奋斗的目标，才有了其他职业生涯规划活动，一个人只有从事符合自己职业锚的工作，才会真正喜欢这个工作，并在工作中发挥出全部潜能，因此，职业锚是进行职业生涯规划活动的基本前提。

那么，究竟什么是职业锚？施恩教授认为，职业锚是指一个人在不得不做出职业选择时，不会放弃的职业中的那种至关重要的态度和价值观。“锚”是指抛到水底可以使船停稳的工具，“职业锚”则有职业稳定、定位等含义，在职业心理学中，职业锚实际上就是人们选择和发展职业时所围绕确定的中心。一个人对自己的天资和能力、动机和需要以及态度和价值观有清楚的了解后，就会意识到自己的职业锚，从而作出某种重大选择。比如，到底是接受公司将自己晋升到总部的决定，还是辞去现职，转而开办和经营自己的公司？正是在这一关口，一个人过去的所有工作经历、兴趣、资质、潜能等才能集合成为一个富有意义的职业锚，职业锚会告诉这个人，对他来说什么东西是最重要的。

施恩教授根据自己对麻省理工学院毕业生的研究，确定了 8 种基本的职业锚[①]，具体包括：

---

① ［美］埃德加·施恩. 职业锚. 北森测评网译. 北京：中国财政经济出版社，2004. 47-73

（1）技术职能型

技术职能型的人追求在职业技能领域的成长和技能的不断提高，以及应用这种技术职能的机会。他们对自己的认可来自于他们的专业水平，他们喜欢面对专业领域高难度技术的挑战。他们通常不喜欢从事管理工作，因为这意味着他们不得不放弃在技术职能领域的事情来处理人与人之间的关系。

（2）管理型

管理型的人追求并致力于工作晋升，倾心于全面管理，独立负责一个部分，可以跨部门整合其他人的努力成果。在他眼里，人更重要。他们想去承担整体的责任，并将公司的成功与否看成自己的工作。具体的技术职能工作仅仅被看做是通向更高、更全面管理层的铺垫。

（3）独立自主型

独立自主型的人希望按照自己独特的想法安排自己的工作方式、工作习惯和生活方式。追求能施展个人能力的工作环境，最大限度地摆脱组织的限制和制约。他们宁愿放弃提升或工作发展机会，也不愿意放弃自由和独立。

（4）安全稳定型

安全稳定型的人追求工作中的安全感与稳定感，不喜欢任何的挑战和不可预测性的未来。他们因为能够预测到稳定的将来而感到放松，他们关心财务安全，如退休金、退休计划等。

（5）创业型

创业型的人希望用自己的能力去创建属于自己的公司或创建完全属于自己的产品，而且愿意去冒风险，并克服面临的障碍。他们想向社会学习并寻找机会，一旦实际成熟，他们便会走出去创立自己的事业来实现自己的价值。

（6）服务型

服务型的人一直追求他们认可的核心价值，如帮助他人、改善人们的安全、通过新产品消除人类某种疾病等，具有强烈的利他的动机。他们一直追寻这种机会，这意味着即使变换单位，他们也不会接受不允许他们实现这种价值的变动或工作提升。

（7）挑战型

挑战型的人喜欢解决看上去无法解决的问题，战胜实力强劲的对手，克服无法克服的困难障碍等。对他们而言，参加工作的原因是工作允许他们去战胜各种不可能。他们需要新奇、变化和困难，如果事情非常容易，工作马上就会变得让他们厌烦，他们更喜欢接受不稳定、不可预测的未来。

（8）生活型

生活型的人希望将生活的各个主要方面整合为一个整体，喜欢平衡个人的、家庭的和职业的需要，比较平和，没有太多的企图和欲望。因此，生活型的人需要一个能够提供“足够弹性”的工作环境来实现这个目标。生活型的人甚至可以牺牲职业的一些方面，例如放弃职位的提升，来换取三者的平衡。他们将成功定义得比职业成功更广泛。相对于具体的工作环境、工作内容，生活型的人更关注自己如何生活、在哪里居住、如何处理家庭事务以及怎样自我提升等。

有很多人也许一直就不知道自己的职业锚是什么，当他们处于不得不做出某种重大选择的关口时，如是否弃官从商等，一个人过去的所有工作经历、兴趣、资历、职业倾向等会集合成一个富有意义的职业锚，这个职业锚到底揭示什么才是决定其职业取向最关键的因素。在职业生涯活动中，每个人的职业锚是动态变化的。职业锚需要一个人在职业生涯过程经历不断获得和放弃后才能慢慢确定下来，一般到了40岁左右，职业锚才会固定和外显出来。

3. 职业生涯规划的基本步骤

在人的一生中，每个人都渴望成功，但并非都能如愿。了解自己，有坚定的职业目标，并按照环境的变化及时调整自己的计划，才有可能实现自己的愿望。为了实现自己的理想，就要进行职业生涯的自我规划，职业生涯规划的基本步骤包括：

（1）自我评估

自我评估既包括对自己兴趣、特长、性格的了解，也包括对自己学识、技能、智商、情商的测试，以及对自己思维方式、道德水准的评价等。可以通过自我评价、朋友评价、企业评价、社会评价等来对自己进行评估，也可以采用具体的心理测评工具如职业锚定位测评、DISC测评、霍兰德SDS职业兴趣测试、MBTI职业性格测试等来寻找自己的职业定向。自我评估的目的，是认识自己、了解自己，从而对自己所适合的职业和职业生涯目标做出理性的抉择。

（2）职业生涯机会的评估

职业生涯机会的评估主要是评估周边各种环境因素如政治环境、经济环境、法律环境的分析，还包括职业环境等对自己职业生涯发展的影响。在拟订个人的职业生涯规划时，要充分了解所处环境的特点、掌握职业环境的发展变化情况、明确自己在这个环境中的地位以及环境对自己提出的要求。只有对环境因素充分、系统地加以了解和把握，才能在复杂环境中做到避害趋利，使职业生涯规划具有实际意义。

（3）确定职业发展目标

在对自己和环境做出准确评估之后，可以确定适合自己、有实现可能的职业发展目标。确定职业发展的目标时，要注意自己性格、兴趣、特长与选定职业的比配，更重要的是考察自己所处的内外环境与职业目标是否相适应，既不能妄自菲薄，也不能好高骛远。合理、可行的职业生涯目标的确立决定了职业发展中的行为和结果，是制定职业生涯规划的关键。每个人都有属于自己的职业目标，选择最适合自己的目标，不要盲从别人的看法。

（4）选择职业生涯发展路线

在确定职业目标后，向哪一路线发展，如是走技术路线，还是管理路线；是走技术、管理同时进行的技术管理路线，还是先走技术路线、再走管理路线等，此时要做出选择。由于发展路线不同，对职业发展的要求也不同。因此，在职业生涯规划中，必须对发展路线做出抉择，以便及时调整，使自己的学习、工作及各种行动措施沿着预定的方向前进。

（5）拟订职业生涯行动计划与措施

在确定职业生涯的最终目标并选定职业发展的路线后，行动便成了关键的环节。只想不做是没有效果的，要马上行动起来。这里所指的行动，是指落实目标的具体措施，主要包括工作、培训、自学、轮岗等方面的措施。对应自己行动计划可将职业目标进行分解，即分解为短期目标、中期目标和长期目标。分解后的目标有利于跟踪检查，同时可以根据环境变化拟订和调整短期行动计划，并针对具体计划目标采取有效措施。

（6）评估与回馈

影响职业生涯规划的因素很多，有的变化因素是可以预测的，而有的因素难以预测，如突发的自然灾害、企业破产等。在此状态下，要使职业生涯规划行之有效，就必须不断对职业生涯规划执行情况进行评估和反馈。首先，要对目标的执行情况进行总结，确定哪些目标已按计划完成，哪些目标未完成。然后，对未完成目标进行分析，找出未完成原因及发展障碍，制定相应解决障碍的对策及方法。最后，依据评估结果对下年的计划进行修订与完善。如果有必要，也可考虑对职业目标和路线进行修正，但一定要谨慎考虑。

依次经过以上各个步骤，可以得到一份比较完整的职业生涯规划。可以用书面方式描述出来，一般包括密切关联的十项内容：

• 基本信息：包括姓名、年限、年龄跨度、起止日期等。

• 职业总体目标。

• 社会环境分析结果。包括社会环境、经济环境、法律环境的分析，还包括职业环境分析。

• 企业分析结果。包括行业分析，对企业制度、企业文体、领导人、企业新产品和服务、发展领域等的分析。

- 自身条件（生理、心理）。
- 科学的测评结果。
- 目标分解及目标组合。
- 成功的标准。
- 差距。即自身现实情况与实现目标要求的理想状态之间的差距。
- 缩小差距的方法及行动方案。

一般来讲，一个人的职业生涯可以划分为四个主要阶段。26 岁之前，好好工作，主要是抱着学习的心态，向书本学习，向单位里优秀的员工学习，这个阶段没有资本去争取更高的报酬，这是做铺垫的阶段。26 岁到 30 岁的这个阶段，有了前一阶段学习的基础，主要的关注点应该放在通过自己的业绩来体现自己的价值，不断提高自己的业绩。30 岁到 35 岁，有了前两个阶段打下的良好基础，这个时候可以向单位提出更好的报酬，因为你具备了管理经验，可以为企业创造更大的价值。到了 35 岁之后，主要考虑自己职业前途的问题，到底是走管理路线还是走技术路线，在这个时候应该明确这个问题。

五、创业指导

1. 创业的概念及特点

创业，是人们根据社会需要，运用自身才能和各种资源创立新的就业岗位，特别是创造新的企业的过程。创业范围非常广泛，包括在市场上推出新的产品和服务，开拓新的领域，引进新技术，开发新资源，革新经营管理方法，振兴传统产业等。从 20 世纪 90 年代开始，随着经济体制的转变，创业成为一股热潮，现在创业能力被称为人们的“第三本护照”，对创业的研究也逐渐成为一个独立的领域。

根据以上对创业含义的界定，可以概括出自主创业的几个特征：

（1）创新性。创业是一种创新活动，创新蕴涵着从无到有、从小到大、由旧变新的过程。因此，新事物、新价值、新内容、新功能是创业的本质含义，这意味着要完成创业的过程，就是满足社会需求的前提下，具备一定的独特性。根据熊彼特的理论，创新就是要“建立一种新的生产函数”，就是要把一种从来没有的关于生产要素和生产条件的“新组合”引进生产体系中去，以实现对生产要素或生产条件的“新组合”。熊彼特同时指出创新的五种表现形式：采用一种新的产品；采用一种新的生产方法；开辟一个新的销售市场；获得原材料或半制成品的一种新的供应来源；实现一种新的组织。

（2）自主性。创业活动充分发挥了一个人的主观能动性，强调创业者的主体地位和自身价值。在创业过程中，创业项目、计划、人员、资金、场地等相关要素都由创业者自主确定。在体现自主的同时，也给予创业者更多的责任。因此在创业初期，创业的压力是很大的，企业的一切都需要创业者来定夺。

（3）风险性。创业是存在风险的活动。创业存在风险，是指创业结果的不确定性。当前的创业大多发生在高科技产业，如信息、生物、新材料、新能源等领域，并且更多的是凭借创业者的高智力劳动进行的。高智力劳动创新过程难以把握，创新结果的不确定性更大，这也就加剧了创业风险。很多企业中途破产倒闭，我国企业的平均生存期越来越短。

（4）营利性。创业是为了获得创业报酬。作为一个创业者，更重要的回报可能是其由此获得的独立自主，及随之而来的个人物质和精神的满足。对于追求利润的创业者，金钱回报是最重要的。对很多创业者来说，其实都是把金钱回报视为成功与否的一个尺度。创业者的目标是利润的最大化，这与员工的目标效用最大化是不同的。

2．创业流程

（1）收集创业信息

信息对于创业者获得创业成功是十分重要的，它是创业者正确选择创业项目的基础。及时准确地把握市场信息，意味着在市场竞争中拥有主动权，以下信息对创业者来说是比较重要的：国家宏观政策和法律规定，创业必须掌握国家对企业实行的政策，了解国家及地方政府颁布的各项法规和下达的指令等，以便明确发展企业的方向，更好地指导企业健康发展，这是创业过程中需要掌握的首要信息，比如现在国家大力倡导发展绿色产业、低碳经济，如果再去创立能源消耗的企业，可能成功的机会就不大了；企业发展与工农业生产情况、金融和商业发展情况等经济信息密切相关，了解这些信息，有助于企业更好地进行决策；科学信息，科技是第一生产力，了解和掌握与企业有关的科学技术，研究科技新发展、新发明、新成果，能够推动企业发展，增强企业的生命力；地理环境信息，企业生产经营过程中，产供销三个环节，受到地理环境、气象变化、人口分布等情况的影响，掌握这些信息，将对企业的场址、企业采购、生产与销售大有益处；竞争信息，市场经济条件下，企业要想增加竞争力，在竞争中立于不败之地，必须了解竞争的对象、范围、规模、实力、手段和竞争程度等情况，做到一只眼睛盯着市场，一直眼睛盯着竞争对手；消费需求信息，了解和掌握销售对象的收入水平、家庭状况、消费结构、需求种类及数量、购买动机、购买行为、购买习惯及购买趋势等，对企业生产经营做到有的放矢，超前发展，将大有帮助，创业一定是满足市场和消费者的需求的。

收集信息其实也是对市场形势观察和对市场调查的过程。由于信息无时不有，无处不在，因此收集信息时既要注意拓宽收集渠道，又要注意辨别信息的真伪。收集信息的目的是为了开发信息，利用信息为创业实践服务，要坚持“积极开发，为我所用”的原则，通过互联网、权威期刊、报纸及人际交往等方式来实现。

(2) 把握创业机会

在现代创业大潮中，有的创业者盲目跟风，别人干什么自己也干什么，有的创业者却能不断发现新的机会，永远处于“领先者”的位置。成功的创业者具有冷静的头脑和敏锐的眼光，机会总是为他们准备的。没有市场机会的创业是不会成功的，把握时机对取得良好的收益具有重要的决定作用。

对不同的创业者而言，他们看重的市场机会是不同的。机会型创业看重的是新创造出来的市场，而且是新的大市场和中型市场。生存型创业则以小市场为主，通常在现有市场中捕捉机会，它们很少考虑是否进入了新市场，更不会开创新市场。但是如果创业活动都集中在现有市场寻找机会，那么只能加剧现有产业的竞争程度，最后可能带来两败俱伤的结果，因此要努力增强创业者创新市场、创造新机会的能力，竞争策略从红海战略转移到蓝海战略。那么，创业的新机会到底在哪里？

在变化中探寻机会。社会在日新月异地发生变化，这个社会唯一不变的就是变。改革开放以来，无论在衣、食、住、行各方面，还是在农业、工业、服务业等各行业，都出现了崭新的景象。像产业结构调整、科学技术进步、生活方式更新等方面的变化，都带来了新的前景。例如，随着生活水平的不断提高，健康保健和减肥成为新的消费趋势，因此创立有关保健药品生产的企业就有了市场机会。

在特殊性中寻找机会。随着社会的多元化发展，个性成为现代人的重要特点。面对整个市场，可能很难找到突破口，但如果我们关注每个人的需求，就大有文章可做。细分市场，认真研究各类人员的需求特点，就会发现新的创业机会。因此，要习惯把顾客细分，把产品和服务细分，在特殊性中找到需求的普遍性，如专门针对女性和儿童的产品。

在问题中寻求机会。问题是令人苦恼和困扰的事情，是人们迫切希望解决的事情，当人们在这些问题上找到了解决的办法，实际上就是找到了新的机会。每个问题就代表着一个创业的机会。很多地方发生用电紧张的问题，如何科学地解决这个问题，因此一些以清洁发电为主的企业发展起来了。

在社会交往中发现机会。社会交往是人们彼此传递信息、交流情感、相互之间产生影响和作用的过程，是发现机会最常见的活动方式。越善于进行广泛的交往，就越能获得更多的支持，吸取更多的信息，捕捉更多的机会，可以进行相互的资源整合。机会虽然很多，但它总是垂青有准备的人，要抓住机会，就必须学好本领，时刻准备；就必须看好时机，迅速行动，机会才为我们所用。

（3）拟订创业计划

“凡事预则立，不预则废”，计划是对未来的筹划和安排，也就是说，计划是管理者事先对做什么、谁去做和如何做进行的规划。创业实际上是执行计划的过程，实施计划就要按计划要求采取一系列的行动，这些行动的目的就是为了实现创业的目标，详细完备的计划是创业成功的基础。

创业初期，由于风险的不确定性，获得投资一般比较困难。因此，需要编制创业计划书，用于说服别人，同时规范自己的创业行为。一份有吸引力的企业计划书能使一个创业者把握创业的整体思路，明确经营理念，认识到潜在的障碍，并制定克服这些障碍的战略对策，从而帮助创业者有效管理企业，取得创业的成功；同时也能够为企业进行良好的宣传，说服风险投资家接受这个计划，并愿意为此投资。

简单地说，创业计划书就是要详尽地描述什么是创业的目标、为什么创业、怎么创业、在什么地方创业、创业的启动资金等问题。

一般来说，创业计划书的内容包括以下方面：

1. 标题页　创业的基本信息

2. 目录　对所有内容进行排序标明页码，为阅读者提供方便

3. 执行总结（创业计划一到两页的概括）

（1）创业计划的创意背景和项目的简述；

（2）创业的机会概述；

（3）目标市场的描述和预测；

（4）竞争优势和劣势分析；

（5）经济状况和盈利能力预测；

（6）创业团队概述；

（7）预计能提供的投资回报率。

4. 产业背景和公司概述

（1）详细的市场分析和描述；

（2）竞争对手分析；

（3）市场需求；

(4) 详细的产品（服务）描述；

(5) 产品（服务）如何满足目标市场顾客的独特需求；

(6) 进入策略和市场开发策略。

5. 市场调查和分析

(1) 目标市场顾客的描述与分析；

(2) 市场容量和趋势的分析、预测；

(3) 竞争分析和各自的竞争优势；

(4) 估计的市场份额和销售额。

6. 公司战略（主要阐述公司如何进行竞争）

(1) 在发展的各阶段如何制定公司的发展战略；

(2) 通过公司战略来实现预期的计划和目标；

(3) 制定公司的营销策略。

7. 总体进度安排

(1) 收入来源；

(2) 收支平衡点和现金流；

(3) 市场份额；

(4) 产品开发介绍；

(5) 主要合作伙伴。

8. 关键的风险、问题和应急预案

(1) 关键的风险分析（如财务、技术、市场、管理、竞争、资金撤出、政策等风险）；

(2) 说明将如何应付或规避风险和问题（应急计划）。

9. 管理团队

(1) 介绍公司的管理团队，其中要介绍各成员与管理公司有关的教育和工作背景（包括管理分工和互补）；

(2) 介绍领导层成员、创业顾问以及主要的投资人和持股情况。

10. 公司资金管理

(1) 股本结构与规模；

(2) 资金运营计划；

(3) 投资收益与风险分析。

11. 财务预测

(1) 财务预测的立足点；

(2) 会计报表；

（3）财务分析。

12. 假定公司能够提供的利益（这是企事业计划的吸引投资者的“卖点”）

（1）总体的资金需求；

（2）这一轮融资中的资金需求；

（3）如何使用这些资金；

（4）投资人可以得到的回报，还可以讨论可能的投资人退出策略。

13. 附录

包括个人简历、推荐信、意向书、租赁契约、合同及其他有关文件。

如果创业企业计划书被风险投资家所认可，并决定投资，那么创业者和风险投资者便结为利益共同体，一个新的企业也开始上路。

（4）创业计划的实施

市场呼唤真正的英雄，创业也日益成为众多人的梦想。创业之路虽然漫长而艰辛，令一般人望而生畏，却并非遥不可及。如果已经具备创业者的基本素质，就应勇敢地挑战自我，挑战是市场，开创属于自己的事业，实施自主创业的计划。在创办新事业时，只要你对它有70%的把握，就该马上行动起来，然后在行动过程中逐渐解决遗留的含糊问题。因为创业不可能100%没有风险，如果回避风险，等你将一切都想得很周全后才开始行动时，机会早就溜走了[①]。

第一，筹集创业资金。

创业需要资金，这是最基本的前提条件。创业的起步阶段，一般需要三大部分的资金：一是设立企业的资金，比如公司注册资本，有限责任公司最低3万元，股份有限公司需要500万元；二是推动项目起步所需要的资金，如技术获取费用、技术试验费用、场地租赁费、生产投资等；三是新创企业运行费用，如生产运行费用、企业管理费用等。

创业项目前景的不确定性和高风险性是创业本身所具备的一个明显的特点，为了规避风险，投资人在作出投资决定之前不得不三思而后行，这也是创业在资金筹集过程中的难点所在。如果没有资金，一切就无从谈起，可以通过各种渠道筹划资金，如自筹、外筹、所有权融资、租赁等。创业者要充分考虑创业初始阶段资金的筹措，适时、适量、适度地储备和使用，做好资金使用的统筹安排，力求把风险降到最低。

一种方式是自筹。创业和起步阶段，贷款能力有限，相当一部分资金要依赖自有资本。创业者，对创办有限责任公司形式的创业者，为了掌握控制权，必须

① ［日］大前研一. 创业圣经［M］. 周讯译. 北京：东方出版社，2009. 30

有相当一部分自有资本，这部分资本通过自筹，主要依靠积蓄以及向亲戚、朋友、同事、同学借钱。

另一种方式是银行贷款。贷款先由企业申请，银行审查。临时性生产经营贷款的，须在 3 天前向银行申请，写明贷款数额、用途、还款期限。新开户和私营企业，以前从未发生过贷款关系的私营企业，要在 10 天前向开户银行提出申请贷款计划，并且提供申请书与证明本企业材料的文件、证件。银行根据企业的申请、计划、考察私营企业的贷款用途、还款能力、信用程度，确定贷或不贷。贷款额度确定后，企业向银行办理手续、订立借据。根据国家颁布的合同法签订契约，双方恪守执行。

第二，确定创业形式。

①个体经营。个体经营通常完全由个人出资经营。这种形式是新创小企业普遍采取的形式。作为个体经营者，法律对业主本人和他的企业不加区分。企业是业主个人财产的一部分，就像他的汽车和房屋一样。因此，如果经营失败，债权人不仅可以要求用企业的财产还债，而且可以要求业主在破产法允许的范围内用个人财产抵债。

②合伙经营。合伙经营关系实际上是一种单一业主联合，由两人或多人共同出资经营，通过这种组织方式共同承担风险，并承担与个人财产相关联的法律责任。建立合伙企业后，几个人的资源集中在一起，资本更加雄厚，合伙人可以将各自不同的经营技巧带入企业，个别合伙人不到位并不会影响企业运营。

③有限责任公司。《中华人民共和国公司法》规定，有限责任公司是“股东以其认缴的出资额为限对公司承担责任，公司以其全部资产对公司的债务承担责任”的企业法人。其优势在于：一方面，有限责任公司不公开募集股份，其股金不一定分为等额股份，因而在设立条件上比较低；另一方面，出资人转让股权要受到严格限制，出资人之间关系比较密切，一般都要直接参与公司的经营管理，因而克服了股份有限公司股权流动性大，股东对公司运营难以控制、公司内部管理层次多、决策程序长、公司设立程序复杂以及成本高等缺点。

第三，选择创业地点。

创业活动和其他一切社会活动一样，需要“天时、地利、人和”，才能有良好的发展。要创业，开办一个新企业必须有一个合适的地点。这一点常常被创业者所忽略。事实上，经营地点选择是否得当，不仅直接影响企业的经营的成本，而且还会对企业成败有很大影响。因此，创业者要利用地理优势，选择理想的地点。

一般来说，选择企业地点要考虑两个方面的因素：一是要有利于创业活动的开展，促进企业各方面业务的开展，二是要控制购买或租赁的费用。但这两方面是相互矛盾和冲突的。好的经营地点，业务相对就会好一些，价格自然会高，这是市场竞争的结果。对企业者来说，要考虑自己的承受能力，量力而行；要对自己的创业项目进行市场分析，寻找矛盾当中的平衡点，既要降低成本，又不能对业务产生太大的影响。

第四，组建创业团队。

自主创业需要解决的问题面广量大，靠个人单打独斗很难从容处理，通过组建创业团队则能实现技术创新与管理能力的互补。比尔·盖茨认为，一个人永远不要靠自己一个人花100%的力量，而要靠100个人花每个人1%的力量。

团队的组成往往始于产品开发或参加创业计划阶段，并随着创业活动的进展不断补充、优化。即便有个别创业者技术能力很强，承担前期产品的开发工作，甚至市场调研也能够单独完成，但一旦形成真正的市场拼杀，他也同样需要寻找合作伙伴，只有团队合作才能生存下去。

一旦确定创业，最初的核心成员就应该根据自己的优势和劣势，寻找有共同意向，同时能够取长补短的合作伙伴。团队成员大多由不同资源背景的成员组成，有的原本就是要好的朋友。在招募团队成员时，并非人员越多越好，应使吸收进来的每一位团队成员都具有自身的特点，符合团队的整体结构目标，能够优势互补。

创业团队的最大优势是专业上的互补和团体作战。“主外”与“主内”的不同人才，具有战略眼光的“领导者”和耐心的“总管”，产品开发与市场拓展两方面的专家不可或缺。性格因素也值得重视，一个团队里面既有经常提出可行性建议的成员，也有不断发现问题、提出批评人物，无疑有助于企业、团队和个人的共同成长。

创业团队良好发展离不开合作精神和内在凝聚力。因此，对个体而言，宽容与开放的心态尤其重要。团队成员的性格搭配角色分工及团队近期目标、股权分配、远期发展目标等问题，与企业成长密切相关，但一般的初创企业对这些问题难以及时认识，也无暇顾及，在公司发展到一定阶段后，问题才暴露出来。有的公司因为创业准备时间不够，在短时间内匆忙搭建创业组合，缺乏磨合，导致创业的目的不统一，很容易发生管理上的分歧。

第五，办理相关手续。

创建一个企业，它的开办与经营需要得到社会有关职能部门如工商局、社保局、税务局等的批准，需要办理各种手续，如验资证明、营业执照、银行开户、税务登记、卫生许可证等。只有把这些手续全部办完，才能成为一个合法的企业，开始企业的真正运营。

第二节 就业培训

目前社会中很多企业招聘不到合适的人才，而大量人才却找不到满意的工作，这种现象在劳动经济学中被称为结构性失业。而导致结构性失业的主要原因是就业能力不够。要解决结构性失业，就必须提高劳动者的就业能力。提高劳动者就业能力的方式有很多，就业培训是最直接的一种，也是极为重要甚至不可或缺的一种方式。对就业人员进行培训，帮助他们转变观念，提高他们的职业技能和创业能力，对促进实现就业和再就业具有积极、重要的作用。我国正在有步骤地实施“先培训后就业”的劳动就业制度改革。

一、就业培训的概念

就业培训一般是指以培养劳动者的就业技能、创业能力为重点，以提高劳动者职业技能和适应职业变化能力为目的，发挥政府的组织作用，实现培训需求与培训资源的有效对接；突出产业技能培训，进一步增强培训的针对性、实用性和有效性，以就业引导培训，培训促进就业，为广大劳动者尽快实现就业再就业提供服务的一种服务。在目前的劳动力市场上，农民工和大学生这两类群体的就业培训需求是最突出的，政府和高校在这方面做了大量工作，取得了突出的成绩，为缓解就业压力打下了坚实的基础。下面就农民工、大学生和在职职工的就业培训进行论述。

二、农民工就业培训

改革开放以来，由于劳动力成本的低廉和外资的涌入，劳动密集型企业在东南沿海地区开始蓬勃发展，亿万农民进城务工经商，有力地推动了经济的快速发展。尽管进城的农民工中相当一部分从事的是现代化的工业、服务业，但却始终无法摆脱“农民”的身份。这部分农民工往往要处在巨大的风险中：一是农民工未纳入劳动力输入地的户籍，缺少相应的社会福利保障。二是农民工大多工作于以出口为导向的劳动密集型加工制造企业中。这类企业大都规模不大，并处在产业链条末端，产业利润低，一旦世界经济出现波动，这类企业极容易受到重创，只能通过减产和裁员降低损失，而受教育程度低、社会保障脆弱的农民工就成为裁员的首要对象。为了进一步保障农民工就业的权益，提高他们的就业能力、加大农民工就业培训成为一个重要而紧迫的任务。

1. 当前农民工就业培训存在的问题

（1）农民工就业培训机制不健全。严格说来，我国缺乏适应农民工择业培训的机构和培训体系。过去，农村虽有农技校、农民夜校等农业培训和文化培训机构，但随着农村经济体制改革的不断深入、农业生产经营方式的转变而取消。目前尽管各地开办的各种各样的技能培训班农民工都可以参加，但由于不是专门的农民工培训机构，而且没有根据农民工的年龄、技能、文化程度和求职愿望实施分类培训，因此，这种培训缺乏针对性、适应性，为农民工培训服务的功能不强。

（2）农民工就业培训需求与培训内容不符的冲突。农民工培训需求与培训内容的矛盾主要体现在培训内容脱离实际，内容针对性不强，地方性特点不突出；重文化知识教学，轻职业技能教学；重课堂系统理论讲解，轻实际操作演练；重书面考试，轻技能考核。结果造成“学非所用，用非所学”的局面，农民工参加培训也很难迅速适应工作需要。

（3）农民工培训意识弱。从农民工整体来看，对文化知识和技能培训有着强烈渴望和迫切愿望，但具体到单独的个体和实际的培训工作中时，却不然，导致就业培训的效果并不理想。

2. 农民工创业就业培训存在问题的解决对策

（1）提高农民工的主动培训意识，树立终身培训观念

提高农民工的主动培训意识首要是培养农民工主动学习的思想意识。农民工作为参加培训的主体，其态度对做好培训工作至关重要。培训难的一个原因在于农民工看重眼前利益，认识不到提高技能对找工作、增加收入的重要性。我国经济的发展对劳动者的素质和技能提出了越来越高的要求，农民工要想在较长时期内不被淘汰，只能与时俱进，不断丰富知识和技能，以适应社会化大生产的需要。

（2）鼓励用人单位提供培训机会

把农民工培训的基础放在用人企业里，由用人企业牵头培训，向参加技能培训农民工提供包括食宿在内的生活便利，发给一定的生活补贴等。这种由用人单位牵头组织的培训有一个明显的好处，就是能够使农民工看见实实在在的岗位。基层企业要进一步发挥技能人才培训优势，结合企业生产实际，加快培养高技能人才，这是双赢的举措。因此，这些农民工所工作的企业或其他雇主应当在推进农民工教育培训的具体实施中承担重要责任。可以考虑从制度上鼓励企业重视农

民工的培训，如培训资金可以抵税等。

（3）加大政府对农民工培训费用的投入

农村经济发展水平不平衡，农民收入整体水平低且差距较大，农民工培训经费全部由农民工个人承担是不现实的，必须建立政府、用人单位和个人共同承担，以及社会力量捐助的多元化投入机制，多渠道筹措农村劳动力转移培养经费。但是，对不同地区、不同收入水平的农民工可以区别对待：经济发达地区由个人或集体多承担一些；经济欠发达地区由政府和用人单位多承担一些，对于特困农民工的转岗培训可实行职业技能扶贫工程，由政府提供一定数量的补助金或贷款来担保，调动一部分贫困农民或不愿参加培训的农民的积极性。鼓励培训机构加强对农民工的就业追踪服务，及时更新农民工的知识和技能。另外，农民工主要来自农村，需要从农村的基础教育做起，普及九年义务教育，从根本上提高农民工的文化程度，为非农就业转移培训提供基本保障。在国家财政资金有限的情况下，逐步增加对农村基础教育的投资力度，形成政府教育投资为主，家庭、社会、企业等多方面筹资作为补充的投资结构，保证农村基础教育的开展①。

全面提高就业民工素质，对农民工进行科学系统的培训是必不可少的。但是农民工培训的政策在实施过程中存在很多问题。政府要采取相应的措施，重视农民工培训是坚持以人为本的科学发展观的必然要求，强化政府公共服务的职能，引入市场机制，改革农民工培训模式以解决农民工培训中存在的各种困难。

三、大学生就业培训

金融危机的爆发，给包括我国在内的各国就业带来了负面影响。有关统计数据显示，扩招每年给高校带来数百万毕业生，加上往年毕业而未能就业的，带来更大规模的就业大军。在金融危机背景下，国内就业形势的严峻，给毕业生就业培训工作提出了更高的要求，如何创新大学生就业培训工作，成为高校、社会和学生共同关注的话题。在某种意义上，高校就业培训和就业指导的内涵是基本相同的。

1. 目前高校中就业培训的主要问题

当前我国高校就业指导工作中存在的一些问题如下：

（1）指导对象和内容。目前我国的大学生就业指导只是一种狭义的职业指导。其服务内容和范围都不可避免地受到限制。就业指导的对象范围仅仅指向毕

① 程伟．我国农村人力资本投资现状对农业剩余劳动力转移的影响分析——来自于2004—2005年我国农民工流动就业的调研．人口与经济，2006（3）．44-49

业生，忽视了高校更广泛的大学生群体，对大多数学生的指导呈现空白。指导内容只限于几场讲座，公告招聘单位的信息，讲点面试的经验，没有从大学生的职业生涯规划入手，从企业需要的就业能力素质入手。

(2) 组织构成。当前尽管我国大部分高校设立了毕业生就业指导部门，但就业指导工作往往限于部分就业信息的发布和就业政策的宣传，人员素质和数量都和日益发展的大学生就业指导的需要不相匹配，对于其他本应开展的高校职业指导内容难以胜任。

(3) 指导形式。由于上述原因，当前我国高校就业指导的形式也非常单调，举办讲座为主，只有很少的几所高校开设了职业指导课程，其他各种各样的职业指导形式也没有。

2. 大学生就业培训存在问题的解决对策

针对我国就业指导中存在的问题，以及大学生自身的特征，新时期高校的就业指导要更多地帮助学生培养生存和发展的能力，而不仅仅是在择业和就业方面为学生出谋划策。培养学生的生存和发展能力，主要包括学生的生活技能、身体健康教育、社会学教育、学习技巧教育、为人处世教育等多个方面。作为从“校园人”向“社会人”过渡的重要阶段，大学期间是整个人生过程中最重要的阶段，“80后”和“90后”的大学生，很少（甚至根本没有）经历生存训练，客观上依靠就业指导课程来弥补这一缺陷。因此，高校要为大学生进入社会开展职业生涯教育，帮助大学生更好地规划人生，并注重对大学生独立生存能力的培养和锻炼。

(1) 提高学校对就业指导的重视程度

要坚持以人为本的原则，对大学生进行早期的就业观教育。就业观教育是高校从早期就要着手教育的重点，也是全社会和家庭都应重视的问题。在新生一入学，就要开始进行就业工作动员，从早期向学生渗透正确的就业观尤其从新生开始进行实践，增加社会阅历和实践能力，从早期体会就业工作，做好就业准备。同时学生的就业率也关系到学校的发展，学校要认识到就业指导的好坏和自身发展是紧密联系的。

(2) 强化大学生就业指导工作的各项建设

首先，建立和强化高校毕业生就业指导中心的各项职能，配备相关必需的人员和设备，从学生的实际需要出发，充分发挥信息采集就业政策与职业咨询、择业技术等功能作用；其次，应当加强高校就业指导部门与基层的院系及相关专业人员的联系与沟通，在高校内部形成上下贯通的指导网络，促进就业指导工作向专业化、正规化迈进。

(3) 注重提高就业指导课程师资队伍素质建设

加强高校就业指导课程体系建设，必须从强化师资队伍建设入手，改革现行的高等教育体制，增设相关就业指导专业，以培养更多的能够从事就业指导课程研究和讲授的、实践经验丰富的、心理咨询能力突出的、社会交际能力和市场意识较强的就业指导师资队伍，为高校就业指导工作的顺利开展提供优质的师资保障。

(4) 注重就业培训课程的实践性

针对就业指导课程多停留在“理论指导”层面，较少将就业指导与学生职业生涯规划的实践结合起来的问题，有必要充分发挥就业指导课程的纽带作用，实现对学生走入社会的正确引导。在就业课程体系建设中，除了要按照教育部规定的就业指导内容开展指导外，还要注重校企合作培训，让学生真正深入社会、了解社会、实现与社会的零距离接轨，从而更好地促进高校学生的顺利就业。

(5) 注重就业指导的系统性

为规范就业指导行为、提高就业指导效果，各高校应将就业指导课程列入总体的教学计划中。因此，高校应根据现实需要，冷静思考就业指导课程的教学计划，规范就业指导行为，实现对高校学生的全过程指导。就业指导应该贯穿大学整个学习过程，以大学生的职业生涯发展为核心，根据其从入学到毕业的不同阶段的职业认识能力和发展水平的特点，制定相应的教育目标，提出具体要求，采用相应的教学方法，帮助和指导大学生不断提高职业生涯规划能力，走向社会成功就业，并对其未来职业发展产生积极作用的就业①。

高校学生的就业指导过程必须分阶段、分层次地展开：①针对进入高校的新生开展的就业指导，要以帮助大学新生初步规划职业生涯，培养职业理想为目的。特别要注意培养学生对新环境的适应能力，培养他们独立生活能力和生活自理能力，以及良好的人际交往能力。②针对大二学生的就业指导，要以培养学习兴趣、拓宽知识视野为主要目的。大二是高校学生学习任务最繁重的阶段，课程安排较为紧凑，这一时期的就业指导，要帮助学生及时修正学习目标，优化学生的生涯规划。③针对大三学生的就业指导，要以引导学生的社会实践、明确学生的定位为主要目的。要通过广泛的社会实践，让学生更好地了解就业趋势和就业信息，进一步明确自身定位和职业规划。④针对大四学生的就业指导，重点是引导学生做好就业的各项准备工作，包括思想方面、技能方面、心理方面的准备。同时，要指导学生高质量地完成毕业论文，指导学生如何开展论文选题、设计论

---

① 安身健，李群如．大学生全程化就业指导教程．开封：河南大学出版社，2006．1

文，以及顺利完成论文答辩，提高学生的生产实践能力。

总之，在当前大学生就业压力日趋严峻的情况下，高校就业培训承担着巨大的历史使命，必须本着“以人为本”的教育理念，紧密结合学生自身特征、社会和企业对学生素质的要求，以及高校自身的特征，深入研究高校就业培训建设问题，以做好高校学生的职业生涯规划，充分发挥就业培训在缓解大学生就业压力方面的重要作用。

四、在职劳动者就业培训

就业培训还包括求职者加入企业后技能提高的部分。在职者就业培训的主体是企业和个人。由于社会环境和经济环境发展迅速，每个人的就业能力需要根据外部环境不断调整。不是说进入了一个企业，就永远不失业了，就可以放松对自己的要求了。对个人来说，一方面要维持工作，另一方面要为转换工作打下基础，就必须认识到对就业能力培训的重要性，积极参加企业组织的各类培训，同时在工作中向优秀员工学习，业余时间不断自学，这样才能保证就业能力和时代发展保持同步性，不被时代所抛弃。

培训被称为企业应对社会和经济变革的第一道防线，但是现在很多企业对待培训的态度是“说起来重要，做起来次要，忙起来全不重要”。这样的思想指导下的培训效果是可想而知的。企业应该从战略的角度出发，认识到就业能力培训的重要性，因为只有优秀的适合岗位要求的员工才能使企业在激烈的竞争中保持优势。企业需要根据具体岗位的特性，设计出不同岗位的培训内容，加强对各层级员工的培训，为企业的基业长青注入不竭动力。

【本章小结】

就业是关系国家、家庭、个人的重大问题，为切实解决就业问题，提供择业者的就业能力，本章对提高就业能力的两个根本途径——就业指导和就业培训进行了阐述，第一节介绍就业指导的概念，阐述就业中的心理障碍和克服的方法，详细讲述求职的技巧、职业生涯规划和创业相关内容。第二节介绍就业培训的概念，然后结合农民工和大学生和在职者的就业培训进行了阐述。

【复习题】

1. 简述就业指导的基本含义。
2. 简述就业过程中心理障碍类型及其表现。
3. 简述克服就业过程中心理障碍的方法。

4. 简述参加招聘会的注意事项。

5. 面试前要做哪些准备工作?

6. 简述求职过程中的常见陷阱。

7. 简述职业锚的种类。

8. 简述职业生涯规划的基本步骤。

9. 简述自主创业的特征。

10. 简述创业的流程。

11. 简述农民工就业培训存在的问题。

12. 简述大学生就业培训存在问题的解决对策。

【参考案例】

赵楠：小丑快递演绎大学生创业梦想

2001 年 7 月，赵楠毕业于西安文理学院英语专业，两个月后，她与好友一起在韩城找了份英语培训的工作，在韩城，她接触到一家“跑腿公司”，在当地除了活物不送，什么都送，就连女孩聊天的零食，只要打个电话，付上很少的跑腿费就可以，这在韩城是一大特色，不管你需要什么东西，只要一个电话。

赵楠被这种模式深深地吸引，她觉得很有意思，而且对物流行业前景看好。那时候她几乎没有积蓄，只用 9 000 块钱办起了自己的快递公司，但缴完房租后只剩下几百块钱，所有办公用品都是旧的，还向父母借了两万元。

大学生创业又没有很多积蓄，她想用一个噱头吸引人们的眼球，让所有人记住西安新开了一家快递公司，只能用一种奇特的方式。某天正在看 CCTV—3“国际艺苑”，里面有小丑杂耍，给了她一个信号：小丑投资少，那是不是可以用小丑来做?

赵楠和男朋友买了三个小丑玩偶拿到鼓楼戏剧服装市场，给店主说照着真人比例做一身，两个人买来颜料，赵楠一遍遍在男朋友脸上“试装”，打算上街看看人们的反应。

赵楠说，他俩一前一后，从东大街走到西大街，回头率特别高，还有人认为是行为艺术，很多人拿出手机来照相，看来，西安人很容易接受小丑装扮。回来后，她开始设计速递单和宣传页，小丑服也从一套变为两套，她和男朋友每天穿着小丑装上街宣传。2007 年 11 月，国内首家以小丑派送物品的特色快递公司成立。

2008 年，小丑快递与联通公司达成合作，联通通过自己的声讯平台订鲜花，小丑进行配送。2008 年 2 月 14 日也是她第一次化小丑妆，第一束要送的花是在百盛女装专柜，一进商场，她有些难为情，但想到要创业就必须经历磨难，要鼓足勇气去做，最后顺利完成了这次快递任务。2009 年 6 月，赵楠参加央视“青年创业中国强”栏目录制，唐骏成为她项目的指导老师，目前小丑快递已经在苏州、宁波、兰州、北京等城市发展了加盟商，期望在不久的将来，小丑快递将在全国遍地开花。

【点评】

创业需要前期的积累，创业需要勇气，创业需要不一样的创意，创业需要行动，这些从小丑快递的案例中都能找到答案。

附录

就业服务与就业管理规定

第一章　总　则

第一条　为了加强就业服务和就业管理，培育和完善统一开放、竞争有序的人力资源市场，为劳动者就业和用人单位招用人员提供服务，根据就业促进法等法律、行政法规，制定本规定。

第二条　劳动者求职与就业，用人单位招用人员，劳动保障行政部门举办的公共就业服务机构和经劳动保障行政部门审批的职业中介机构从事就业服务活动，适用本规定。

本规定所称用人单位，是指在中华人民共和国境内的企业、个体经济组织、民办非企业单位等组织，以及招用与之建立劳动关系的劳动者的国家机关、事业单位、社会团体。

第三条　县级以上劳动保障行政部门依法开展本行政区域内的就业服务和就业管理工作。

第二章　求职与就业

第四条　劳动者依法享有平等就业的权利。劳动者就业，不因民族、种族、性别、宗教信仰等不同而受歧视。

第五条　农村劳动者进城就业享有与城镇劳动者平等的就业权利，不得对农村劳动者进城就业设置歧视性限制。

第六条　劳动者依法享有自主择业的权利。劳动者年满 16 周岁，有劳动能力且有就业愿望的，可凭本人身份证件，通过公共就业服务机构、职业中介机构介绍或直接联系用人单位等渠道求职。

第七条　劳动者求职时，应当如实向公共就业服务机构或职业中介机构、用人单位提供个人基本情况以及与应聘岗位直接相关的知识技能、工作经历、就业现状等情况，并出示相关证明。

第八条　劳动者应当树立正确的择业观念，提高就业能力和创业能力。

国家鼓励劳动者在就业前接受必要的职业教育或职业培训，鼓励城镇初高中毕业生在就业前参加劳动预备制培训。

国家鼓励劳动者自主创业、自谋职业。各级劳动保障行政部门应当会同有关部门，简化程序，提高效率，为劳动者自主创业、自谋职业提供便利和相应服务。

第三章　招用人员

第九条　用人单位依法享有自主用人的权利。用人单位招用人员，应当向劳动者提供平等的就业机会和公平的就业条件。

第十条　用人单位可以通过下列途径自主招用人员：

（一）委托公共就业服务机构或职业中介机构；

（二）参加职业招聘洽谈会；

（三）委托报纸、广播、电视、互联网站等大众传播媒介发布招聘信息；

（四）利用本企业场所、企业网站等自有途径发布招聘信息；

（五）其他合法途径。

第十一条　用人单位委托公共就业服务机构或职业中介机构招用人员，或者参加招聘洽谈会时，应当提供招用人员简章，并出示营业执照（副本）或者有关部门批准其设立的文件、经办人的身份证件和受用人单位委托的证明。

招用人员简章应当包括用人单位基本情况、招用人数、工作内容、招录条件、劳动报酬、福利待遇、社会保险等内容，以及法律、法规规定的其他内容。

第十二条　用人单位招用人员时，应当依法如实告知劳动者有关工作内容、工作条件、工作地点、职业危害、安全生产状况、劳动报酬以及劳动者要求了解的其他情况。

用人单位应当根据劳动者的要求，及时向其反馈是否录用的情况。

第十三条　用人单位应当对劳动者的个人资料予以保密。公开劳动者的个人资料信息和使用劳动者的技术、智力成果，须经劳动者本人书面同意。

第十四条　用人单位招用人员不得有下列行为：

（一）提供虚假招聘信息，发布虚假招聘广告；

（二）扣押被录用人员的居民身份证和其他证件；

（三）以担保或者其他名义向劳动者收取财物；

（四）招用未满 16 周岁的未成年人以及国家法律、行政法规规定不得招用的其他人员；

（五）招用无合法身份证件的人员；

（六）以招用人员为名牟取不正当利益或进行其他违法活动。

第十五条　用人单位不得以诋毁其他用人单位信誉、商业贿赂等不正当手段招聘人员。

第十六条 用人单位在招用人员时，除国家规定的不适合妇女从事的工种或者岗位外，不得以性别为由拒绝录用妇女或者提高对妇女的录用标准。

用人单位录用女职工，不得在劳动合同中规定限制女职工结婚、生育的内容。

第十七条 用人单位招用人员，应当依法对少数民族劳动者给予适当照顾。

第十八条 用人单位招用人员，不得歧视残疾人。

第十九条 用人单位招用人员，不得以是传染病病原携带者为由拒绝录用。但是，经医学鉴定传染病病原携带者在治愈前或者排除传染嫌疑前，不得从事法律、行政法规和国务院卫生行政部门规定禁止从事的易使传染病扩散的工作。

用人单位招用人员，除国家法律、行政法规和国务院卫生行政部门规定禁止乙肝病原携带者从事的工作外，不得强行将乙肝病毒血清学指标作为体检标准。

第二十条 用人单位发布的招用人员简章或招聘广告，不得包含歧视性内容。

第二十一条 用人单位招用从事涉及公共安全、人身健康、生命财产安全等特殊工种的劳动者，应当依法招用持相应工种职业资格证书的人员；招用未持相应工种职业资格证书人员的，须组织其在上岗前参加专门培训，使其取得职业资格证书后方可上岗。

第二十二条 用人单位招用台港澳人员后，应当按有关规定到当地劳动保障行政部门备案，并为其办理《台港澳人员就业证》。

第二十三条 用人单位招用外国人，应当在外国人入境前，按有关规定到当地劳动保障行政部门为其申请就业许可，经批准并获得《中华人民共和国外国人就业许可证书》后方可招用。

用人单位招用外国人的岗位必须是有特殊技能要求、国内暂无适当人选的岗位，并且不违反国家有关规定。

第四章 公共就业服务

第二十四条 县级以上劳动保障行政部门统筹管理本行政区域内的公共就业服务工作，根据政府制定的发展计划，建立健全覆盖城乡的公共就业服务体系。

公共就业服务机构根据政府确定的就业工作目标任务，制定就业服务计划，推动落实就业扶持政策，组织实施就业服务项目，为劳动者和用人单位提供就业服务，开展人力资源市场调查分析，并受劳动保障行政部门委托经办促进就业的相关事务。

第二十五条 公共就业服务机构应当免费为劳动者提供以下服务：

（一）就业政策法规咨询；

（二）职业供求信息、市场工资指导价位信息和职业培训信息发布；

（三）职业指导和职业介绍；

（四）对就业困难人员实施就业援助；

（五）办理就业登记、失业登记等事务；

（六）其他公共就业服务。

第二十六条 公共就业服务机构应当积极拓展服务功能，根据用人单位需求提供以下服务：

（一）招聘用人指导服务；

（二）代理招聘服务；

（三）跨地区人员招聘服务；

（四）企业人力资源管理咨询等专业性服务；

（五）劳动保障事务代理服务；

（六）为满足用人单位需求开发的其他就业服务项目。

公共就业服务机构从事劳动保障事务代理业务，须经县级以上劳动保障行政部门批准。

第二十七条 公共就业服务机构应当加强职业指导工作，配备专（兼）职职业指导工作人员，向劳动者和用人单位提供职业指导服务。

职业指导工作人员经过专业资格培训并考核合格，获得相应的国家职业资格证书方可上岗。

公共就业服务机构应当为职业指导工作提供相应的设施和条件，推动职业指导工作的开展，加强对职业指导工作的宣传。

第二十八条 职业指导工作包括以下内容：

（一）向劳动者和用人单位提供国家有关劳动保障的法律法规和政策、人力资源市场状况咨询；

（二）帮助劳动者了解职业状况，掌握求职方法，确定择业方向，增强择业能力；

（三）向劳动者提出培训建议，为其提供职业培训相关信息；

（四）开展对劳动者个人职业素质和特点的测试，并对其职业能力进行评价；

（五）对妇女、残疾人、少数民族人员及退出现役的军人等就业群体提供专门的职业指导服务；

（六）对大中专学校、职业院校、技工学校学生的职业指导工作提供咨询和服务；

（七）对准备从事个体劳动或开办私营企业的劳动者提供创业咨询服务；

（八）为用人单位提供选择招聘方法、确定用人条件和标准等方面的招聘用人指导；

（九）为职业培训机构确立培训方向和专业设置等提供咨询参考。

第二十九条 公共就业服务机构在劳动保障行政部门的指导下，组织实施劳动力资源调查和就业、失业状况统计工作。

第三十条 公共就业服务机构应当针对特定就业群体的不同需求，制定并组织实施专项计划。

公共就业服务机构应当根据服务对象的特点，在一定时期内为不同类型的劳动者、就业困难对象或用人单位集中组织活动，开展专项服务。

公共就业服务机构受劳动保障行政部门委托，可以组织开展促进就业的专项工作。

第三十一条 县级以上公共就业服务机构建立综合性服务场所，集中为劳动者和用人单位提供一站式就业服务，并承担劳动保障行政部门安排的其他工作。

街道、乡镇、社区公共就业服务机构建立基层服务窗口，开展以就业援助为重点的公共就业服务，实施劳动力资源调查统计，并承担上级劳动保障行政部门安排的其他就业服务工作。

公共就业服务机构使用全国统一标志。

第三十二条 公共就业服务机构应当不断提高服务的质量和效率。

公共就业服务机构应当加强内部管理，完善服务功能，统一服务流程，按照国家制定的服务规范和标准，为劳动者和用人单位提供优质高效的就业服务。

公共就业服务机构应当加强工作人员的政策、业务和服务技能培训，组织职业指导人员、职业信息分析人员、劳动保障协理员等专业人员参加相应职业资格培训。

公共就业服务机构应当公开服务制度，主动接受社会监督。

第三十三条 县级以上劳动保障行政部门和公共就业服务机构应当按照劳动保障信息化建设的统一规划、标准和规范，建立完善人力资源市场信息网络及相关设施。

公共就业服务机构应当逐步实行信息化管理与服务，在城市内实现就业服务、失业保险、就业培训信息共享和公共就业服务全程信息化管理，并逐步实现与劳动工资信息、社会保险信息的互联互通和信息共享。

第三十四条 公共就业服务机构应当建立健全人力资源市场信息服务体系，完善职业供求信息、市场工资指导价位信息、职业培训信息、人力资源市场分析信息的发布制度，为劳动者求职择业、用人单位招用人员以及培训机构开展培训提供支持。

第三十五条 县级以上劳动保障行政部门应当按照信息化建设统一要求，逐步实现全国人力资源市场信息联网。其中，城市应当按照劳动保障数据中心建设的要求，实现网络和数据资源的集中和共享；省、自治区应当建立人力资源市场信息网省级监测中心，对辖区内人力资源市场信息进行监测；劳动保障部设立人力资源市场信息网全国监测中心，对全国人力资源市场信息进行监测和分析。

第三十六条 县级以上劳动保障行政部门应当对公共就业服务机构加强管理，定期对其完成各项任务情况进行绩效考核。

第三十七条 公共就业服务经费纳入同级财政预算。各级劳动保障行政部门和公共就业服务机构应当根据财政预算编制的规定，依法编制公共就业服务年度预算，报经同级财政部门审批后执行。

公共就业服务机构可以按照就业专项资金管理相关规定，依法申请公共就业服务专项扶持经费。

公共就业服务机构接受社会各界提供的捐赠和资助，按照国家有关法律法规管理和使用。

公共就业服务机构为用人单位提供的服务，应当规范管理，严格控制服务收费。确需收费的，具体项目由省级劳动保障行政部门会同相关部门规定。

第三十八条 公共就业服务机构不得从事经营性活动。

公共就业服务机构举办的招聘会，不得向劳动者收取费用。

第三十九条 各级残疾人联合会所属的残疾人就业服务机构是公共就业服务机构的组成部分，负责为残疾劳动者提供相关就业服务，并经劳动保障行政部门委托，承担残疾劳动者的就业登记、失业登记工作。

第五章 就业援助

第四十条 公共就业服务机构应当制定专门的就业援助计划，对就业援助对象实施优先扶持和重点帮助。

本规定所称就业援助对象包括就业困难人员和零就业家庭。就业困难对象是指因身体状况、技能水平、家庭因素、失去土地等原因难以实现就业，以及连续失业一定时间仍未能实现就业的人员。零就业家庭是指法定劳动年龄内的家庭人员均处于失业状况的城市居民家庭。

对援助对象的认定办法，由省级劳动保障行政部门依据当地人民政府规定的就业援助对象范围制定。

第四十一条 就业困难人员和零就业家庭可以向所在地街道、社区公共就业服务机构申请就业援助。经街道、社区公共就业服务机构确认属实的，纳入就业援助范围。

第四十二条 公共就业服务机构应当建立就业困难人员帮扶制度，通过落实各项就业扶持政策、提供就业岗位信息、组织技能培训等有针对性的就业服务和公益性岗位援助，对就业困难人员实施优先扶持和重点帮助。

在公益性岗位上安置的就业困难人员，按照国家规定给予岗位补贴。

第四十三条 公共就业服务机构应当建立零就业家庭即时岗位援助制度，通过拓宽公益性岗位范围，开发各类就业岗位等措施，及时向零就业家庭中的失业人员提供适当的就业岗位，确保零就业家庭至少有一人实现就业。

第四十四条 街道、社区公共就业服务机构应当对辖区内就业援助对象进行登记，建立专门台账，实行就业援助对象动态管理和援助责任制度，提供及时、有效的就业援助。

第六章 职业中介服务

第四十五条 县级以上劳动保障行政部门应当加强对职业中介机构的管理，鼓励其提高服务质量，发挥其在促进就业中的作用。

本规定所称职业中介机构，是指由法人、其他组织和公民个人举办，为用人单位招用人员和劳动者求职提供中介服务以及其他相关服务的经营性组织。

政府部门不得举办或者与他人联合举办经营性的职业中介机构。

第四十六条 从事职业中介活动，应当遵循合法、诚实信用、公平、公开的原则。

禁止任何组织或者个人利用职业中介活动侵害劳动者和用人单位的合法权益。

第四十七条 职业中介实行行政许可制度。设立职业中介机构或其他机构开展职业中介活动，须经劳动保障行政部门批准，并获得职业中介许可证。

经批准获得职业中介许可证的职业中介机构，应当持许可证向工商行政管理部门办理登记。

未经依法许可和登记的机构，不得从事职业中介活动。

职业中介许可证由劳动和社会保障部统一印制并免费发放。

第四十八条 设立职业中介机构应当具备下列条件：

（一）有明确的机构章程和管理制度；

（二）有开展业务必备的固定场所、办公设施和一定数额的开办资金；

（三）有一定数量具备相应职业资格的专职工作人员；

（四）法律、法规规定的其他条件。

第四十九条 设立职业中介机构，应当向当地县级以上劳动保障行政部门提出申请，提交下列文件：

（一）设立申请书；

（二）机构章程和管理制度草案；

（三）场所使用权证明；

（四）注册资本（金）验资报告；

（五）拟任负责人的基本情况、身份证明；

（六）具备相应职业资格的专职工作人员的相关证明；

（七）法律、法规规定的其他文件。

第五十条 劳动保障行政部门接到设立职业中介机构的申请后，应当自受理申请之日起20日内审理完毕。对符合条件的，应当予以批准；不予批准的，应当说明理由。

劳动保障行政部门对经批准设立的职业中介机构实行年度审验。

职业中介机构的具体设立条件、审批和年度审验程序，由省级劳动保障行政部门统一规定。

第五十一条 职业中介机构变更名称、住所、法定代表人等或者终止的，应当按照设立许可程序办理变更或者注销登记手续。

设立分支机构的，应当在征得原审批机关的书面同意后，由拟设立分支机构所在地县级以上劳动保障行政部门审批。

第五十二条 职业中介机构可以从事下列业务：

（一）为劳动者介绍用人单位；

（二）为用人单位和居民家庭推荐劳动者；

（三）开展职业指导、人力资源管理咨询服务；

（四）收集和发布职业供求信息；

（五）根据国家有关规定从事互联网职业信息服务；

（六）组织职业招聘洽谈会；

（七）经劳动保障行政部门核准的其他服务项目。

第五十三条 职业中介机构应当在服务场所明示营业执照、职业中介许可证、服务项目、收费标准、监督机关名称和监督电话等，并接受劳动保障行政部门及其他有关部门的监督检查。

第五十四条 职业中介机构应当建立服务台账，记录服务对象、服务过程、服务结果和收费情况等，并接受劳动保障行政部门的监督检查。

第五十五条 职业中介机构提供职业中介服务不成功的，应当退还向劳动者收取的中介服务费。

第五十六条 职业中介机构租用场地举办大规模职业招聘洽谈会，应当制定相应的组织实施办法和安全保卫工作方案，并向批准其设立的机关报告。

职业中介机构应当对入场招聘用人单位的主体资格真实性和招用人员简章真实性进行核实。

第五十七条 职业中介机构为特定对象提供公益性就业服务的，可以按照规定给予补贴。可以给予补贴的公益性就业服务的范围、对象、服务效果和补贴办法，由省级劳动保障行政部门会同有关部门制定。

第五十八条 禁止职业中介机构有下列行为：

（一）提供虚假就业信息；

（二）发布的就业信息中包含歧视性内容；

（三）伪造、涂改、转让职业中介许可证；

（四）为无合法证照的用人单位提供职业中介服务；

（五）介绍未满 16 周岁的未成年人就业；

（六）为无合法身份证件的劳动者提供职业中介服务；

（七）介绍劳动者从事法律、法规禁止从事的职业；

（八）扣押劳动者的居民身份证和其他证件，或者向劳动者收取押金；

（九）以暴力、胁迫、欺诈等方式进行职业中介活动；

（十）超出核准的业务范围经营；

（十一）其他违反法律、法规规定的行为。

第五十九条 县级以上劳动保障行政部门应当依法对经审批设立的职业中介机构开展职业中介活动进行监督指导，定期组织对其服务信用和服务质量进行评估，并将评估结果向社会公布。

县级以上劳动保障行政部门应当指导职业中介机构开展工作人员培训，提高服务质量。

县级以上劳动保障行政部门对在诚信服务、优质服务和公益性服务等方面表现突出的职业中介机构和个人，报经同级人民政府批准后，给予表彰和奖励。

第六十条 设立外商投资职业中介机构以及职业中介机构从事境外就业中介服务的，按照有关规定执行。

第七章　就业与失业管理

第六十一条　劳动保障行政部门应当建立健全就业登记制度和失业登记制度，完善就业管理和失业管理。

公共就业服务机构负责就业登记与失业登记工作，建立专门台账，及时、准确地记录劳动者就业与失业变动情况，并做好相应统计工作。

就业登记和失业登记在各省、自治区、直辖市范围内实行统一的就业失业登记证（以下简称登记证），向劳动者免费发放，并注明可享受的相应扶持政策。

就业登记、失业登记的具体程序和登记证的样式，由省级劳动保障行政部门规定。

第六十二条　劳动者被用人单位招用的，由用人单位为劳动者办理就业登记。用人单位招用劳动者和与劳动者终止或者解除劳动关系，应当到当地公共就业服务机构备案，为劳动者办理就业登记手续。用人单位招用人员后，应当于录用之日起 30 日内办理登记手续；用人单位与职工终止或者解除劳动关系后，应当于 15 日内办理登记手续。

劳动者从事个体经营或灵活就业的，由本人在街道、乡镇公共就业服务机构办理就业登记。

就业登记的内容主要包括劳动者个人信息、就业类型、就业时间、就业单位以及订立、终止或者解除劳动合同情况等。就业登记的具体内容和所需材料由省级劳动保障行政部门规定。

公共就业服务机构应当对用人单位办理就业登记及相关手续设立专门服务窗口，简化程序，方便用人单位办理。

第六十三条　在法定劳动年龄内，有劳动能力，有就业要求，处于无业状态的城镇常住人员，可以到公共就业服务机构进行失业登记。其中，没有就业经历的城镇户籍人员，在户籍所在地登记；农村进城务工人员和其他非本地户籍人员在常住地稳定就业满 6 个月的，失业后可以在常住地登记。

第六十四条　劳动者进行失业登记时，须持本人身份证件和证明原身份的有关证明；有单位就业经历的，还须持与原单位终止、解除劳动关系或者解聘的证明。

登记失业人员凭登记证享受公共就业服务和就业扶持政策；其中符合条件的，按规定申领失业保险金。

登记失业人员应当定期向公共就业服务机构报告就业失业状况，积极求职，参加公共就业服务机构安排的就业培训。

第六十五条 失业登记的范围包括下列失业人员：

（一）年满16周岁，从各类学校毕业、肄业的；

（二）从企业、机关、事业单位等各类用人单位失业的；

（三）个体工商户业主或私营企业业主停业、破产停止经营的；

（四）承包土地被征用，符合当地规定条件的；

（五）军人退出现役、且未纳入国家统一安置的；

（六）刑满释放、假释、监外执行或解除劳动教养的；

（七）各地确定的其他失业人员。

第六十六条 登记失业人员出现下列情形之一的，由公共就业服务机构注销其失业登记：

（一）被用人单位录用的；

（二）从事个体经营或创办企业，并领取工商营业执照的；

（三）已从事有稳定收入的劳动，并且月收入不低于当地最低工资标准的；

（四）已享受基本养老保险待遇的；

（五）完全丧失劳动能力的；

（六）入学、服兵役、移居境外的；

（七）被判刑收监执行或被劳动教养的；

（八）终止就业要求或拒绝接受公共就业服务的；

（九）连续6个月未与公共就业服务机构联系的；

（十）已进行就业登记的其他人员或各地规定的其他情形。

第八章 罚 则

第六十七条 用人单位违反本规定第十四条第（二）、（三）项规定的，按照劳动合同法第八十四条的规定予以处罚；用人单位违反第十四条第（四）项规定的，按照国家禁止使用童工和其他有关法律、法规的规定予以处罚。用人单位违反第十四条第（一）、（五）、（六）项规定的，由劳动保障行政部门责令改正，并可处以一千元以下的罚款；对当事人造成损害的，应当承担赔偿责任。

第六十八条 用人单位违反本规定第十九条第二款规定，在国家法律、行政法规和国务院卫生行政部门规定禁止乙肝病原携带者从事的工作岗位以外招用人员时，将乙肝病毒血清学指标作为体检标准的，由劳动保障行政部门责令改正，并可处以一千元以下的罚款；对当事人造成损害的，应当承担赔偿责任。

第六十九条 违反本规定第三十八条规定，公共就业服务机构从事经营性职业中介活动向劳动者收取费用的，由劳动保障行政部门责令限期改正，将违法收取的费用退还劳动者，并对直接负责的主管人员和其他直接责任人员依法给予处分。

第七十条 违反本规定第四十七条规定，未经许可和登记，擅自从事职业中介活动的，由劳动保障行政部门或者其他主管部门按照就业促进法第六十四条规定予以处罚。

第七十一条 职业中介机构违反本规定第五十三条规定，未明示职业中介许可证、监督电话的，由劳动保障行政部门责令改正，并可处以一千元以下的罚款；未明示收费标准的，提请价格主管部门依据国家有关规定处罚；未明示营业执照的，提请工商行政管理部门依据国家有关规定处罚。

第七十二条 职业中介机构违反本规定第五十四条规定，未建立服务台账，或虽建立服务台账但未记录服务对象、服务过程、服务结果和收费情况的，由劳动保障行政部门责令改正，并可处以一千元以下的罚款。

第七十三条 职业中介机构违反本规定第五十五条规定，在职业中介服务不成功后未向劳动者退还所收取的中介服务费的，由劳动保障行政部门责令改正，并可处以一千元以下的罚款。

第七十四条 职业中介机构违反本规定第五十八条第（一）、（三）、（四）、（八）项规定的，按照就业促进法第六十五条、第六十六条规定予以处罚。违反本规定第五十八条第（五）项规定的，按照国家禁止使用童工的规定予以处罚。违反本规定第五十八条其他各项规定的，由劳动保障行政部门责令改正，没有违法所得的，可处以一万元以下的罚款；有违法所得的，可处以不超过违法所得三倍的罚款，但最高不得超过三万元；情节严重的，提请工商部门依法吊销营业执照；对当事人造成损害的，应当承担赔偿责任。

第七十五条 用人单位违反本规定第六十二条规定，未及时为劳动者办理就业登记手续的，由劳动保障行政部门责令改正，并可处以一千元以下的罚款。

第九章 附 则

第七十六条 省、自治区、直辖市劳动保障行政部门可以根据本规定制定实施细则。

第七十七条 本规定自2008年1月1日起施行。劳动部1994年10月27日颁布的《职业指导办法》、劳动和社会保障部2000年12月8日颁布的《劳动力市场管理规定》同时废止。

参 考 文 献

David A. Nadler, Edward E. Lawler. Quality of work life: perspectives and directions. Organizational Dynamics. 1983 winter, 11 (3).

European Commission. Taking stock of five years of the European employment strategy. Communication, 2002 (7).

Fei, C. H. and Ranis, G. A Theory of Economic Development. American Economic Review. September, 1961.

Global Employment Trends 2011: The challenge of a jobs recovery/International Labour Office. Geneva: ILO, 2011.

ILO. Decent work, report of the director general. Geneva, 1999 (6).

International Labor Organization, Global Employment Trend 2011, ILO, 2011.

Lewis, W. A. Economic Development with Unlimited Supply of Labour. The Manchester School, May, 1954.

R. Krishna. "Unemployment in India", Economic and Political Weekly, March, 1973.

Richard Anker, Lgor Chernyshev, Philippe Eggee, Farhad Mehran, Joseph A Ritter. Measuring Decent Work With Statistical Indicators. International Labour Review. Geneva, 2003. Vol. 142, (31pages).

Sabina Dewan, Peter Peek. Beyond the employment unemployment dichotomy: measuring the quality of employment in low-income countries [EB/DC]. http://www. ilo. org/integration/resources/papers/lang-en/docname-WCMS-091732/inden. htm.

Schroeder, Fredric K.. Workplace issues and placement: What is high quality employment. Work, 2007, Vol. 29 (4): 357-358, 2p (AN 27621293).

Todaro M. P. A Model of Labor Migration and Urban Unemployment in

Less Developed Countries. American Economic Review. March 1969.

Thomas Coutrot. 新欧洲就业战略：数量还是质量//袁志刚，Nick Parso. 经济全球化下的就业政策. 北京：中国劳动社会保障出版社，2004：83～87.

埃德加·施恩. 职业锚. 北京：中国财政经济出版社，2004.

安身健，李群如. 大学生全程化就业指导教程. 开封：河南大学出版社，2006.

白穆. 从工作寻访理论浅析中国大学生失业问题. 理论与实践. 2008 (6).

蔡昉. 人口转变、人口红利与经济增长可持续性——兼论充分就业如何促进经济增长. 人口研究，2004 (2).

蔡昉，王美艳. 中国城镇劳动参与率的变化及其政策含义. 中国社会科学，2004 (4).

蔡昉，王德文，张车伟，谢建华. 中国经济增长：劳动力、人力资本与就业结构. 中国经济改革研究基金会国民经济研究所，工作论文，2008.

蔡昉，坚持在结构调整中扩大就业，求是，2009 (5)：27～29.

蔡昉，都阳，高文书，王美艳. 劳动经济学——理论与中国现实. 北京：北京师范大学出版社，2009.

崔凤垣，程深. 我国的劳动力资源与劳动力市场. 市场与人口分析. 1995 (4).

陈伯庚，陈承明，施镇平. 中国特色就业理论与实践. 长春：吉林大学出版社，2008.

陈浩天，楚明锟. 西方就业理论演进的历史轨迹及启示. 现代经济探讨. 2008 (2)：34～37.

陈连生. 关于劳动力市场的几个问题. 河北大学学报. 1995 (1)：112～113.

陈晴晔. 西方经济学就业理论及政策的演进. 经济问题. 2008 (2)：23～25.

陈银娥. 西方失业理论的最新发展. 经济学动态. 1999 (4)：55～58.

程惠娜，丁扬. 大学毕业生就业问题研究：基于就业质量的探析. 农村经济与科技，2007 (8).

程庆新，原梅生. 劳动力市场：运行机制与市场发育，山西财经大学学报，2003 (1).

程琪. 基于国际比较的我国大学生就业服务体系研究. 大连：大连理工大学，2009.

程伟．我国农村人力资本投资现状对农业剩余劳动力转移的影响分析——来自于2004—2005年我国农民工流动就业的调研．人口与经济，2006（3）：44～49.

丁红卫．经济发展与女性就业．北京：中国市场出版社，2007.

丁仁船．转型时期中国城镇劳动力供给影响因素研究，华东师范大学博士论文，2007.

丁元，周树高．论西方劳动经济学的当代社会思潮．广东技术师范学院学报，2008（7）.

董亚男．政府主导下的劳动就业制度公正论．长春：吉林大学，2009.

杜鹃．政府就业服务模式研究．杭州：浙江大学，2008.

杜焱杜，佳慧，我国就业结构的统计与度量，统计与决策，2006（1）：63～66.

杜毅．农民工就业现状与对策研究．重庆三峡学院学报，2009（1）：129～132.

段平方．西方就业理论及借鉴．河南财政税务高等专科学校学报，2001（3）：46～49.

范灵．运用市场机制培育完善劳动力市场．北京市计划劳动管理干部学院学报，2005（2）：13.

高桥，葛海燕．大学生就业指导．北京：清华大学出版社，2009：84.

高义镇．以政府为主导的失地农民就业服务体系研究．天津：天津师范大学，2009.

郜风涛，张小建．中国就业制度．北京：中国法制出版社，2009.

郜风涛．中国经济转型期就业制度研究．北京：人民出版社，2009.

郜风涛．中国经济转型期就业制度研究．武汉：华中科技大学，2009.

顾建平．中国的失业与就业变动研究．北京：中国农业出版社，2003.

国际劳工组织．国际劳工公约和建议书（第一卷），北京：国际劳工组织北京局，1994.

国际劳工组织北京局，国际劳工组织：国际劳工公约和建议书（第一卷），北京，1994.

国家人口计生委流动人口司．中国流动人口发展报告（2010）．北京：中国人口出版社，2010.

国研网“中国农村劳动力转移”课题组．中国农村劳动力转移现状、问题与发展，国务院发展研究中心信息网，2004年10月8日.

郭松山．中国失业保障制度与再就业．上海：上海财经大学出版社，2008.

郝坤安，张高旗．中国第三产业内部就业结构变动趋势分析．人口与经济，2006（6）.

何颖媛，中国技术进步的就业总量效应与就业结构效应，湖南大学硕士学位论文，中国优秀硕士论文全文数据库，2006.

胡行军．未来十年我国劳动力供求态势探析．喀什师范学院学报，2003（1）.

胡学勤，秦兴方．劳动经济学．北京：高等教育出版社，2004.

胡学勤，李肖夫．劳动经济学．北京：中国经济出版社，2001.

曲顺兰．就业再就业　财税政策研究．北京：经济管理出版社，2006.

黄春梅．我国劳动力供求状况及提高就业的政策取向．江西农业大学学报（社会科学版），2005（3）.

黄蕙萍，朱金生，柳云．论外商直接投资对中国就业结构的影响．经济与管理，2006（1）.

黄新萍．现代西方主要就业理论及其启示．国外财经，2001（2）.

贾绍凤，孟向京．中国人口就业预测分析．中国人口科学，1996（6）.

加里·德斯勒，曾湘泉．人力资源管理（第十版）．北京：中国人民大学出版社，2008.

金玉秋．西方就业理论及其实践对我国的启示．学术论坛，2008（8）：121～124.

康士勇．工资理论与工资管理．北京：中国劳动社会保障出版社，2006.

柯羽．高校毕业生就业质量评价指标体系的构建．中国高教研究，2007（7）.

赖德胜，孟大虎．中国大学毕业生失业问题研究．北京：中国劳动社会保障出版社，2008.

劳动部办公厅关于印发《关于〈劳动法〉若干条文的说明》的通知[19940905].

劳动和社会保障部培训就业司．最新实用再就业政策问答．北京：中国劳动社会保障出版社，2004.

劳动和社会保障部．中国积极的就业政策．北京：中国劳动社会保障出版社，2006.

劳动和社会保障部培训就业司．最新实用再就业政策问答．北京：中国劳动社会保障出版社，2004.

李莉．西方就业理论研究综述．现代商贸工业，2008（6）．

李刚．产业就业弹性变动规律及就业促进政策研究．重庆：重庆大学，2009．

李强，林勇．劳动力市场学．北京：中国劳动社会保障出版社，2006．

李颖，刘善仕，翁赛珠．大学生就业能力对就业质量的影响．高教探索，2005（2）．

李永捷．中国就业服务系统的构建研究．成都：电子科技大学，2008．

李军峰．就业质量的性别比较分析．市场与人口分析，2003（6）．

李子奈，齐良书．关于计量经济学模型方法的思考．中国社会科学，2010（2）．

李梦觉．我国失业统计的国际比较与改进．湖南商学院学报，2004（3）．

林健．高等学校人才培养全面质量管理探析．高等教育研究，2001（6）．

林富德，刘金塘．走向21世纪：中国人口发展的地区差异．人口研究，1996．

厉以宁．从均衡到非均衡：西方就业理论的发展．北京：经济日报出版社，1990．

刘昌黎．论就业结构变化的一般规律及我国第二产业就业比重的超前提高．财经问题研究，1990（11）．

刘兰．西方失业理论的最新发展及启示．经济纵横，2004（1）．

刘庆唐．劳动就业原理．北京：北京经济学院出版社，1991．

刘庆唐，王守志．劳动就业原理．北京：北京经济学院出版社，1991．

刘素华．建立我国就业质量量化评价体系的步骤与方法．人口与经济，2005（6）．

刘素华．全球化对我国就业质量的影响机理及走势分析．人口与经济，2007（2）．

刘勇．金融危机冲击下扩大劳动就业与构建和谐社会新探．北京：中国社会科学出版社，2010．

刘艳花．欧盟就业战略研究．济南：山东大学，2008．

刘怡．国外促进大学生就业政策的比较研究．长春：东北师范大学，2008．

柳云．外商直接投资对我国就业结构的影响研究．武汉理工大学硕士论文，中国优秀硕士论文全文数据库，2005．

陆学艺主编．当代中国社会结构．北京：社会科学文献出版社，2010．

罗传银．中国充分就业．北京：中国经济出版社，2009．

罗润东. 当代就业问题透视. 北京：经济科学出版社，2005.

吕红. 转型期中国灵活就业及其制度创新问题研究. 长春：东北师范大学，2008.

[美] 埃德加·施恩. 职业锚. 北森测评网译. 北京：中国财政经济出版社，2004.

[美] 雷蒙德·A. 诺伊. 人力资源管理优势（第二版）. 刘昕译. 北京：中国人民大学出版社，2005.

[美] 罗纳德·G. 伊兰伯格. 现代劳动经济学——理论与公共政策（第八版）. 北京：中国人民大学出版社，2007.

马克思恩格斯全集（中文 2 版）. 北京：人民出版社，2001.

马斌. 西方经济学概论. 北京：中央编译出版社，1997.

马彭生. 劳动就业概论. 北京：中国商业出版社，2003.

[美] 西蒙·库兹涅茨. 各国的经济增长. 北京：商务印书馆，1999.

彭剑锋. 人力资源管理概论（第二版）. 上海：复旦大学出版社，2011.

彭薇，王旭东. 就业概论. 北京：经济管理出版社，2002.

乔榛. 马克思就业理论与西方就业理论比较研究. 经济学家，2006（5）.

秦建国. 大学生就业质量评价体系探析. 改革与战略，2007（1）.

[日] 大前研一. 创业圣经. 周讯译. 北京：东方出版社，2009.

沈琴琴. 劳动经济学. 北京：中国劳动社会保障出版社，2008.

盛世明. 序列寻访理论与大学生失业. 上饶师范学院学报，2007（6）.

隋妍. 未来中国人口红利变化. 四川省情. 2009（1）.

施美. 大学生就业指导研究综述. 淮南师范学院学报，2010（2）.

史巍. 我国公共就业服务绩效综合评价体系研究. 苏州：苏州大学，2010.

我国农民工流动就业的调研. 人口与经济，2006（3）.

宋培林. 劳动经济学. 厦门：厦门大学出版社，2004.

宋盈盈. 探索人才中介服务机构在解决大学生就业困难中的作用. 上海：复旦大学，2008.

孙丽文，孟海涛，孙玉梅，李娜. 从劳动力市场的特征看中国就业. 工业技术经济，2006（4）.

孙庆刚. 外商直接投资对我国就业结构的影响. 山东社会科学，2009（7）.

王春超. 政策约束下的中国农户就业决策与劳动力流动. 武汉：华中师范大学，2008.

王广州. 近期内我国劳动力供给形势分析. 南京人口管理干部学院学报，

2008 (2).

王金营，蔺丽莉．中国人口劳动参与率与未来劳动力供给分析．人口学刊，2006 (4).

王飞鹏．就业理论综述与研究新动向．广西财经学院学报．2009 (6).

王明琴．人力资源管理．北京：科学出版社，2009.

文太林等．养老保险制度对劳动力供给的影响及其完善．广东行政学院学报，2008 (6).

武晓萍．中国未来劳动力就业趋势研究．南方人口，2000 (1).

夏艳玲．劳动力市场寻访理论及其借鉴意义．当代经理人，2006 (7).

张国庆．现代公共政策导论．北京：北京大学出版社，1997.

项雯旭．市场经济条件下政府就业服务职能研究．上海：上海师范大学，2010.

熊焰．跨国公司对华 FDI 就业效应研究．中南民族大学学报（自然科学版），2004 (12).

熊鸿军，戴昌钧．就业与失业统计指标的国际比较及借鉴．商业研究，2009 (10).

徐建玲．中国农民工就业问题研究．北京：中国农业出版社，2008.

徐章辉．青年失业现状与再就业政策评估研究．北京：中国大百科全书出版社，2005.

许海燕．我国劳动力市场发育成长及障碍分析．经济研究，2006 (3)：57～58.

严慎．农民工就业服务中地方政府作为的研究．杭州：浙江大学，2009.

严碧峰．关于构建大学生就业服务体系的研究．西安：西北大学，2010.

阎革．就业理论与政策的演变．广西大学学报．1990 (5)：26～31.

杨河清，李佳．大学毕业生就业质量评价指标体系的建立与应用．中国人才，2007 (15).

杨河清，李佳．大学毕业生就业质量的实证分析．中国劳动，2007 (12).

杨河清，王守志．劳动经济学．北京：中国人民大学出版社，2002.

杨河清，郑宇硕，张琪．新世纪人力资源开发与就业．北京：中国劳动社会保障出版社，2004.

杨伟．中国就业结构演变机制与效应研究 1990—2002．湖南大学硕士学位论文，中国优秀硕士论文全文数据库，2004.

杨雪．欧盟共同就业政策研究．北京：中国社会科学出版社，2004.

杨亚明，许亚非，程厚思．劳动力市场运行研究．北京：商务印书馆，1999．

姚裕群．走向市场的中国就业．北京：中国人民大学出版社，2005．

姚裕群，傅志明．发展与就业．北京：中国劳动社会保障出版社，2010（6）．

叶世芳．也谈我国与西方国家失业率指标之比较．中国统计，1997（11）．

游钧．2006—2007年：中国就业报告．北京：中国劳动社会保障出版社，2007．

余晶晶．从经济学角度探讨女性就业歧视问题．无锡商业职业技术学院学报．2007（7）：37～40．

于仁财，张哲，李海军，陈强，朱永，孙志强．高校毕业生就业质量评判方法的探讨．辽宁教育研究，2007（12）．

原新．中国人口与发展：回顾与展望．南开大学人口与发展研究所，1999．

曾湘泉等，面向市场的中国就业与失业测量研究．北京：中国人民大学出版社，2006．

曾湘泉，卢亮．我国劳动力供给变动预测分析与就业战略的选择．教学与研究，2008（6）．

张灿．2020年中国劳动力供给、需求及失业趋势预测．南开经济研究，1997（6）．

张得志．中国经济高速增长期的充分就业与失业预警研究．上海：上海人民出版社，2008：19～26．

张抗私．就业问题：理论与实际研究．北京：社会科学文献出版社，2007．

张海军．实现我国充分就业的路径探索与政策选择．厦门：厦门大学，2009．

张金英：劳动经济学理论范式及其演进过程．山东财政学院学报，2009（5）．

张车伟．劳动供求关系变化与就业政策．北京：中国人口出版社，2006．

张车伟，当前劳动力市场的结构性矛盾及其经济学分析．工作论文，2008．

张琪．劳动经济学．中国统计出版社，2001．

张圣兵．西方就业理论的演变及其对我国的启示．江淮论坛．2002（2）．

张彦．劳动与就业．北京：社会科学文献出版社，2002．

张小建．中国就业的改革发展．北京：中国劳动社会保障出版社，2008．

张晓春．政府创造公共服务就业岗位之路的研究．上海：复旦大学，2009．

张旋．服务型政府在促进就业中的责任研究．武汉：华中科技大学，2008.

张忠法．国内外有关劳动力就业结构转换和劳动力市场的几个理论问题．经济研究参考，2001（3）．

郑庆安，夏远洋．我国失业统计存在的问题与改革建议．对外经济贸易大学学报，2003（1）．

赵建国，苗莉．城市就业问题研究．北京：高等教育出版社，2005.

赵曙明，张正堂，程德俊．人力资源管理与开发．北京：高等教育出版社，2009.

赵红，丁鸿雁．西方失业理论和就业对策给我们的启示．发展论坛，2001（5）．

中华人民共和国商务部网站（http://www.mofcom.gov.cn/），中国吸收外资 回顾2008年 展望2009年．

周青梅．就业理论研究述评及对我国的启示．中国科技信息，2009（17）．

朱宁洁．西方劳动经济学发展综述．广西社会科学，2007（6）．

杨伟国．转型中的中国就业政策．北京：中国劳动社会保障出版社，2007.

后　记

本书经过近 5 个寒暑的思索和一年多的反复修改，终于与读者见面了。

2007 年，作为首都经济贸易大学劳动经济学院的一名教授，我承接了学院安排的本科生课程——就业原理。国内除了刘庆唐教授在 1991 年编写过一本《劳动就业原理》外，这么多年来国内再没有新的《就业原理》出版，因此第一次上课之前，我在参阅了大量的劳动经济学教材和最新就业文献与著作基础上，并本着严肃的态度和科研习惯，写出了《就业原理》提纲以及十余万字的讲义。怀着忐忑之心，开始了第一次给本科学生的授课，没想到课程很受学生的欢迎。以后，又多次给学院本科生上此门课程，讲义也不断得到充实和更新。同时，从 2010 年春季开始，我又承接了博士生的《国际就业前沿问题》课程，进一步对有关就业的问题有了深入的认识。然而，因为《就业原理》仅有讲义，没有正规教材，每次上课都是给学生拷贝课件和讲义，感到很不方便。同时，因为课程设计和内容倾注了自己的很多心血，因此一直怀有一个愿望，想在讲义的基础上编写成一本真正的教材，然而因为科研和教学任务繁忙，一直没有能够完成这一夙愿。

2010 年，我决定将这个愿望付诸实践。在我院吴江老师和几个博士生的参与与协助下，我们在原有的提纲和讲义基础上，经过一年多的时间几易其稿完成了编写任务。经过一年多时间几易其稿，完成了编写任务，终于要准备接受各位专家学者和读者的检阅和批评了。这本书的出版，也终于要准备经受各位专家学者和读者的检阅和批评。虽然我们用心来做这个开创性的工作，本着为高等教育经济管理领域的教学科研和为劳动经济学的发展贡献微薄之力的愿望，力图奉献给读者一本比较全面的专业教科书，但是因为水平有限，缺陷和谬误在所难免，在此敬请各位专家学者和广大读者提出批评指正。

本书各章的具体执笔为：第一章：童玉芬；第二章：王箐、童玉芬；第三章：童玉芬、杨曦；第四章：贾辉；第五章：童玉芬、孙同德；第六章：袁霓；第七章：朱延红；第八章：吴江、王箐、童玉芬；第九章：阎涛。童玉芬对全书进行了统稿和审订。此外，在编写过程中，马艳林参与了本书的统稿工作。

本书在编写过程中，参考了大量中外文文献，在此谨向各位文献作者表示衷心的感谢。

本书在编写和出版过程中，还得到了首都经济贸易大学劳动经济学院的大力支持，谨致谢意。

童玉芬

2011 年 7 月